JN439917

여든의 문턱

여든의 문턱

초판 1쇄 인쇄 | 2024년 01월 31일
지은이 | 한판암
펴낸이 | 이재욱(필명:이승훈)
펴낸곳 | 해드림출판사
주 소 | 서울 영등포구 경인로82길 3-4(문래동1가 39)
센터플러스빌딩 1004호(07371)
전 화 | 02-2612-5552
팩 스 | 02-2688-5568
E-mail | jlee5059@hanmail.net

등록번호 제2013-000076
등록일자 2008년 9월 29일

ISBN 979-11-5634-576-3

여든의 문턱

한판암 수필집

해드림출판사

서문

글에 비친 산수(傘壽)의 민낯

올 갑진년(甲辰年) 원단에 여든의 문턱을 넘었으니 이제 옥토제너리언(octogenerian)의 대열에 합류한 걸까. 젊은 시절 '산수를 넘어서면 어떤 세상이 펼쳐질까'라는 상상을 했었다. 그런데 지난해부터 정부에서 제시한 '만 나이' 기준에 따르면 올해 또다시 일흔여덟으로 헷갈릴 뿐 아니라 기존의 나이에 대한 개념이 혼란을 가져온다는 맥락에서 옛 관습인 '연 나이'를 그대로 사용하기로 했다. 뭔가 많이 달라질 것 같았다. 그런데 막상 그 문턱을 넘어보니 지난날에 비해 달라진 게 없을뿐더러 되레 활동 영역만 좁아지지 싶다. 게다가 젊은이들의 앞서가는 생각을 따르기 힘겨워 자칫하면 '꼰대'라는 낙인이 찍혀질 위기에 처한 현실이 숨겨진 진면목이다.

급변하는 디지털 사회에서 나는 누구이며 어디쯤 서 있을까. 변화의 물결을 헤쳐나가려 부단한 노력을 했음에도 점점 현실에서 뒤처지는 게 싫고 밉다. 이런 상황에서 현재를 드러내 객관적인 잣대와 관점에서 돌아봤으면 좋겠다는 생각을 했다. 지금의 생각과 인지하고 있는 사실을 더덜이 없이 담고 있는 진솔한 민낯이며 흔적은 아무래도 글뿐이었다. 이런 이유에서 임인년(壬寅年)에 짬짬이 써 두었던 글들을 갈래지어 줄을 세워 책으로 묶으며 '여든의 문턱'이라고 명명하기로 했다.

글을 써오면서 여건이 허락될 때마다 시나브로 책을 펴냈었는데 이번이 열아홉 번째이다. 모두 72편을 선정해 12 작품씩 여섯 갈래로 나뉘어 편집했다. 이들 여섯 갈래에는 차례대로 효자손을 수배합니다, 스무 해 넘게 파고든 등산로, 수필가가 되고픈 수필가, 사악함이 없다, 공경을 받지 못할지라도, 사전연명의료의향서라는 표찰(標札)을 붙이기로 했다.

산수(傘壽)에 이른 지금의 민낯과 생생한 영혼의 참모습을 진솔하게 고백하고 싶었다. 이를 위해 현재 상황 내에서 가치관이나 기개를 비롯한 심적인 갈등과 자성의 실태를 곧이곧대로 드러내려 심혈을 기울였다. 그런데도 됨됨이가 따르지 못한 채 꿈만 드높다 보니 안목이 짧고 깊이가 없어서 몹시 민망하다. 또한 신실치 못한 삶으로 앎이 얇고 폭이 형편없이 좁아 너른 세상의 다양한 이치를 제대로 아우르지 못했다. 이로 인해 태반이 설익은 쭉정이일지라도 어여삐 봐주시는 아량으로 감싸 주신다면 더할 나위 없는 영광이겠다.

여태까지 뚜렷한 성취나 어연번듯한 명성을 얻었던 적이 없는 장삼이사의 삶이었다. 그렇다고 손가락질을 받거나 뭇사람들의 입방아에 올랐던 적도 없다. 범재로 태어나 후천적인 노력 또한 신실하지 못했기 때문에 내세운 바 없는 밋밋한 삶을 영위하면서 산수 무렵에 쓴 글이다. 그러므로 달관이나 해탈의 경지는 언어도단이다. 이런 맥락에서 '이번에 펴내는 책에 게재된 모든 작품이 알차고 여물지 못한 무녀리 꼬락서니이리라. 그럴지라도 보통 사람은 산수에 이르러도 기껏해야 이런 수준의 글을 쓰는구나'라고 혜량해 주셨으면 좋겠다. 왜냐하면 숨길 수 없는 자서(自敍)의 조각들을 모은 내밀한 나의 이야기이기에 조심스럽게 짚는 첨언이다.

갑진 원단(甲辰 元旦)

한관암

차례

Ⅲ. 수필가가 되고픈 수필가

Ⅳ. 사악함이 없다

Ⅴ. 공경을 받지 못할지라도

VI. 사전연명의료의향서

Ⅰ. 효자손을 수배합니다

호롱불 추억의 호출

뚱딴지같이 LED(light-emitting diode) 등 밑에서 호롱불에 대한 기억을 소환했다. 오랜 옛날 일이 아니다. 불과 반백 년 전후에 우리의 밤을 밝혀주는 주역이었다. 아마도 6·25 전쟁 발발 이후 60년대 초반까지 가난한 서민들의 가정에서 흔히 쓰였던 게 호롱불이었다.* 물론 그 당시 전기로 밤의 어둠을 밝히던 백열등(白熱燈)이 있었다. 하지만 요금이 만만치 않을뿐더러 공급시설이 미비한 도시 빈민층의 가정이나 농어촌에서 호롱불로 밤의 어둠을 밝혔다.

그 옛날 호롱불에 쓰이던 기름은 동물성 기름(정어리기름, 명태창자기름, 돼지기름)과 식물성 기름(아주까리기름, 동백기름 등등) 따위가 주로 쓰이다가 일제 강점기가 시작될 무렵부터 보급되었던 등유(燈油)로 대체되었다. 이렇게 호롱(등잔)에 쓰이던 기름의 재질에 따라 어유등잔(魚油燈盞), 석유등잔(石油燈盞) 등으로 구분되기도 했다. 따라서 여기서 소환되는 호롱불은 석유등잔이다.

추억의 곳간에 온전히 갈무리되었다가 생뚱맞게 소환되는 호롱불은 6·25 전쟁 때 1·4후퇴 이후 피란지(避亂地)에서 겪으며 각인된 추억이다. 대가족이 풍찬노숙할 수 없어 어렵사리 구했던 집은 몇 해 동안 비어있어 쓰러지기 직전의 폐가였다. 비만 오면 지붕에서 물이 샜고 방문(房門)이 없는 데다가 창문도 없는 굴속 같은 집이었다. 새로 방문을 맞춰 달 겨를이 없어 거무튀튀한 천(cloth)으로 가리고 지내기도 했다. 그런 관계로 깜깜한 방안에 호롱불을 켜놔도 식구들의 얼굴이 제대로 식별되지 않고 어른거리기 일쑤였다. 때문에 밝은 대낮에도 방안에 혼자 있기 무서웠을 뿐만 아니라 저녁을 먹기 바쁘게 잠을 청하며 두려움을 피하려 기를 썼던 공포가 아직도 생생하다.

호롱불은 등유가 연소되면서 새까만 그을음이 발생해 방안의 벽이나 횃대*에 걸어둔 흰옷에 내려앉는 불상사가 발생하기도 했다. 그 외에도 등유가 연소되는 과정에서 매캐한 냄새가 났을 뿐 아니라 심할 때는 그을음이 콧속으로 파고들어 어쩔 수 없이 까만 콧물을 흘리는 웃픈 경우도 있었다. 전기가 공급되지 않은 상태에서 다소 형편이 나은 축에서는 값비싼 촛불로 어둠을 밝혔다. 그럴 형편이 아닌 경우는 선택의 여지없이 호롱불에 의존

할밖에 달리 묘책이 없었다.

지난 50년대 말까지도 가정에 공급되던 전기는 두 가지 종류가 있었다. 먼저 일반전기로 전기 요금이 약간 저렴했으며 저녁 6시 무렵에 공급이 시작되었다가 정확히 자정이면 중단되었다. 한편 특별전기로 밤낮을 가리지 않고 공급되는 대신 요금이 상대적으로 비쌌다. 중학교 시절 3년 동안 족대부(族大父) 댁에서 기거했었다. 그 댁엔 일반전기가 공급되어 자정이면 자동으로 중단되어 그 이후에 공부할 경우 따로 촛불을 밝혀야 했다. 게다가 전기 요금을 절약하기 위해 아랫방과 윗방 사이 천장 가까운 벽에 구멍을 뚫고 백열전구 하나를 켰다. 이런 형편이라서 요즘처럼 그림자가 생긴다든가 눈의 건강을 고려한 조도(照度) 문제를 따질 계제가 못 되었다. 이와 흡사한 제도가 지난 60년대까지 우리의 전화는 청색전화와 백색전화가 있었다.*

호롱불 혹은 등잔불을 함부로 옮기는 것은 위험하고 화재의 위험성 때문이었을 게다. 일부 아주 오래된 고옥의 방이나 부엌을 유심히 살펴보면 호롱(등잔)을 일정한 장소에 붙박이로 고정시켜 두고 사용했던 흔적을 어렵지 않게 찾을 수 있다. 그와는 다르게 많은 경우 여기저기로 옮겨가며 필요한 곳을 밝히기도 했다. 이와 같이 수시로 호롱불을 이동 가능하게 했던 도구가 등잔대(燈盞臺)로 여겨진다. 등잔대는 크게 두 부분으로 나누어진다. 먼저 거칠게 만든 경우는 받침대로 통나무를 세로로 10cm

정도의 두께로 잘라 위쪽을 평평하게 파낸 다음 한가운데에다가 나무 기둥을 세워 고정시키고 호롱 걸이를 만들었다. 이에 비해 조금 고급스럽게 만든 경우는 반듯한 판자를 적당한 크기로 절단해 사방에 테두리 즉 운두를 만든 뒤에 그 판자 가운데에 역시 나무 기둥을 세워 고정시키고 호롱 걸이를 만들어 사용했다. 등잔대의 높이는 대체로 집에서 사용하는 밥상보다 다소 높기 때문에 성인의 앉은키와 엇비슷했다.

우리 선조들이 어둠을 밝히는데 어떤 방법을 사용하며 진화해 왔을까. 원시시대는 모닥불이 고작이었다. 하지만 이 방법은 고정된 장소에서만 사용할 수 있다. 이런 치명적인 약점을 보완하려고 고안해 낸 방법이 다양한 마른 풀이나 농사를 짓고 나서 얻은 볏짚을 여러 번 꽁꽁 묶어 불을 붙여 어둠을 밝히고 밤길에 횃불로 사용했으리라. 그러다가 관솔*처럼 불이 잘 붙고, 마디게* 연소되는 재료를 찾아 사용해왔지 싶다. 그 이후 호롱 같은 도구를 창안해 내서 사용하는 한편 연이어 다양한 등(燈)을 비롯해 호야 등(燈)이나 남포등 따위가 실용화되었다. 또한 과학 문명이 발달하며 전기라는 꿈의 불이 발명되면서 백열전구, 형광등, LED 등이 차례로 등장해 밤을 대명천지처럼 환하게 밝혀 주고 있다. 일취월장하는 기술이 심산계곡의 야영장에서도 밤을 낮같이 밝혀줄 LED 호야, 호롱랜턴, 헤드랜턴까지 만들어 내는 세상에 이르렀다.

호롱불 하면 서정적이고 목가적이며 아련한 옛날의 그리움이 그려지는 고상한 이미지가 연상되게 마련이다. 이런 낭만적인 상상과 달리 내게는 아주 어린 시절 피란지의 음습하기 짝없는 폐가에서 겪었던 으스스하고 어두컴컴해 질리게 만들었던 충격이 너무도 강렬하게 남아있다. 그 때문에 여태까지도 이따금 악몽에 시달리곤 한다. 결국 어린 시절 전쟁의 질곡을 온몸으로 겪는 과정에서 된 불을 맞은 것 같은 끔찍한 기억은 지금까지도 지워지지 않는 낙인처럼 생생하고 또렷하게 살아 숨 쉬고 있어 영원히 아물지 않을 생채기 같다.

=====

* 호롱 : 석유를 담아 불을 켜는 데에 쓰는 그릇. 사기나 유리 또는 양철 따위로 작은 병 모양으로 만드는데, 아래에는 석유를 담을 수 있도록 둥글게 하고 위 뚜껑에는 심지를 해박아 불을 켤 수 있도록 작은 구멍을 낸다. 한편 호롱을 등잔이라고도 불렀으며 여기에 불을 켰을 때 호롱불 혹은 등잔불이라고 했다.

* 횃대 : 옷을 걸 수 있게 만든 막대. 간짓대를 잘라 두 끝에 끈을 매어 벽에 달아매어둔다.

* 청색전화는 가입자가 사용하다가 타인에게 매매가 불가능하고 이사할 때는 전화국에 반납해야 하는 전화였다. 이에 비해서 백색전화는 이사 가면서 이전이 가능했을 뿐 아니라 타인에게 매매할 수 있던 전화로 부의 상징처럼 여겨지던 전화였다. 따라서 두 전화 가격은 엄청 차이가 컸다.

* 관솔 : 송진이 많이 엉긴, 소나무의 가지나 옹이. 불이 잘 붙으므로 예전에는 여기에 불을 붙여 등불 대신 이용했다. 송명(松明) 또는 관솔불이라고도 한다.

* 마디다 : 쉽게 닳거나 없어지지 않고 오래가다.

2022년 2월 13일 일요일

굴뚝에 피어오르는 연기

촌스러움이 몸에 밴 때문일까. 어슴어슴* 땅거미가 내려앉을 무렵 한적하고 고즈넉한 시골길을 걷다가 띄엄띄엄 터 잡은 고만고만한 집의 굴뚝에서 모락모락 피어오르는 연기를 볼라치면 마냥 정겹고 마음은 한없이 푸근해진다. 거기에서는 오래전 세상을 뜨신 어머니의 모습이 떠오르고 힘겹던 세월의 아픔도 생생히 살아 숨 쉬고 있어 아스라한 지난날을 되새겨 보리라는 기대 때문일 게다. 결코 넉넉함과는 거리가 먼 어린 날의 궁상스러운 체험 중 아궁이에 군불이나 소죽을 끓이기 위해 불을 땔 때 땔감이 연소하는 과정에서 발생했던 연기는 꽤 당혹스럽고 지독했지만 당기는 구석이 있다. 때문에 눈물 콧물을 있는 대로 훌쩍거릴 수밖에 없었던 맹랑했던 고역이 지금 시점에서 되레 그리워짐은 왜일까.

어른들이 바빠서였을까. 초등학교 시절 어떤 연유였던지 이따금 사랑채에 군불을 때거나 소죽을 끓였었다. 땔감이라고는 오직 나무가 전부였던 시절이다. 빠짝 마른 물거리*를 위시해 삭정이 혹은 마른 장작의 경우는 연기가 별로 나지 않아 재미있었다. 하지만 땔감 자체가 생나무에 가깝거나 비에 젖은 경우를 비롯해 눈이 내리거나 바람이 심한 날엔 여간 힘든 게 아니었다. 왜냐하면 아무리 기를 써도 매캐하기 이를 데 없는 고약한 연기가 굴뚝으로 빠져나가지 않고, 야속하게도 아궁이로 내쳐 눈물 콧물이 속수무책으로 쏟아져 무척 낭패스럽기도 했다. 그래도 한편으로는 나무 타는 매캐한 냄새가 되레 구수하고 정겨웠었는지 여태까지 그리워지기도 하니 아이러니하다. 실제로 심통 사나운 연기에 맥을 못 추고 쩔쩔매는 경우가 숱했다. 그럴지라도 아궁이에서 땔감이 연소하며 생기는 '후드득~탁~탁~탁~' 소리와 함께 빨간 불빛을 발산하는 모습이 무척 황홀하고 신기하여 군불을 때거나 소죽을 끓이는 일이 은근히 즐겁고 재미있어 자청하기도 했다.

그 옛날 시골의 굴뚝에서 아침저녁으로 몽글몽글 연기가 피어오른다는 것은 평화를 상징했다. 그런 집에는 예외 없이 가족이 있으며 먹거리를 장만하고 난방을 하는 보금자리로서 사랑의 터전이라는 사실을 웅변하는 징표이기도 했다. 그 시절 먼길을 떠났다가 황혼녘에 귀가할 때 굴뚝에서 연기가 모락모락 피어오르는 모습이 눈에 띄는 순간 어머니가 떠오르고 자연스럽게 안식처로 돌아왔다는 안도감에 가슴이 마구 쿵쾅대곤 했다.

시골에 대한 추억이래야 기껏 대여섯 해가 전부이다. 6·25 전쟁으로 피란길을 떠났다가 귀향해 초등학교 6년을 마치고 배움을 핑계로 고향을 떠나 지금에 이르렀다. 그 짧은 시절 무쇠로 만든 밥솥과 국솥을 비롯해서 허드렛물을 데워 쓰던 가마솥 따위에 어머니 대신 불을 때는 것을 꽤 밝혔다. 아궁이 속에서 땔감이 타들어 가는 소리와 빨갛고 휘황찬란한 불꽃이 눈길을 사로잡을 뿐 아니라 따스하게 전해오는 온기에 맘이 느긋해져 은근히 밝혔다. 그렇게 아궁이 주위를 맴돌며 어정거리다가 때로는 고구마, 감자, 옥수수, 밤 따위를 구워 먹던 아련한 추억이 지금도 몸살 나게 그립고 그립다.

아궁이에 불을 지피며 겪었던 지난 일 중에 모두가 좋은 추억만 있는 것도 아니다. 초등학교 1, 2학년 때였을 게다, 겨울에 썰매를 타러 갔다가 물에 빠져 귀하기 짝이 없던 양말이 몽땅 젖었다. 어른들께 야단맞을까 봐서 사랑채 아궁이 앞에서 몰래몰래 말리려다가 완전히 태우고 엄청나게 혼났다. 또 한 번은 사랑방에 군불을 때라는 말씀을 듣고서 장작을 미련하게 잔뜩 욱여넣은 뒤에 따뜻해지라고 방바닥에 이불을 펴 놓았었다. 그런데 너무 뜨거워 이불이 거의 다 탔었다. 화재로 이어지지 않았던 게 천만다행으로 끔찍했던 변고도 있다.

내 기억에 거의 지워진 서너 살 때의 얘기다. 어머니가 부엌에서 불을 때고 나서 곧바로 이글거리는 잉걸불*을 화로에 담아 할아버지 방에 가져다 놓았다고 했다. 그때 아장아장 걸어 다니던 내가 아무도 없는 그 방에 들어가 휘젓고 헤매다가 넘어지는 과정에서 화롯불이 엎어지면서 시뻘건 잉걸불이 온통 내게로 쏟아져 무척 심한 화상을 입고 오랫동안 엄청나게 고생을 많이 했단다. 그때의 화상 흔적이 내 오른쪽 발목과 장딴지에 여러 개 낙인이나 훈장의 흔적처럼 선명하게 남아있다. 비슷한 또 다른 예이다. 올해(2022년)로 66세에 이른 막내 여동생이 있다. 어머니가 그 동생을 낳고 딸이라서 서운해 포대기에 싸서 산후조리하던 방의 아랫목에 방치해 두었었단다. 음력 섣달이라서 춥다고 누군가가 부엌에서 불을 많이 때 방바닥이 몹시 뜨거워 아차 싶어 살펴봤을 때는 이미 늦었다고 했다. 핏덩이의 궁둥이에 가볍지 않은 화상을 입어 꽈리처럼 불어나 치료하면서 무척 많은 고생을 시켰다고 회상하시며 눈시울을 붉히시던 모습이 아직도 눈에 선하다.

요즈음엔 시골일지라도 온돌방의 아궁이에서 불을 때 난방을 하거나 밥을 짓는 경우가 거의 없을 정도로 세상이 변했다. 때문에 굴뚝에서 연기가 뭉실뭉실 피어오르는 정겹고 사람 냄새가 물씬 풍기는 정경을 찾아보기 무척 어렵다. 그러므로 아궁이에 불을 땔 때 나는 매캐한 냄새를 맡으며 밥을 짓고 잉걸불이 이글거리는 화로 위에서 펄펄 끓는 청국장이나 찌개를 밥상 옆에

놓아두고 직접 떠먹고픈 소박한 꿈을 이루려는 노력은 터무니 없는 과욕일 게다. 이런 시대를 살면서 어쩌다가 한적한 시골 동네의 고색창연한 고택의 굴뚝에서 한가롭게 몽글몽글 솟아오르는 연기를 발견하면 오랜 세월 잊고 지내던 살붙이를 조우하는 것처럼 각별한 마음이 든다. 그뿐만 아니라 오래전 이승을 떠나신 어머님을 뵌 것 같이 설레어 심장이 마구 뛰며 나대는 내가 비정상일까.

=====

* 어슴어슴하다 : 형용사로서 주위가 어슴푸레하다(충청).

* 물거리 : 땔 나무의 하나. 잡목의 우죽이나 굵지 않은 잔가지 따위와 같이 부러뜨려서 땔 수 있는 것들을 이른다.

* 잉걸불 : 불이 이글이글하게 핀 숯덩이.

2022년 2월 18일 금요일

술에 얽힌 일화

술의 세계에서 강제 추방을 당함으로써 결국 불명예제대를 했다. 그렇다고 주도(酒道)를 어겼거나 지탄받아 마땅할 경거망동을 했던 업보 때문에 파문(破門)을 당한 게 아니다. 애통하게도 어느 날 벼락 치듯이 블랙아웃(blackout) 현상이 나타나(2016년 3월 7일) 검진 결과 가벼운 뇌졸중이 지나갔다고 했다. 그 때문에 음주와 결별하라는 의사의 충고에 따른 결과였다. 그러고 보니 유사한 경험이 이전에도 한차례 있었다. 팔팔했던 지천명 중반 무렵 직장의 정기적인 건강검진 때 이상 징후가 나타났다. 그에 따른 상담 결과 끽연(喫煙)을 계속하면 폐기종이 생길 가능성이 농후하다며 당장 '담배를 끊어라'라는 협박(?)에 우물쭈물하지 않고 곧바로 실천에 옮겼었다.

젊은 시절 특별한 경우가 아니면 술자리를 사양하지 않는 편이었다. 한편 자주는 아닐지라도 폭음하는 버릇이 있었다. 또한 그냥 심심하게 먹는 쪽보다는 공평하다는 생각에서 폭탄주를 선호했다. 하지만 대학원 석·박사 과정 학생들과 어울리는 경우 비주류파(非酒類派)는 애초부터 제외시켜 혹시 발생 가능성이 있는 불미스러운 사고를 미연에 방지하려 했다. 나름 신경을 썼음에도 술에 얽힌 웃픈 사연이 더러 있다. 그중에 아직도 뇌리에 생생한 몇몇 일화이다.

지연이나 혈연을 비롯해 학연이 전혀 없는 일터에 자리 잡고 서울에 가족을 둔 채 마산에서 혼자 하숙 생활을 할 때였다. 가까운 지인이 죽마고우라며 선배 교수인 L 박사를 찾아보라고 일러줬다. 당시 대학원장을 맡고 있던 L 박사와 상견례를 하던 날 얼결에 술자리가 펼쳐졌는데 5명이 합석했다. 몇 차례 술자리를 옮겨가면서 4대 1로 술을 마시는 꼴이 되어 죽을 지경이었다. 마지막 술집에서는 소주와 맥주를 섞어 대접 가득 채우고 마시는데 노털카*라는 이상한 규칙을 정해 정신이 혼미해졌다. 그래도 하늘 같은 선배 교수와 첫 만남에서 중간에 도망갈 수도 없는 노릇이라서 기를 쓰며 이를 악물고 억지로 견뎠다. 통행금지가 있던 시절인데 어떻게 하숙집을 찾아갔는지 지금까지도 미스터리로 남아있지만, 그 선배 교수가 타계해 영원히 확인할 길이 없다. 한편 내 생에서 그렇게 벌을 받는 것 같이 지독했던 술자리는 처음이자 마지막이었다.

언젠가 대학원 논문 심사를 마친 뒤의 저녁 식사 자리였다. 술을 거들떠보지도 않는 그룹은 애초부터 옆에서 자기들끼리 어울렸고, 주류파(酒類派)끼리 모여 앉아 두 순배(巡杯) 정도 폭탄주가 돌았을 무렵이었다. 멀찍이서 지켜보던 S 군이 다가와 자기도 폭탄주를 한 잔 달라며 생전 처음으로 술을 마셔보겠다고 했다. 별생각 없이 폭탄주를 제조해 넘겼더니 그 자리에서 단번에 잔을 비웠다. 그것으로 끝났다고 생각했다. 그런데 자기 집에 돌아가서 정신을 잃어 응급실로 실려 갔었다고 했다. 그것도 자기 애인(현재 S의 부인)이 근무하던 병원의 응급실로 말이다. 그런 악연(?)으로 시작되어 그들의 결혼식에 주례의 자리를 지키기도 했다. 한편 S는 박사학위를 취득하고 현재 모교의 교수로 재직하고 있다.

여학생들에게 술을 권하는 것은 참으로 조심스럽다. 그래서 특별한 경우나 잘 아는 사이가 아니면 술을 권하지 않는다. 그때도 석사과정 졸업논문 심사가 끝나고 학교 앞 식당에서 일이었다. 주류파 남학생들을 불러 모아 두 순배 폭탄주가 돌고 이런저런 얘기를 나누던 중이었다. 내가 지도하는 학생이 아닌 여학생들이 다가오더니 다짜고짜 자기들도 폭탄주 한 잔씩 달라고 했다. 그녀들을 잘 몰라 엉거주춤 망설이고 있는데 옆에서 지켜보던 그녀들의 지도 교수가 줘도 무방하다고 얘기해 연하게 폭탄주를 제조해 건넸다. 목마른 노동자들처럼 벌컥벌컥 단숨에 잔을 비웠다. 한 시간 가까이 지났을 무렵에 자리를 파하려고 일어서다 보니 그녀들이 눈에 띄지 않았다. 주위의 친구들에게 물었더니 어처구니없게도 취해서 옆방에서 자고 있다는 얘기였다. 가까스로 깨워 친구들에게 택시비를 쥐여주고 각각의 집으로 데려다준 뒤에 결과를 보고해 달라는 야단법석을 떨었던 적도 있다. 그중에 하나인 H는 학업을 마치고 지금 모교에 교수로 재직하고 있다. 그때의 인연으로 그녀의 결혼식 주례를 맡기도 했었다.

대학에서 막 자리 잡은 풋내기 전임강사 시절 이립(而立)의 후반 무렵 얘기다. 다음 날 강의가 없어 무심코 술자리에 참석했다가 술병이 났는지 이튿날 아침까지 속이 뒤틀렸다. 그럼에도 출근해서 연구실을 지키다가 점심 식사에 따끈한 국물로 속을 달랠 요량에서 구내식당으로 갔다. 오호통재라! 고고한 학처럼 단아한 풍모를 자랑하며 고희를 넘기신 Y 총장님께서 식판을 들고 마땅한 자리를 찾으려고 두리번거리던 나를 발견하고 당신 앞자리로 오라셨다. 편편잖아(?) 누구도 꺼리는 가시방석 같은 자리로 말이다. 불편하다는 내색도 못 하고 자리에 앉아 국을 뜨려는데 내가 평소에도 입에 대지 않는 장어국이었다. 식성이 까다롭게 비칠 것 같아 억지로 몇 순갈 뜨는 척 흉내를 냈지만 당장 토할 것 같아 죽을 지경이었다. 식은땀을 흘리며 가까스로 견뎌내다가 총장님이 식사를 끝내실 때 나도 슬며시 순가락을 내려놨다. 그랬더니 젊은 사람이 너무 소식한다고 걱정까지 해주셨다. 밖으로 나와 총장님이 가시는 길을 배웅하고 곧바로 화장실로 달려가 조금 전에 겨우 몇 모금 넘겼던 음식을 몽땅 토했던 경우도 있었다.

대학 재학 시절이었다. 무슨 일 때문이었는지 기억은 없지만, 친구들 넷인가 어울려 막걸리를 마시다가 통행금지 시간을 넘겼었다. 그렇다고 막걸릿집에서 밤샐 수도 없는 노릇이라서 막걸리 두어 병에다가 간단한 안주를 주문해 들고 의기양양하게 여관을 찾아 골목을 휘젓고 다니는 호기를 부렸다. 지난 60년대라서 서울인데도 여관이 눈에 띄지 않아 여러 골목을 어슬렁거리며 헤매다가 순찰하던 경찰과 야경꾼에게 붙들려 파출소로 연행되었다. 그래도 만취되지 않았던가 보다. 당직 경찰이 우리처럼 연행된 사람들의 간단한 인적 사항이나 사연들을 정리하는 일을 새벽까지 거들다가 아침 6시 무렵에 훈방되었던 웃지 못할 쓰디쓴 전과(前科)도 있다.

술은 과연 언제 마시는 걸까. 생각해 보니 삶에서 기쁠 때인 희(喜), 화날 때인 로(怒), 슬플 때인 애(哀), 즐거울 때인 락(樂)엔 공통분모가 없음에도 한결같이 술을 마시는 묘한 습성이 있다. 왜 이처럼 전혀 다른 상황에 술을 마시게 되는 걸까. 아마도 '기쁠 때는 기쁨이 배(倍)가 되고, 화날 때는 화를 삭여주며, 슬플 때는 슬픔을 잊게 하고, 즐거울 때는 더 많은 즐거움을 주는' 마력을 지닌 신비한 물방울이 바로 술이라는 존재이기 때문이 아닐까 생각하는 내가 둔패기*가 아닌지 모르겠다.

나이 듦에 비례할 수 없거나 못하는 게 점점 늘어나게 마련인가 보다. 음주와 끽연이 그렇고, 힘듦에 견뎌내는 힘이 점점 줄어듦이 그렇고, 걷는 게 점점 느려짐이 그렇고, 생각이 짧아지고 행동이 둔하고 굼떠짐이 그렇다. 춘하추동 사계절이 지나면 또다시 꽃피고 새싹이 돋아나며 움이 트고 짐승이나 새들은 새끼를 치는 약동의 계절인 봄으로 어김없이 되돌리는 게 하늘의 섭리이고 자연의 이치이다. 한데, 조물주는 왜 만물의 영장이라는 우리의 삶은 한 번 흘러가면 되돌릴 수 없도록 창조한 걸까.

=====

* 노털카 : 소주와 맥주를 섞어 우동그릇 가득 따른 술을 마시기 시작하면 "놓지도 말고, 털지도 말고, 먹고 나서 '카' 소리도 내지 말고 단번에 마셔야 하는" 무시무시한 일종의 벌주(罰酒)이다.

* 둔패기 : 아둔한 사람을 낮잡아 이르는 말(같은 말 : 아둔패기)

2022년 3월 11일 금요일

구황작물 얘기

구황작물(救荒作物)은 '흉년 따위로 기근이 심할 때 주식물(主食物) 대신 먹을 수 있는 농작물'이다. 가뭄이나 장마에 영향을 받지 않고 척박한 박토에서도 가꿀 수 있어 일명 비황작물(備荒作物)이라고도 부른다. 이 범주에는 감자, 메밀, 조, 피, 기장, 고구마, 돼지감자, 콩, 옥수수, 순무, 토란, 칡 따위가 있다. 일반적으로 천재지변이나 극심한 재해에 대한 정책이 황정(荒政)이다. 이 정책의 중추적인 내용은 구황작물의 재배와 이용이다. 한편 주작물이 정상적으로 재배되는 호시절에는 구황작물들은 기호식품이나 부식 혹은 사료용 따위로 꾸준히 가꾼다는 점을 간과해서는 안 된다.

보통 주작물(主作物)이 극심한 가뭄이나 자연재해로 결실을 거둘 수 없는 위기에 처했을 경우 그를 갈아엎고 대체작물의 씨

앗을 파종하는 경우가 대부분이다. 그러므로 생육 기간이 되도록 짧아야 한다는 전제 조건을 충족해야 한다. 한편 구황작물에 대해서 다음과 같은 몇 가지 특징을 지적할 수 있겠다. 첫째로 주작물 수확이 어렵다고 예상될 경우에 그 피해를 최소화시키기 위해 과감하게 대체작물로 전환한다. 둘째로 주작물에 비해 맛이 다소 떨어지고 소출이 적어서 호시절에는 꺼리게 마련이다. 아울러 대체종(代替種)이 출현하면서 잡초 취급을 받기도 하는데 그 예가 피*이다. 셋째로 이들만으로 기근 문제를 충분히 해결할 수 없을 경우 도토리, 소나무 껍질, 야생 나물을 위시한 초근목피와 다양한 해초나 해산물을 보충해 연명하기도 한다. 여기에 다양한 짐승이나 곤충을 먹거리로 보충하기도 한다.

예나 지금을 막론하고 극심한 자연재해나 무서운 돌림병 같은 국난에 처하면 매뉴얼이나 연구서를 만듦은 당연한 수순이었던가 보다. 현재 우리가 겪는 신종 코로나바이러스 감염증(코로나19) 대응 매뉴얼을 만들어 운용하듯 말이다.

옛날 중국의 예이다. 명나라 태조의 아들인 주숙(周橚)은 구황본초(救荒本草)라는 책을 저술했다. 이는 구황작물 연구에 매우 중요한 사료적인 가치를 부여하고 있다. 책에서 '414종의 식물을 소개하고 있다. 그중에서 138종은 기존의 자료를 참고했고 276종은 새롭게 발견해 수록한 것이란다. 한편 414종 중에서 나무가 103종이고 풀이 311종이란다. 또한 나무 중에 과일 종류가 23종, 풀 중에 곡물 종류가 20종, 채소 종류가 46종이라는 전언'이다.

우리의 경우는 조선 시대 이런 류(類)의 책을 어려움이 닥칠 때마다 연이어 개정판 책을 펴내듯이 지속되었던 것 같다. 주요한 몇몇 간추림이다.

첫째로 세종 때 펴낸 구황벽곡방(救荒辟穀方)은 진휼구제(賑恤救濟)*의 방법과 구황(救荒)*에 필요한 사항을 기록한 책이다. 이를 토대로 명종 시절 구황촬요(救荒撮要)를 편찬했다. 둘째로 구황절요(救荒切要)로서 중종 때(1541년) 문신 안위(安衛)와 홍윤창(洪胤昌)이 기근에 대처하는 방법에 대해 편찬했던 구황서(救荒書)이다. 한편 이 책은 명종 때(1554년) 펴낸 구황촬요(救荒撮要)의 선구 역할을 했다. 셋째로 구황촬요(救荒撮要)는 명종 때 왕명으로 편찬된 책으로 세종 시절에 간행되었던 구황벽곡방(救荒辟穀方)의 핵심 내용을 발췌해 원문과 한글을 병행해 실었다. 흉년이 들어 곡식이 귀해졌을 경우의 대비책으로 소나무 껍질 등의 잡물(雜物)을 이용한 연명 방법이나 굶주림으로 인해 발생하는 부종 치료법 등을 담고 있다. 널리 보급되지 못하다가 현종 때(1660년) 신속(申洬)이 구황보유방(救荒補遺方)으로 합편하여 펴냈다. 넷째로 구황보유방(救荒補遺方)인데 구황촬요의 속편으로 간행했으며 서원현감(西原縣監)이었던 신속이 흉년을 당한 현민(縣民)에게 보급하려고 발간했다. 여기에는 '자연 잡초를 음식으로 만들어 먹는 법'인 잡물식법(雜物食法)이나 '추위를 안 타게 하는 법'인 불외한법(不畏寒法) 등도 기술되었다.

앞의 책들은 구황식품을 만들거나 먹는 요령 따위에 방점을 두고 집필된 서적들이다. 이들에 비하여 황정대개(荒政大槪)는 흉년에 대비한 정책의 실천 요령을 기술한 필사본(筆寫本)이다. 정확한 저자와 편찬 년 대는 미상이며 표제(表題)는 구황비고(救荒備考)인데 비하여 내용제(內容題)는 황정대개로 되었다. 결국 이 책의 내용은 흉년이 들었을 때 펼쳐야 할 정책을 제시하고 있는데 대부분이 주진(賙賑)*으로 되었다. 예를 들면 이런 내용이다. '구휼 대상자의 숫자 파악과 선정을 정밀하게 해서 세 부류로 차등 분류하여 곡식을 배분하고 대상자는 패(牌)를 갖게 해 혼란을 막아야 한다고 규정하고 있다. 한편 구황 자료를 소개하고 구황 시기, 장(醬)의 공급방법, 유행병 처리, 행걸아(行乞兒) 처리 따위도 기술하고 있다. 아울러 흉년 시에 조세 처리 방법으로서 자연재해의 측정 방법과 감면율도 구체적으로 규정하고 있다.'

요즈음은 과학의 발달과 치수(治水) 기술을 비롯해 농축산 기술의 발달로 먹거리가 넘쳐나는 데다가 대체 먹거리까지 무진장 공급됨으로써 영양 과잉의 시대가 분명하다. 물질적 풍요로움이 되레 화의 원인일까. 영양 과잉 섭취와 식습관 편향으로 인한 영양 불균형이 불러온 성인병 문제는 아이러니하게도 그 옛날 하찮게 여기던 구황박물을 넘보게 만들고 있다. 그런 사례가 바로 내 경우이다. 콜레스테롤이나 혈압 그리고 혈당 문제를 이유로 매일 아침 식단에는 쌀밥 대신에 구황작물 중 하나인 고구마가 주식의 자리를 어엿하게 꿰찬 현실을 어떻게 받아들여야 할까.

=====

* 피 : 볏과의 한해살이풀. 높이는 1미터 정도이며, 잎은 가늘고 긴데 잎 면이 칼집 모양으로 줄기를 싸고 있다. 여름에 연한 녹색 또는 자갈색의 꽃이 원추(圓錐), 화서(花序)로 피고 열매는 영과(穎果)를 맺는다. 열매는 식용으로 이용하거나 사료로 쓴다. 아시아가 원산지로 밭이나 습지에서 자라는 데 한국, 일본, 중국, 인도, 유럽, 미국, 아프리카 등지에 분포한다.

* 진휼(賑恤) : 흉년을 당하여 가난한 백성을 도와줌(유의어 : 구호(救護), 구휼(救恤), 주진(賙賑))

* 구황(救荒) : '흉년이 들었을 때 초근목피 등으로 빈민의 굶주림을 일시적으로 해결하는 방법'을 말한다.

* 주진(賙賑) : 흉년이 들었을 때 지방 수령들이 나라의 시책에 따라 백성들을 구휼해 주는 것을 의미한다.

2022년 3월 13일 일요일

농작물과 잡초

사전에 따르면 잡초란 "가꾸지 않아도 저절로 나서 자라는 여러 가지 풀. 인류가 이용할 목적으로 재배하는 식물인 농작물(작물) 따위의 다른 식물이 자라는데 해가 되기도 한다"라고 정의하고 있다. 결국 사람의 돌봄이나 가꿈의 대상이 아닌 모든 풀은 잡초라는 뜻이다. 이 같은 뜻매김이 과연 어떤 관점에서 내린 것인지 헷갈린다. 어쩌면 식물 본연의 입장에서 보면 그들은 모두가 똑같은 식물인 까닭에 다를 게 하나도 없어 보인다.

농작물로 분류되는 돌봄이나 가꿈의 대상은 인간의 편의에 따른 가름이고 분류이다. 따라서 식물의 입장에서는 잡초나 농작물이 하나도 다를 게 없는 종족일 따름이리라. 다만 인간의 편의에 따라 육종학(育種學)이라는 요상한 기술을 이용하여 특정 부위의 형질이나 크기 혹은 맛 따위를 변형시켜 비정상으로 바꾼 변종(變種)에 지나지 않는다고 항변할지 모른다.

우리가 이르는 농작물이란 식물의 특정 부위를 비롯해 기능이나 맛 따위의 변형을 극대화시킨 변종일 뿐이다. 이들은 자연 상태에서 다른 식물과 경쟁에서 뒤지는 취약성 때문에 일정한 자생력을 갖추기 위해서는 잡초경합허용기간(雜草競合許容期間)*이 될 때까지는 특별한 관리가 필요하다. 또한 '작물(농작물)이 현저하게 감소되기 시작하는 잡초의 밀도'를 잡초경합허용한계밀도(雜草競合限界密度)라고 한다. 농사를 망치지 않으려면 '농작물 속에 잡초가 일정한 밀도 이상이 되지 않게 관리해 주어야' 한다는 사실이다.

육종학이나 식물학적 유전자 변형 기술을 이용해 식물을 우리가 원하는 방향으로 만든 예이다. 우장춘(禹長春) 박사의 연구 결실인 '씨 없는 수박', 수박을 크고 많이 열리게 만들기 위한 '박에 접붙이기'가 있다. 또한 우리의 수수다리꽃이 미국으로 반출해 개량한 뒤에 미스 킴 라일락(Lilac 'Miss Kim')이라고 명명한 경우, 한라산이나 지리산에 자생하는 구상나무가 외국에서 개량되어 세계적인 크리스마스트리로 자리 잡은 경우, 우리의 제비꽃 원종을 반출해 크고 예쁘게 개량해 역수입하는 개량 제비꽃의 경우가 있다. 그런가 하면 세계적으로 사랑을 받는 장미꽃 색깔을 다양하게 바꾼 육종 기술, 각종 과일이나 뿌리를 크고 달면서도 많이 열리게 개량하는 다양한 기술을 일일이 열거하기 어려울 정도로 많다. 아울러 우리의 주식인 벼(稻)의 소출을 높이기 위해 벼 낟알이 많이 달리고 밥맛이 좋도록 미질(米質)을 개선하는 기술 따위도 빠질 수 없으리라.

하루가 다르게 발전하는 과학과 각종 농업기술을 넘겨다보다가 가끔 생뚱맞은 생각에 빠지기 일쑤인 내가 어이가 없다. 오늘날 식물 유전자를 떡 주무르듯이 하는 기술이 '동물이나 사람에게 불법으로 전용되는 사고가 벼락 치듯이 발생하지 않을까'라는 헛된 상상을 자주한다. 필요하다고 생각되는 특수 기능을 전문으로 하는 괴물 같은 로봇이나 사이보그가 아닌 실제 사람을 만들어 내는 불상사 말이다. 최근 일취월장하는 인공지능 기술을 건네다 보면서 터무니없는 생각에 잠겼다가 자제력을 잃는 게 아닌지 모르겠다.

우리는 과학의 힘을 앞세워 뭐든지 편하고 원하는 대로 바꾸고 싶어 안달이다. 이런 탐욕스러운 실리(實利)를 신봉하다가 동식물에서 얻을 수 있는 모든 것을 사람이 원하는 대로 바꾸고 변형하면서 우쭐대는 만행을 일삼는 게 아닌지 진지한 자성과 성찰이 필요하지 않을까. 그런 몇 가지 예이다. 제철도 아닌데 하우스 안에 각종 식물을 심어놓고 온랭(溫冷)을 조절하고 밤에도 환하게 불을 밝혀 개화를 유도하는가 하면, 열매와 뿌리 혹은 잎과 줄기를 원하는 대로 얻으며 기고만장한 현실이 아니던가. 이런 현상들은 사람에게는 많은 편의를 제공할지 모른다. 식물의 관점에서 볼 때 이는 하늘의 뜻인 천리(天理)나 자연의 이치에 반하는 것으로 어쩌면 인간의 욕심이며 혹사일지도 모른다.

농작물(작물)은 사람이 살아가기 위해 편리한 쪽으로 변형시켜 일종의 비정상의 형태로 바꾼 것에 지나지 않는다. 그러므로 본래 식물들의 관점에서는 비정상 식물이 틀림없으리라. 그처럼 자연의 뜻에 반하게 변화된 집단인 농작물(작물)이기 때문에 자연 속에 잡초들과 섞이면 경쟁력을 잃어 자생할 능력이 없다. 그런 까닭에 점점 더 어린아이처럼 보살피지 않으면 도태될 수밖에 도리가 없다. 역으로 말하면 농작물은 사람의 손길이 미치지 않으면 소멸할밖에 도리가 없다. 이에 비해 잡초는 예나 지금이나 자연 그대로 방치해도 자기 몫을 알차게 하게 마련이다.

농작물과 달리 잡초는 어떤 열악한 환경이나 조건에서도 굴하거나 퇴출되지 않고 적응해 생존하는 생명력을 자랑하는 특징을 보인다. 그런 이유에서 어렵고 힘들게 살아온 경우를 "잡초처럼 살았다"고 하고, 집안이 폭삭 망한 상태를 "쑥대밭이 되었다"라고 하며, '잡초가 우거졌다는 뜻으로 나쁜 풍습이나 나쁜 정치를 이르는 말'을 진예(榛穢)라고 한다. 이 같은 말의 쓰임은 잡초의 특성을 익히 이해하고 있음의 반증이다. 그럼에도 불구하고 잡초를 개떡같이 하찮게 취급하려는 오만불손은 어떤 심사에서 연유하는 걸까.

=======

* 잡초경합허용기간(雜草競合許容期間) : 잡초와 경합을 해도 작물이 영향 받지 않는 기간. 보통 초관이 형성된 이후이다.

2022년 6월 22일 수요일

변고 중심의 자서

병이나 사고인 변고(變故)를 바탕으로 쓰는 자서(自敍)*이다. 이 또한 지난날을 되살리는 하나의 방법이라는 관점에서 생각한 것이다. 돌이켜 생각하니 크게 병약하거나 남달리 강건했던 축이 아니었다. 지극히 평범했던 때문일 게다. 여태까지 몇 차례 와병과 불의의 사고는 피할 도리가 없는 운명이었을까.

더덜이 없이 진솔한 외적 조건의 고백이다. 젊은 날 신장(身長)은 대충 170cm 정도이고 몸무게는 60~68kg을 유지하다가 요즈음엔 65kg에 조금 못 미치거나 살짝 넘기는 형편이다. 한편 옷 사이즈는 L(large)인 '100'을 입는다. 그럼에도 나이에 비례한다는 '인격 배'가 약간 영향을 미쳤는지 하의(下衣)의 허리둘레는 최고 33인치까지 입었었다. 그런데 최근 1인치 정도 살이 빠졌지 싶다. 이와 같은 외적 특성을 감안한다면 별다른 병이나 사고를 너끈하게 피할 체력이 되고도 남을 법하다. 그렇지만 타고난 복이 별로였는지 남우세스럽게도 민망한 꼬리표를 몇 차례 단 아픔과 곡절을 겪었다.

해방둥이로 서너 살 무렵이기 때문에 6·25 전쟁 이전의 일이다. 지금은 아른아른 가물가물한 기억으로 집에서 돼지를 잡았던 것 같다. 그때 누군가 어른이 건네주는 고기를 먹고 체해서 거의 일 년 정도 생사를 넘나드는 고비를 여러 차례 넘나들었다. 변변치 않은 병원을 전전하면서 한편으로는 온갖 민간요법을 동원했을 게다. 정성을 다했음에도 악화 일로로 치달아 주위의 모두가 사람 노릇을 못 할 지경에 이르렀던 것 같다. 무슨 조화인지 온몸이 뚱뚱 붓는 부종(浮腫)이 심해져 목불인견이었단다. 천우신조에 조상의 음덕(陰德)이었을까. 역경을 딛고 기적적으로 소생해 아직 건재하고 있다.

대학 1학년 여름방학에 농촌 봉사활동에 참여했다가 급성맹장염(충수염)으로 낯설고 물선 타향에서 응급 수술을 받았다. 토요일 오후라서 작은 도립 서산병원에는 달랑 산부인과 의사 하나가 당직을 하고 있었다. 그렇다고 큰 도시 대형 병원으로 이송할 형편이 아니라서 산부인과 전문의가 수술을 집도했던 것으로 알고 있다. 다행인 것은 그 의사가 외과도 겸했기 때문에 신생아 대신에 '곪아 터지기 직전의 맹장'을 떼어내는데 하등 문제가 없었다.

대학 3학년 봄 어느 날 치질 수술을 했다. 당시 의료 수준이 별로라서 연건동에 자리한 서울대병원에서 수술했음에도 곧바로 재발해서 불혹의 중반까지 무척 고생을 많이 했다. 바로 재수술을 하고 싶었지만 죽고 싶을 정도로 심했던 통증의 트라우마 때문에 전전긍긍하면서도 차일피일 미뤘었다. 그렇게 지병으로 모시고 살다가 벼랑 끝에 몰려 지난 1990년대 초반에 죽기 아니면 살기라는 심정으로 마산의 개인 병원 젊은 의사에게 수술을 받았다. 어쩌면 자포자기의 심정으로 수술에 임했는데 거짓말처럼 완치되었다. 그 후 30년 가까운 세월을 날아갈 것 같은 기분을 만끽하며 삶을 구가하고 있다.

지난 1982년 여름방학 때 일가족이 몽땅(내외와 두 아들) 큰 교통사고를 당했었다. 고향에 갔다가 마산으로 돌아오기 위해 대전에서 출발하는 대구행 고속버스에 승차했다가 불과 20분 정도 달려 금강유원지에 자리한 제2금강교* 강바닥으로 추락하는 사고였다. 유감스럽게도 그때까지 우리나라에서 발생했던 고속버스 사고 중에 가장 대형이었으며 현장에서만 17명이 목숨을 잃었다. 그 사고로 두 아들과 아내는 1~3개월 정도 입원했다가 퇴원했다. 나는 전생의 업보가 너무 크고 막중했던지 '3번 경추(頸椎 : 목뼈)와 4번 경추 불완전 탈골'로 생사의 고비를 무수히 넘기고 정확히 여섯 달 만에 퇴원의 기쁨을 누릴 수 있었다.

정년퇴임 후 어느 봄날 집에 있다가 부지불식간에 기억을 잃었었다(2016년과 2018년). 정신을 잃은 채 7시간 정도 헛소리를 하다가 거짓말처럼 정상으로 돌아왔다(두 번 모두 판박이처럼 똑같은 증상). 그다음 날 병원에 가서 각종 정밀검사를 받은 결과 "가볍게 뇌졸중 증상이 지나간 것으로 판정된다"라는 의사의 진료 소견이었다. 이에 따라 우직하다고 할 만큼 병원의 지시를 충실하게 지키려고 애를 쓰는 편이다. 그 일환으로 매년 한 차례씩 혈액검사. 초음파검사(경동맥초음파검사)는 물론이고 4개월마다 주치의 면담과 약 처방을 받아 지시하는 내용을 한 치의 오차도 없이 준수하고 있다. 한편 아직 약을 먹을 정도는 아닐지라도 당(糖) 수치가 높다는 경고에 따라 음식 섭취에 특별히 유념하고 있다. 일반적으로 노인성 질환은 세월이 지남에 따라 투약의 양이 많아지거나 투약 횟수(回數)가 늘어나는 게 일반적이다. 이런 경향에 비해 나는 지난 정초부터 매일 두 번 투약에서 한 번으로 바뀌었고, 약의 종류와 수량 또한 절반 정도로 줄어들었으니 춤이라도 춰야 하는 게 아닌지 모르겠다.

많이 살아보지 않았을지라도 적지 않은 변고를 겪으며 느낀 소회이다. 사는 날까지 누군가의 도움 없이 품위 있게 누리다가 삶을 마감하고픈 요량에서 매주 5~6회씩 10~12km의 등산을 해온 지 스무 해 훌쩍 넘었으며 현재 진행형이다. 아울러 삶의 마지막 순간까지 기품을 잃지 않고 고상하게 마감하고 싶어 쓸데없는 연명치료를 거부하기로 작정했다. 그런 의지의 표현으로 아내와 같이 지난봄 보건소에 가서 사전연명의료의향서도 작성했으며 그 징표로 국립연명의료 관리기관(http://www.lst.go.kr)에서 발급해 주는 사전연명의료의향서 카드도 지갑에 꼭꼭 챙겨 두었다. 한편 최근 무더운 날씨 때문에 꼭두새벽인 인정(寅正 : 새벽 4시) 무렵에 집을 나서 등산을 마치고 돌아와 몸무게를 계측해 보면 무리가 따르는지 자꾸만 65kg 밑으로 떨어진다. 이에 대한 대응책으로 아무거나 손에 닿는 대로 마구 먹으려 드는 이상한 버릇이 생겼는데 과연 괜찮은 짓인지 아리송하다.

=====

* 자서(自敍) : 자기 자신에 관한 일을 자신이 서술함.

* 고속도로의 곡선(曲線) 구간 직선화(直線化) 공사 이후에는 최초의 공사에서 건설했던 제2금강교는 사실상 고속도로에서 용도 폐기되어 지방도로처럼 다른 용도로 전용되었다.

2022년 7월 22일 금요일

효자손을 수배합니다

폐기해야 할 효자손을 위해 새로운 효자손을 수배하려 한다. 옛날에는 신생 전자제품이나 특정 공산품을 구입하기가 무척 어려워 여기저기 찾아 헤매게 마련이었다. 그런데 디지털 시대가 도래하면서 그들은 지구촌 구석구석에 지천으로 넘쳐난다. 이와는 정반대로 지난 시절 촌스럽다는 핑계로 백안시하며 야멸치게 내치려던 토속 수제품 만나기가 하늘에 별 따기처럼 어려워진 현실을 무시할 수 없어 고민을 거듭하다가 내린 단안이다.

현재의 효자손이 언제 어떤 경로를 통해 우리 집에 유입되어 동거를 시작했는지 아리송하지만 얼추 3, 40년 정도 되었지 싶다. 비록 하찮은 대나무 조각 제품일지라도 천수를 다했는지 풍전등화를 연상시키듯이 꺼질 듯 명줄을 이어가는 꼴이 무척 안쓰럽다. 가능하면 내일이라도 자연으로 돌려보내 자유를 누리도록 은전을 베풀고 싶다.

생물이나 무생물을 막론하고 세월 앞엔 장사가 없나 보다. 처음엔 효자손도 젊은 청춘처럼 쌩쌩했다. 세월이 흐르면서 사람의 오른손이라고 할 때 새끼손가락 즉 계지(季指)에 해당하는 부분이 떨어져 나가는 중상을 입었다. 화불단행(禍不單行)이라 했던가. 얼마 뒤에는 사람에 비할 때 검지(-指)와 장지(長指) 사이가 길이로 길게 찢어지는 회복 불능의 재앙을 당했다. 그냥 두면 효자손이 정확하게 두 쪽(한쪽은 엄지와 검지, 다른 한쪽은 장지(長指)와 약지(藥指 혹은 無名指)로 쪼개질 절체절명의 위기에 처했다. 응급대처 방법으로 고무 밴드로 친친 동여맨 다음에 겨우 제 역할을 하며 연명하고 있다. 만일 고무 밴드를 풀고 되는대로 방치한다면 한순간에 둘로 나뉘어(쪼개져) 기능을 완전히 상실해 폐기처분해야 할 절박한 상황이다.

어린 시절 노인들은 툭하면 '가렵다'라고 하면서 불쑥 누군가에게 등을 들이밀고 긁어달라고 하소연을 하거나 스스로 손이 닿는 부분까지 벅벅 긁는 경우를 어렵지 않게 봤다. 그때 '나이 많은 어른들인데 참고 견디지 염치도 없이 야단법석일까'라는 의문이 들곤 했다. 그때 나는 어렸던 때문인지 등이 가려웠던 적이 없어 도무지 이해가 되지 않아 외면하고 싶은 모습이었다. 어쩌다가 지금 내가 그 당시 노인 비슷한 나이가 되면서 수시로 등 쪽이 몹시 가려워 박박 긁고 싶은 충동을 느끼는 경우가 빈발한다. 이런 맥락에서 이는 늙어가면서 도저히 비닉(秘匿)*하기 어려운 '노인성 증상'이 아닐까 싶다.

옛날 노인들이 '늙어서 등 긁어줄 사람이 있어야 한다'라는 얘기를 많이 했다. 이를 달리 해석하면 '늙어서 가려운 등을 들이대면 아무렇지 않게 긁어줄 자기의 배우자가 살아있어야 편안한 삶을 누릴 수 있다'라는 얘기를 에둘러 표현함이었으리라. 왜냐하면 동지섣달 긴긴밤 잠 못 들어 뒤척이다가 갑자기 등이 가려울 때 구세주처럼 시원하게 긁어 줄 상대는 자식이나 이웃이 아니라 함께 해로해 온 배필(配匹)밖에 없기 때문이다.

피부과에서도 시원한 답이 없는 문제가 바로 나이 들면서 수시로 등에 가려운 증상이 나타나는 것이다. 처음 등이 가렵기 시작할 무렵의 얘기다. 내 손이 제대로 닿지 않아 아내에게 등을 들이대고 하소연하며 긁어달라고 했다. 그러면 아무렇지도 않은데 엄살 부리지 말라며 처삼촌 벌초하듯이 긁는 시늉을 하다가 멈추기 일쑤였다. 처음엔 그런 행동이 무척 서운하더니 여러 번 똑같은 대접을 받으면서 스스로 해결 방안을 모색하게 되었다. 그렇게 헤매다가 언제부터인지 모르지만 집안에 나뒹굴며 천대를 받던 효자손에 자연스럽게 손길이 닿았다.

타박을 받고 징그럽다며 돌아서는 푸대접을 되풀이해 받아도 따스한 체온과 부드러운 아내의 손길에 길들었던 가 보다. 딱딱한 대나무 조각을 등에 대고 상하좌우로 움직여 가려움을 달래는데 무척 많은 갈등이 따랐다. 예로부터 '궁하면 변하라'라는 뜻으로 궁즉변(窮卽變)이라고 일렀다. 또한 '이가 없으면 잇몸으로 살아야 하는 게' 세상의 이치가 아니던가. 효자손이 등 쪽 여기저기를 스칠 때마다 이물감(異物感)에 움찔움찔 놀랐던 게 한두 번이 아니다. 그렇게 정을 붙이지 못해 겉돌면서도 가랑비에 옷 젖듯이 순치(馴致)되어 이제는 아내의 손길보다 훨씬 친숙해졌다. 이런 연유로 지금은 몇 날 며칠이 지나도록 아내와 스킨십(skinship)이 전혀 없어도 아무런 탈이 없다. 하지만 효자손과는 어떤 날은 하루에도 몇 차례씩 스킨십 하는 알콩달콩 달달한 사이의 찰떡궁합으로 발전했다.

현재 우리 집의 효자손은 온몸 전체에 회복 불가능한 중상을 입고도 최선을 다해 나의 손이 되어주며 충직하게 봉사하고 있다. 그런 처지가 측은지심을 불러일으켰다. 그래서 영원한 안식을 줄 요량으로 함안의 마애사, 고성의 폭포암, 남해의 보리암, 우리 동네에서 매주 일요일 새벽에 열리는 신마산(新馬山) 댓거리 번개시장 등을 스쳐 지날 때마다 효자손을 판매하는 가게가 있을까 싶어 기웃거려 봐도 짝사랑일 뿐이었다. 때문에 이번 여름엔 이름난 대가람(大伽藍)을 한두 군데를 비롯해 주위의 시골에 서는 오일장 몇몇을 돌아볼 요량이다. 언젠가 우리 아파트에서 2~3분 거리의 공원 입구에서 토요일마다 펼쳐 놓는 난전에서 효자손을 봤던 것 같다. 그런데 장사가 되지 않아 수지 타산이 안 맞는지 요즘엔 아예 그 난전의 그림자도 보이지 않는다.*

금세기는 첨단 문명이 지배하는 사회이기 때문에 각종 첨단 제품은 어딜 가도 넘쳐난다. 그에 비해 얼마 전까지 주위에서 천덕꾸러기 취급을 받거나 헐값에 거래되던 투박한 수공업 제품들이 품귀현상을 보이거나 되레 귀한 대접을 받는 아이러니(irony : 역설)가 발생하기도 한다. 이런 세태 때문일 게다. 별나지도 않은 효자손을 찾아 꽤 발품을 팔며 헤맸음에도 끝내 찾을 길이 막막해 감히 '효자손 수배령'을 내리련다. '내게 새 효자손을 구해 주시는 분에게는 반드시 그 몇 배에 상응하는 보상을 해 드리겠습니다'라고 말이다. 아무리 생각해도 효자손 없이 살 계제가 아니라서 곡진하게 드리는 간청이기도 하다.

=====

* 비닉(祕匿) : 비밀스럽게 감춤 혹은 은익((隱匿).

* 2022년 8월 27일 토요일 오랜만에 돌아와 옛 그대로 트럭과 그 주위에 펼친 난전에서 2천 원에 효자손 두 개를 구입하는데 성공했다. 그런데 효자손을 자세히 살펴보니 바깥쪽 중간에 세로로 한글 '효자손'이 찍혀있고, 그 바로 아래에는 타원형 테두리 속에 가로로 두 줄의 영어 'made in / china'가 찍혀있었다. 이 같은 효자손까지도 중국에서 만든다는 사실에 어이가 없어 아연실색하지 않을 수 없었다.

2022년 7월 25일 월요일

나를 생각하는 이들이 있기에

이번엔 누가 어떤 의견을 개진해 줄까. 그저 그런 졸작이 얼굴을 내밀 때마다 주위의 지인들이 도움말을 준다. 글의 제목에 대한 견해에서부터 띄어쓰기나 맞춤법, 논리적 모순이나 표현상의 적정성 등 다양한 관점이 대상이다. 물론 나름으로 최선을 다하는 시늉은 냈지만 역량이나 앎이 부족한 데다가 후천적으로 신실한 노력의 모자람에 기인하리라. 그럼에도 글을 쓸 때면 완벽한 글을 쓰고 싶다는 욕심이 생겨 쓴웃음을 짓기도 한다. 하지만 그런 탐욕에서 자유롭지 못한 내가 마뜩잖아 고개를 절레절레 흔들며 부정해 보지만 그때뿐이다.

타고난 재능이나 후천적인 배움과 깨우침이 변변찮아 터무니없는 욕심을 버리려고 작심한 채 글을 대하고 있다. 비록 신통치 못하더라도 진솔한 생각을 꾸밈없이 풀어내는 글이면 나 자신이 만족하고 가족이나 지인들이 인정해 주지 않을까. 그리 생각하다가도 태산북두(泰山北斗)처럼 우뚝한 문호들의 글귀를 떠올림은 무슨 망령일까. 단 한 줄의 글이라도 '문장이 훌륭하여 손댈 곳이 없을 만큼 잘된' 천의무봉(天衣無縫)에 이를 수 없을까 하는 주제넘은 생각에서 벗어나지 못함 말이다.

별다른 내용도 없이 밋밋한 책을 거듭 출간하면서 그 옛날 선인들이 이른 화조재리(禍棗災梨)의 원흉으로 전락하는 게 아닌가 하는 의구심에 뜨끔하기도 하다. 이 말을 곧이곧대로 해석하면 '대추(棗)나무가 화를 입고 배(梨)나무가 재해를 당한다'라는 뜻이다. 아주 오래전 현대적인 인쇄 기술이 보급되기 전에 모든 책은 판본(板本)으로 책을 찍어냈다. 여기서 판본의 재료가 바로 대추나무와 배나무였다. 그러므로 쓸데없는 책을 마구 찍어내면 판본의 재료로 쓰이는 대추나무와 배나무만 그만큼 많이 벌목(伐木) 되기 때문에 수모를 당하는 꼴이다. 이 같은 유래에서 오늘날에도 쓸데없는 책을 마구 출판하는 것을 빗대서 화조재리라고 이르고 있다.

빼어난 이들의 걸작이 발간되기 바쁘게 베스트셀러가 되어 출판사에서 인쇄하기 바쁘다는 풍문을 전해 들을 때면 어김없이 떠오르는 말이 낙양지귀(洛陽紙貴)이지 싶다. 이는 방현령(房玄齡)이 저술한 진서(晉書) 문원전(文苑傳)에 '다투어 베껴가니 낙양의 종잇값이 올랐다(競相傳寫, 洛陽爲之紙貴)'라는 구절이

나온다. 이 말의 유래이다.

서진(西晉) 시절 좌사(左思)라는 문인이 있었는데 얼굴이 별로인 데다가 말도 변변치 않아 사람들의 관심을 받지 못했다. 그러나 일단 붓을 잡으면 출중한 글을 쓰는 능력이 있었다고 한다. 좌사가 춘추시대 제(齊)나라의 수도를 노래한 책인 제도부(齊都賦)를 1년 만에 집필했다. 이에 자신을 얻고 '삼국시대인 위(委)·촉(蜀)·오(吳)나라의 수도인 업(鄴), 성도(成道), 건업(建業)의 화려함을 노래함과 동시에 3개의 성도 외에도 위·촉·오 등의 세 나라 개황을 기술한 책'인 삼도부(三都賦)를 집필하고 가다듬어 10년 만에 세상에 내놨으나 거들떠보는 이가 없었다. 그런 현실에 굴하지 않고 좌사는 당대 유명한 황보밀(皇甫謐)을 찾아가 책을 보였더니 높이 평하며 앉은 자리에서 서문(序文)을 써 주었다. 또한 어느 날 장화(張華)라는 시인이 그 책을 읽고 나서 "이는 반고(班固)와 장형(張衡)의 유(流)"라고 일갈했다. 이들의 호평에 힘입은 삼도부는 일조일석에 유명해져 고관대작들뿐 아니라 낙양 사람들이 다투어 베껴갔던 관계로 낙양의 종잇값이 뛰어올랐다는 데서 유래했다. 어디 그 옛날뿐일까. 오늘날에도 쓸데없이 책을 마구 인쇄하여 여기저기 뿌려대는 정치인의 자서전을 비롯해 쓰레기 같은 홍보물 따위 때문에 종이의 원료인 나무가 화를 당하는 꼴이기에 자원 절약이라는 맥락에서 너나 없이 냉정한 자성이 필요하지 않을까.

여태까지 전공이었던 컴퓨터 분야에 관련된 책 30권 안팎을 비롯해 수필집 18권을 출간했다. 모든 집필을 계획할 무렵에는 맞춤법이나 띄어쓰기 같은 기본적인 오류를 비롯해 표현이 어색한 문장이나 논리적 모순이 없는 책을 겨냥했다. 하지만 어느 하나에서도 그런 소박한(?) 바람을 온새미로 달성했던 적이 없다. 다시 말하면 입때까지 출간했던 모든 책에는 수많은 오류나 잘못된 내용이 볼썽사납게 뻗대고 있어 다시 펴볼 용기가 없다. 이런 관점에서 그 옛날 중국의 진(晉)나라 재상이었던 여불위(呂不韋)가 주도해 펴낸 여씨춘추(呂氏春秋)를 두고 일갈했던 '일자천금(一字千金)'이라는 오만방자한 말이 귓전을 맴돌기도 한다.

여불위가 자기 집에 머물던 3천여 명에 이르는 논객과 현인들을 시켜 펴낸 일종의 백과사전인 여씨춘추를 당시 수도인 함양 성문 앞에 걸어 놓았다. 그리고 "이 책에서 단 한자라도 고친다면 천금을 주겠노라!"라는 오만불손한 방(榜)을 붙인 데서 일자천금이라는 고사가 생겨났다. 아무리 기라성 같은 최고의 논객이나 현인들이 합작으로 집필했더라도 모든 면에서 완벽한 신이 아닌 이상 단 한 글자도 틀린 게 없다고 광고하는 시건방진 태도는 언어도단으로 방자하기 짝이 없는 행위이다.

어제도 오늘도 그리고 내일도 특별한 변고가 없는 한 글을 쓸게다. 하지만 세상의 흐름이나 타인의 마음을 읽거나 간파할 지혜나 재간이 없다. 다시 말하면 인도(印度) 하면 시성(詩聖) 타고르(Tagore)가 떠오르는 것처럼 문장으로 나라를 빛낼 수 있는 문장화국(文章華國)의 재목이 못 된다. 아울러 오묘한 하늘 이치나 세상사를 아우르며 담론할 그릇이 못 될뿐더러 식견의 측면에서 그럴 깜냥이 아니다. 이런 때문에 글에서 겨냥하는 첫 번째 목표는 나 자신의 힐링(healing : 치유)과 만족이면 족하다. 그보다 한 단계 높은 두 번째 목표는 가족이나 지인들이 공감하고 관심 가져 주는 정도로서 그를 최종적인 목표라고 생각하고 있다. 따라서 내 글이 널리 알려져 세상에서 수없이 읽히고 먼 훗날까지 뭇사람들의 입에 회자(膾炙) 되는 불후의 명작이 되리라는 생각을 했던 적이 전혀 없다. 그럴지라도 스스로 좋아 시작한 생의 후작인 글쓰기는 나를 생각해 주는 이들이 있는 한 쉼 없는 진행형으로 이어지리라.

2022년 7월 13일 수요일

자장가 얘기

대여섯 살 무렵 엄마*가 불러주던 자장가가 아른아른 떠오르려 했다. 가물가물하지만 6·25 전쟁 무렵이었지 싶다. 찌는 듯한 무더위가 기승을 부릴 때 둥구나무 그늘의 평상에서 엄마의 무릎에 누워 잠투정하면 조용히 자장가를 들려주던 모습이 아련히 떠올랐다. 하지만 완벽한 게 아니고 어렴풋해 흐릿할 뿐이었다. 그 가락과 노랫말 일부를 바탕으로 이런저런 자료를 찾았어도 그 실체를 파악할 수 없어 아예 체념했었다. 어쩌다 보니 오늘 불현듯이 떠오르는 그리움을 잠재울 길 없어 인터넷에 접속하여 몇몇 키워드(keyword)로 검색하다가 알토란같이 완전한 노랫말과 조우하는 행운을 거머쥐었다.

자장가란 '어린아이를 재우기 위하여 부르는 노래'로서 지구촌에는 헤아릴 수 없을 정도로 많다. 즉 세계적 음악가인 모차

르트, 브람스, 슈베르트 같은 이들이 작곡한 것들을 필두로 나라마다 나름의 자장가가 불리고 있는 것으로 알고 있다. 이들 중에 우리에게 친숙한 대표적인 자장가는 섬 집 아기(1950)가 아닌지 모르겠다. 하지만 이 노래는 6·25 전쟁 무렵에 지은 노래인 까닭에 우리 세대가 초등(국민)학교에 재학할 무렵엔 보급되지 않아 수업 시간에 배웠던 적이 없다. 그럼에도 노랫말이나 가락은 가슴속에 깊이 똬리를 틀어 친숙해진 지 오래다.

엄마가 섬 그늘에 굴 따러 가면 / 아기가 혼자 남아 집을 보다가 / 바다가 불러주는 자장노래에 / 팔 베고 스르르르 잠이 듭니다

아기는 잠을 곤히 자고 있지만 / 갈매기 울음소리 맘이 설레어 / 다 못 찬 굴 바구니 머리에 이고 / 엄마는 모랫길을 달려옵니다

정확하지는 않지만, 학교를 통해 배웠거나 들어 익숙해진 것은 모차르트의 자장가였다. 모를 일이다. 왜 우리의 얼과 혼이 담긴 노래 대신에 외국 유명 음악가의 노래에 익숙해졌는지 수수께끼다. 아마도 민족상잔의 전쟁(6·25)으로 혼란의 도가니였던 시절 우리 것을 정리할 여력이 없어 어쩔 수 없이 세계적으로 널리 알려진 것을 보급한 때문일 게다.

잘 자라 우리 아가 / 앞뜰과 뒷동산에 / 새들도 아가 양도 / 다 들 자는데 / 달님은 영창으로 / 은구슬 금구슬을 / 보내는 이 한

밤 / 잘 자라 우리 아가 / 잘 자거라

흐릿한 기억의 일단이다. 어린 시절 아프거나 몹시 지쳤을 경우 쉬 잠들지 못해 잠투정하거나 짜증을 부릴 때면 엄마는 늘 같은 곡조의 자장가를 불러주셨다. 그즈음 들었던 자장가의 정확한 가사를 물어보고픈 생각이 들었을 때 엄마는 이승에 계시지 않았다. 애석하게도 노랫말은 단 한 소절도 옳게 떠오르지 않고 부서진 조각처럼 일부분씩 떠올랐다. 기껏해야 '꼬꼬닭아 우지마라', '멍멍개야 짖지 마라', '은자동아', '금자동아' 따위였다. 오래전에 몇 차례에 걸쳐 다양한 자료에 접근해 검색을 시도했으나 번번이 보기 좋게 실패하고 체념한 채 잊고 지냈다.

오늘 아침 무언가를 하다가 어린 시절 들었던 '은자동아 금자동아'라는 구절이 떠오르면서 어이없게도 엄마가 그리워 눈시울이 붉어졌다. 감상적인 마음을 달랠 요량에서 인터넷에 접속했다. '꼬꼬닭아 우지마라 멍멍개야 짖지 마라'를 입력했는데, 믿기지 않은 결과가 나타났다. 이게 웬 횡재일까. 우리의 전래동요(자장가)로 초등학교 3학년 교과서에 실렸다는 안내였다. 손주가 초등학교 재학할 때 왜 발견하지 못했는지 불가사의했다. 그때 손주의 교과서는 모두 꼼꼼하게 펼쳐 봤는데 말이다.

자장자장 우리 아기 자장자장 우리 아기 / 꼬꼬닭아 우지 마라 우리 아기 잠을 깰라 / 멍멍 개야 짖지 마라 우리 아기 잠을 깰라 /

자장자장 우리 아기 자장자장 잘도 잔다

금자동아 은자동아 / 우리 아기 잘도 잔다 / 금을 주면 너를 사며 / 은을 준들 너를 사랴 / 나라에는 충신동아 / 부모에는 효자동아 / 자장자장 우리 아기 / 자장자장 잘도 잔다

언제부터이었을까. 툭하면 지난날을 돌아보고 또 돌아보며 회상에 빠지기를 되풀이한다. 그중에서도 특히 엄마와 연관된 경우는 왠지 꿈을 꾸는 기분으로 따뜻하고 편하다. 무녀리*는 아니었을지라도 어릴 적 허약해 병치레 때문에 주접을 떨며 잠투정이 심했다. 지금 돌이켜보니 시도 때도 없이 치마폭을 잡고 주위를 맴돌며 칭얼대다가 졸리면 베개 대신 엄마 무릎을 베고 눕는 못된 버릇이 있었던 것 같다. 그럴 경우 곧바로 잠이 들면 좋으련만 비몽사몽의 상태에서 엎치락뒤치락할 때면 조용조용 들려주던 자장가가 '자장자장 우리 아기…… 꼬꼬닭아 우지마라…… 멍멍개야 짖지 마라'이었다. 그 시절 엄마가 읊조리던 노랫가락에 취해 스르르 잠이 들곤 했다. 엄마가 유명을 달리하신지 오래된 지금 결코 젊지 않은 처지에서 돌아보는 그런 추억은 하늘의 은총으로 가장 따뜻하고 순수한 강복(降福)이었지 싶다.

어렵고 힘든 질곡의 역사를 온몸으로 겪으면서도 엄마는 영원히 잊을 수도 지워지지도 않는 면억(緬憶)* 거리를 전래 자장가를 통해 심어 주셨다. 그런 엄마보다 더 좋은 세상에서 풍요로운 삶을 누리며 더 많은 교육을 받았다. 그런 세월에 가정을 이루고 아이들을 낳아 기르면서 아이들에게 어떤 아비로 자리매김하였을까. 아무리 되짚어 봐도 내 어린 시절보다 물질적 풍요를 누리게 했을 뿐 무엇인가를 뚜렷하게 남기거나 가르쳐 준 게 눈곱만큼도 없다. 게다가 생후 곧바로 함께 살아왔으며 현재 중3인 손주에게도 다를 바 없다. 나름 바른 삶을 겨냥했음에도 두 아들이나 손주에게 장삼이사*의 존재에 지나지 않을 나는 누구인가.

=====

* 엄마 : 내 어머니는 오래전에 이승을 떠나셨기에 선비(先妣 : 망모(亡母), 비(妣), 현비(顯妣))로 호칭함이 타당하나 어린 시절에 머물고 싶어 엄마라는 호칭을 고수했다.

* 무녀리 : 언행이 제대로 갖추어지지 않은 못난 사람. 짐승의 한 태(胎)에서 나온 여러 마리의 새끼 중에 맨 먼저 나온 놈을 무녀리라고 한다. 무녀리는 문을 열고 나왔다는 뜻의 '문열이(門+열+이)'가 변한 말이라는 전언이다. 그런데 일반적으로 제일 먼저 나온 새끼는 다른 새끼들에 비해 유난히 비실비실하고 몸이 허약하다고 한다. 이에 빗대어 좀 모자라는 듯한 사람을 비유할 때 많이 쓰이는 개념이다.

* 면억(緬憶) : 지난 일을 돌이켜 생각함

* 장삼이사(張三李四) : 장씨(張氏)의 셋째 아들과 이씨(李氏)의 넷째 아들이라는 뜻으로, 이름이나 신분이 특별하지 아니한 평범한 사람들을 이르는 말.

2022년 5월 24일 화요일

평지낙상의 날벼락

거의 평지에 가까운 내리막의 너른 길에서 무참하게 앞으로 고꾸라지는 낙상(落傷)을 당했다. 동네 뒷산이지만 20여 년을 오르내리며 오늘같이 모지락스럽게 넘어졌던 적이 없다. 그동안 산을 오르내리며 가파른 비탈길에서 구르는 돌을 잘못 밟았다가 넘어지며 다쳐 고생했던 적이나 겨울에 눈이 쌓인 등산길에서 수없이 나가떨어졌던 끔찍한 경험은 있어도 오늘처럼 멀쩡한 내리막에서 내팽개쳐 슬라이딩하듯이 길바닥에 정면으로 넘어지는 불상사는 처음 겪어 도저히 믿기지 않을뿐더러 남우세스럽고 얼굴이 후끈후끈 달아오를 지경이었다.

올해 들어 첫 새벽 등산에 나섰다. 여름이 다가오면 더위 때문에 낮 시간 등산이 힘겨워 꼭두새벽의 길을 선호한다. 여름에 대비해 봄이 되면 이따금 새벽에 길을 나서 몸 상태를 점검한다.

이런 이유로 오늘도 새벽 5시 조금 지날 무렵 집을 나섰다가 등산길 초입에서 오래전부터 여름마다 새벽 등산 중 드문드문 무리 지어 동행하던 이들을 만나 반갑게 인사를 나눴다. 작년 여름 몇 차례 동행하고 오늘 처음 만난 사이로 그들은 꼭두새벽에 손전등으로 길을 밝히고 산 정상에 갔다가 하산하고 있었다. 혼자서 터덜터덜 정상에 갔다가 내려와 포장 구간을 지나 제법 너른 비포장의 완만한 내리막길은 평지 같아 보이는 자갈투성이로 울퉁불퉁해서 평소 꽤 신경을 쓰며 오갔었다.

일진이 사나워 망신살이 뻗친 날인가. 즐거운 새벽 등산을 마치고 기분이 좋아 쓰고 갔던 모자를 벗어들고 흔들며 흥에 겨운 발걸음이 무척 가벼웠다. 약간의 내리막으로 자갈투성이 길일지라도 너무도 익숙하기 때문에 순간적으로 방심해 화를 자초했으리라. 내 앞과 뒤 5~6m쯤에는 오르내리는 몇 사람이 있었다. 그런 상황에서 내리막을 향해 걷다가 돌부리에 부딪히는 순간 균형을 잃으면서 썩은 고목이 맥없이 쓰러지듯 앞으로 튕겨 나가다가 '쿵' 소리가 날 정도로 길바닥에 속절없이 나동그라졌다.

꼬꾸라져 넘어지면서 순간적으로 오른손을 먼저 짚었던 까닭에 오른쪽 어깨를 돌부리에 대고 슬라이딩을 한 모양새이었다. 순식간에 일어난 사고라서 정신이 없었으나 손바닥이 얼얼했고 어깨에 통증이 순식간에 몰려왔다. 그런 상황에서 일어나려고 애를 써 봐도 다리에 힘이 빠져 여의치 않았다. 내 주위를 오가던 이들이 웅성웅성 모여들며 걱정스러운지 일어날 수 있느냐고 물으며 지켜보는 게 몹시 황당하고 자존심이 상했다. 애써 괜찮다며 얼른 가시라고 손사래를 치면서 엉금엉금 기어 길가의 낙엽 위로 다가가 앉아서 대충대충 살폈다. 손바닥 두 군데가 찢어져 피가 흘렀고 어깨에 통증이 예사롭지 않았으나 움직일 수 있는 것으로 미루어 판단할 때 골절은 면한 것 같았다. 그리고 넘어지며 마비 증세를 보였던 다리도 한참 주물렀더니 정상으로 돌아와 툴툴 털고 일어서는 순간 민망한 마음이 엄습해 꽁지야 날 살리라는 심정으로 서둘러 그 자리를 피했다. 경황이 없어 집으로 돌아와 찬찬히 살피니 등산복 모두가 흙먼지 칠갑을 한 참혹한 몰골이었다. 그런 차림으로 휘적휘적 걷는 내 모습을 지켜봤더라면 실성한 사람이 거리를 활보하는 것으로 생각하지 않았을까 싶어 식은땀이 절로 났다.

지난해였던가. 동네 은행에 들렀을 때였다. 아주 오래전부터 여름철이면 이따금 새벽 등산을 동행하던 할머니 중에 한 분이 팔목에 깁스한 모습이었다. 사연을 물었더니 비가 내린 뒤끝의 어느 날 등산길에 데크(deck) 계단에서 굴러떨어져 팔이 골절되었다는 하소연이었다. 그런데 문제는 노인인 때문에 뼈가 쉬 붙지 않아 적어도 6개월 이상 걸려야 한다며 심란해하던 모습이 불현듯 떠오름은 동병상련 때문일까.

지난날 언젠가 깔딱 고개의 비탈길을 내려오다가 구르는 자갈을 밟았다가 속절없이 미끄러져 엉덩방아를 찧으며 주저앉은 게 하필이면 뾰족한 바위 위였다. 그때 꼬리뼈를 심하게 부딪쳐 반년 가까이 고생을 했었다. 그 이후 등산길에 나설 때마다 길바닥에 구르는 돌 중에 일정한 크기 이상이 눈에 띄면 주워서 길 밖으로 버리는 게 습관이 되었다. 내가 넘어진 비포장 돌밭 길에서 오늘 새벽 제법 커다란 돌 10여 개를 주워 길 밖으로 버리는 가상한 선행(?)을 했다. 그런데 웬 부정이 탄 걸까 아니면 산신께 씻을 수 없는 불경죄를 저지른 걸까. 미욱한 내 딴에는 아무리 짚어 봐도 잘못이 없었다. 그럼에도 멀쩡한 길에서 가혹한 벌을 내리시다니 분하고 또한 마뜩잖았다.

'원숭이도 나무에서 떨어지는 날이 있다'라고 하던가. 살면서 익숙해졌다고, 잘 안다고 방심했다가 큰 변을 당했던 경우가 심심치 않게 발생했었다. 오랜 세월에 걸쳐 매주 5~6회 오갔던 길이기 때문에 매우 친숙해졌다. 그렇게 정확히 꿰고 있던 길의 초입 완만한 내리막에서 낙상이라니 아무리 생각을 해도 믿겨지지 않았다. 이쯤 되면 세월과 나이를 들먹이며 그들에게 핑계를 돌려야 할 것 같다. 누구나 나이가 들면 행동이 느리고 굼떠지며 돌발 상황에 대처하는 능력이 눈에 띄게 떨어진다는 얘기를 통째로 부정하며 내치고 싶지만 수긍해야 하는 게 순리가 아닐까. 이런 맥락에서 그렇게 심하게 넘어지고도 골절을 당하거나 병원에 입원하지 않은 것만으로도 신의 가호가 있었다고 감사해야 아귀가 맞지 싶다.

지금 어깨가 몹시 쑤시고 우리한 통증이 심하며 몇 군데 멍이 들어 여기저기 파스를 덕지덕지 붙였다. 또한 옷을 벗거나 입기가 매우 불편하고 팔을 자유롭게 움직이기 어려우며 무거운 물건을 들 수 없어 몹시 혼란스럽다. 한편 넘어지면서 얼결에 길바닥을 짚고 미끄러졌던 손바닥에 결코 가볍지 않은 상처가 생겨서 약을 발라 컴퓨터 작업도 편치 않다. 아내는 주사라도 맞고 와야 가볍게 지나간다고 성화를 부리며 병원으로 내몰려 한사코 애를 쓰며 채근한다. 하지만 '별일 없겠지'라는 미욱한 생각에 병원비 아끼련다. 흔히들 '넘어진 김에 쉬어간다'라고 하지 않던가. 이를 핑계로 며칠 동안 등산을 끊고 집지킴이 노릇 삼매경에 빠져 봄도 크게 나쁘지 않을 듯하다.

2022년 4월 8일 금요일

환갑잔치와 칠순잔치

단명하던 시절 환갑에 이르면 노인 대접을 톡톡히 받았다. 호랑이 담배 먹던 까마득한 옛날얘기가 아니다. 지난 6·25 전쟁 휴전 무렵이었던 시절에도 환갑노인이 사랑방에 앉아 장죽(長竹)을 입에 물고 담배를 피우는 게 권위의 상징처럼 여겨지던 시절이었다. 그들은 동네 고샅길을 오갈 때면 장죽을 빼끔빼끔 빨며 연신 헛기침을 해대면서 지나가면 아랫사람은 옆으로 비켜서서 공손한 인사와 묵례를 하며 지나가기를 기다렸다가 자기 길을 가는 게 법도였다. 소위 백세시대에 환갑이나 칠순을 겨우 지난 이들이 그렇게 방자한 행동을 했다가는 비난의 대상으로 전락하여 봉변당하기에 십상이리라.

내 조부 얘기다. 돌이켜보면 연세가 환갑 안팎 무렵부터 어쩌면 그리도 무섭고 권위적이었을까. 하늘이 두 쪽 나도 조부의 명은 무엇보다 우선했다. 내 백부와 부친 그리고 숙부 등은 감히 명을 거역하거나 토를 달지 못했다. 말 그대로 신성불가침의 지엄한 존숭(尊崇)해야 할 대상으로 군림했었다. 그 당시는 숨 막힐 듯이 엄격한 가풍을 당연하다고 여겨졌다. 지금 회상하니 선친 3형제분도 무척 힘드셨으리라는 생각에 인간적인 연민을 느꼈다. 6·25 전쟁 때문에 내남없이 어렵던 시절 조부의 환갑과 진갑을 비롯해 칠순잔치를 온 동네가 떠들썩하게 펼치던 기억이 아직도 생생하다.

돼지를 잡고 술과 음식을 넉넉하게 장만해 대소가(大小家)의 일가친척은 물론이고 이웃 마을까지 빠짐없이 초대하는 동네잔치였다. 잔칫날엔 마당에 차일(遮日)을 치고 축하객이 찾아오는 대로 주안상을 차려 대접하기를 밤늦도록 되풀이하며 장구 치고 북 치며 창을 하던 질편한 풍경이 아련하다. 그런 잔치에 참석했던 이들의 대부분은 품앗이하듯 십시일반의 축의금을 건넸다. 그때 일부에서는 막걸리나 쌀 몇 말(斗) 같은 현품과 그 내용을 적바림한 물목(物目)을 건네는 이웃들도 더러 있었다. 요즘은 사라졌으나 6·25 전쟁 휴전 뒤에 혼례나 상사(喪事)에 현물이나 울력을 보태는 것으로 축의를 표하는 풍습도 드물지 않았다. 이따금 다큐멘터리를 볼라치면 동남아 일대에서 아직 그런 풍습의 흔적을 볼 수 있어 무척 친근하게 느껴지기도 한다.

내 가정을 이루고 난 뒤에 부모님께도 그런 잔치를 베풀어드렸다. 한두 번 잔치하다가 그다음엔 여섯 자녀만 모이는 가족 행사로 바꿨었다. 부모님 세대만 해도 단명했기에 그런 행사를 펼쳐도 당연한 것으로 받아들였다. 그러다가 선친께서 작고하시고 난 이후에 선비(先妣) 혼자 생존해 계실 때는 그것도 부담스러워하실 뿐 아니라 번거로워 매년 간단한 생일상을 차려드리는 것이 고작이었다. 옛날 같지 않았지만 선비께서 살아 계실 때만 하더라도 가족의 생일날 아침엔 미역국이라고 끓이고 자축하기도 했다. 집안에 어른이 계시지 않으니 그마저도 번거롭고 시들해져 슬그머니 잊은 척하고 그냥 지나치고 있다.

내 부모님보다 연세가 다소 높으셨지만, 장인 장모님은 그 반면에서 한참 앞서가신 분들이었다. 아내와 가정을 이룬 이후 처가에서는 조용한 가족 모임으로 일관했다. 지나치게 조용한 분위기를 바꿔볼 요량으로 장인어른의 칠순 무렵 어느 날이었다. 서울 강남의 대치동에 살 때였다. 집 옆인 선릉역 사거리 전문 음식점으로 처가 가족들을 초대해 조촐한 가족 모임을 했는데 지나치게 고맙다는 말씀을 하셔서 되레 송구했던 기억이 아직도 생생하다. 자식들을 생각했는지 아니면 성품 때문인지 모르지만 장인 장모님은 형식적인 행사나 가족 모임을 멀리하던 멋쟁이셨다.

대학에 재학 중이던 1960년대 후반기의 얘기다. 서울의 돈암동 신흥사 부근에는 환갑이나 칠순잔치를 대행하는 행사장이 몇 군데 성업 중이었다. 어느 해 봄날 K 선배 부모님 칠순잔치에 초대를 받고 S 선배(훗날 Y 대학교 교수이며 소설가)와 함께 신홍사 부근의 행사장을 물어물어 찾아갔다. 여느 경로잔치와 다를 바 없지만 모든 것을 업소가 정한 대로 잔치가 진행되었다. 그곳에서 창을 하는 분들이 주워섬기는 타령조의 애드리브(ad lib)가 압권이고 백미였다. 한구석에 자리 잡고 지인들과 어울렸다가 집으로 돌아오려는데 공교롭게도 동행했던 S 선배와 내 구두가 감쪽같이 사라졌다. 어쩔 수 없어 그 행사장에서 임시변통으로 제공한 슬리퍼를 질질 끌고 집으로 왔던 웃지 못할 씁쓸한 추억도 있다. 그 전문 행사장은 세상이 많이 변한 여태까지도 성업 중인지 몹시 궁금하다.

100세 시대의 나이는 이렇게 계산해야 한단다. '현재 나이×0.7 = 100세 시대 나이'라는 얘기다. 그러므로 환갑은 '60×0.7 = 42.0'이고, 현재 나이가 70세라면 '70×0.7 = 49.0'이라는 얘기이다. 결국 100세 시대 나이 계산법에 따르면 환갑은 42.0살이고, 칠순은 49.0살의 불혹의 젊은이일 뿐이다. 이런 상황에서 기존 나이로 환갑 혹은 칠순이라고 해도 100세 시대 나이로 환산하면 겨우 42살 또는 49살로서 노인인 척 행동한다는 것은 천부당만부당한 망발이 틀림없지 싶다.

선견지명이 있었을까. 우리 부부는 환갑이나 칠순을 맞던 해에 특별히 가족 행사를 하였거나 외식을 했던 적이 없다. 요즘엔

해마다 돌아오는 부부의 생일도 귀찮다는 이유에서 평소와 다름없이 보내기 일쑤이다. 체념한 때문인지 그리해도 섭다거나 아쉽지 않다. 미구에 부부가 맞게 될 팔순 또한 변함없이 그리 보낼 요량이다. 다행스럽게 구순까지 건강하게 수를 누린다면 그때는 간단한 가족 모임이라도 꿈꿀지 모르겠다. 왜냐하면 백세시대에 0~17세는 미성년자, 18~65세는 청년, 66~79세는 중년, 80~99세는 노년, 100세 이상은 장수 노인으로 나뉜단다. 따라서 90살은 백세시대 나이로 63살(90 X 0.7 = 63.0)이며 앞의 연령별 호칭에 따르면 정확히 노년의 중반기에 이르렀음을 자축해도 무방하겠다는 생각에서 중얼대는 독백이다. 꿈처럼 그런 장수의 축복이 과연 나의 몫이 될지 모르겠다. 터무니없고 가당찮은 꿈은 화를 부른다던데 공연한 탐욕을 내려놓는 게 사리에 맞는 걸까.

2022년 4월 12일 화요일

살며 생각하며

아득한 옛날 하늘이 열리던 날부터 쌓여진 촌음들
찰나와 찰나가 이어진 흔적이 과거이고 역사일 터
실체가 없는 세월이 지향하는 영원의 종착은 어디일까

시원이나 귀착지를 알 길 없는 멋쟁이 바람은
어떤 역경도 거뜬히 뛰어넘는 지혜와 유연의 화신(化神)
질풍노도로 표변해 단호하게 응징하는 과단성은 왜일까

이르거나 미치지 못함이 없는 미덕을 지닌 물은
낮은 길을 따라 흐름은 순리에 순응이며 지혜와 슬기의 상징
때나 흠을 씻어줌은 교화력이기에 지자(知者)가 좋아할까

하늘의 방랑자이며 무애도사로 거침없는 고고한 기품의 구름

떠돌다 휘휘하면 산허리를 휘감고 유유자적 꿈을 꾸는 한량
풍진에 찌든 속세를 눈비로 관정(灌頂)*하는 신(神)일까

영원에 견주면 돌차간(咄嗟間)*에 지나지 않을 생이련만
하루하루 일상이 풀 수 없는 방정식 같아 날로 화두의 누적
오늘도 일상에 갇힌 삶의 의미는 어데서 찾아야 할까

=====

* 관정(灌頂) : 계(戒)를 받거나 일정한 지위에 오른 수도자의 정수리에 물이나 향수를 뿌리는 일. 또는 그런 의식.

* 돌차간(咄嗟間) : 눈 깜짝할 사이. 유의어로 삽시간, 순식간, 일순간이 있다.

2022년 5월 11일 수요일

Ⅱ. 스무 해 넘게 파고든 등산로

찾고 또 찾는 보리암

몇 차례 다시 마주한 보리암(菩提庵)일까. 평소 시간 여유가 있거나 답답할 경우 무작정 나서는 나들이에서 물보다는 산을 선호하는 성격 때문이리라. 산의 품을 즐겨 파고들면서 산사와 자연스럽게 연을 맺었다. 이름을 올렸던 종교가 없었던 때문에 믿음과 관계없이 발길이 닿았던 사찰들이 제법 많다. 그런 인연이 맺어진 암자 중 하나가 남해 상주의 금산(錦山 : 해발 681m) 관음봉 정상 언저리에 자리한 보리암이다. 삶터에서 가까운 까닭에 근처에 발길이 닿을 때면 의례적인 문안 인사를 여쭈듯이 찾다 보니 어느덧 대여섯 차례 이르렀나 보다. 한두 번은 우연이라고 생각해 덤덤하게 지나쳤다. 어떤 우연도 되풀이되면 필연이라고 여겨 작정하고 암자에 대한 자료를 여기저기에서 살짝 들여다봤다.

보리암은 신라(683년 : 신문왕 3)의 원효대사가 지금의 터에 초당(草堂 : 갈대나 짚, 풀 따위로 지붕을 엮은 암자를 뜻하며 초암(草庵)이라고도 한다)을 짓고 수도하던 도량이란다. 이곳을 비롯해 양양 낙산사 홍련암(강원문화재자료 36), 강화군 보문사와 함께 한국 3대 관음 성지*로 꼽힌다는 얘기다. 때문에 우리나라에서 3대 기도처 중에 하나라는 귀띔이다. 원효대사가 창건한 뒤에 관세음보살을 친견했던 시현도량(示現道場 : 부처나 보살이 중생을 교화하기 위해 여러 모습으로 몸을 변신하여 나타나는 도량)으로 산 이름을 보광산(普光山)이라고 명명하고, 범우(梵宇 : 승려가 불상을 모시고 불도를 닦으며 교법을 펴는 집) 이름을 보광사(普光寺)로 명명했다는 얘기다.

거의 천년 가까이 보광사로 불리다가 조선 태조 이성계가 젊은 시절 백일기도하고 조선을 건국했음에 감사해 현종(1660년)이 보광사를 왕실의 원당(願堂 : 소원을 빌기 위해 세운 집으로 원찰(願刹)이라고도 함)으로 삼고 보리암(菩提庵)으로 개액(改額 : 이름을 고친 편액을 내림)했다. 한편 일설에 의하면 가락국의 김수로왕도 여기에서 기도하고 대업을 이뤘다고도 한다. 그의 일곱 왕자도 외숙(外叔)을 따라 출가해 보리암에서 수행하다가 가야산을 거쳐 지리산 반야봉에서 수도하고 견성성불(見性成佛)했다는 얘기가 풍문으로 나돈다. 하지만 역사적인 사실로 입증된 바 없는 전설에 불과한 것 같다.

보리암의 주요 당우(堂宇 : 정당(正堂)과 옥우(屋宇)라는 뜻으로 규모가 큰 집과 작은 집을 아울러 이르는 말)와 문화재에 대한 사연이다. 먼저 보리암 보광전(普光殿)은 주 법당으로 대웅전 역할을 하며 초창(初創) 이래 여러 차례에 걸쳐 중수를 거듭해 지금에 이르렀다. '보리암전 3층석탑(菩提庵前 三層石塔)'은 고려 시대의 것인데, 석재(石材) 중에 일부가 가야의 김수로 왕비인 허태후가 인도에서 올 때 싣고 왔던 파사석(婆娑石)*이라는 설도 있으나 풍설로 간주되고 있다. 이 석탑은 경상남도 유형문화재 제74호로 지정되었다. 절벽 위에 자리했으며 비보(裨補)의 성격을 띠고 있다는 견해에 주위를 돌며 찬찬히 살펴봐도 어떤 관점의 견해인지 가늠되지 않았다. 풍수지리적으로 부족한 기운을 인공적으로 보완하는 방식으로 완전을 기하려는 비책을 비보(裨補)라고 한다. 이는 묘(墓) 자리의 지형이 좌청룡 우백호가 바람직한데, 허하거나 부족한 부분에 흙을 쌓거나 나무를 심어 모자람을 채우는 것과 같은 이치이다. 대표적인 예이다. 조선시대 도읍을 한양으로 정하고 관악산(冠岳山)의 큰불 기운이 승(勝)해 크고 작은 화재나 왕자의 난이 발생한다는 지적에 따라 조정에서 취했던 다양한 비보책을 떠올릴 수 있다.

산신각의 현판은 신령각이라고 붙어 있으며, 내부에는 호랑이 위에 앉은 산신상이 모셔져 있단다. 또한 '별을 보는 곳'이라는 의미인 간성각(看星閣)은 중무소로 이용되고 있다. 한편 범종각(梵鍾閣)은 여느 사찰처럼 종각이고, 극락전(極樂殿)은 가장 큰 건물로서 수많은 원불(願佛 : 중생 제도를 본원(本願)으로 하여 나타나는 부처)이 봉안되어 있다는 견지에서 만불전(萬佛殿)이라고 호칭되기도 한다. 아울러 남해 바다가 내려다보이는 자리에 세워진 해수관세음보살상(海水觀世音菩薩像)은 보리암에서 기(氣)가 가장 센 위치에 세웠다는 얘기였다. 문외한인 때문인지 세심히 살펴도 그 말의 의미를 도저히 헤아릴 수 없었다. 이외에도 경상남도 유형문화재 제575호인 목조관음보살 좌상이 있다. 이는 큰 대나무 조각을 배경으로 앉아 있는 향나무 관세음보살상으로, 관세음보살상 왼쪽에는 남순동자(南巡童子), 오른쪽에는 용왕이 호위하고 있는 형국이란다.

현재 대한불교조계종 제13교구 본사인 쌍계사의 말사인 초암(草庵) 일뿐이다. 그럼에도 끊임없이 불자(佛子)들이 무리 지어 찾아와 불공을 드림은 '관음 성지'라서 기도발이 잘 받는 때문일까. 게다가 불자와 전혀 관련이 없는 중생들도 전국에서 몰려들어 주차장이 늘 모자라고 조붓한 경내가 저잣거리처럼 북적거림은 단순히 관광 명소로 알려진 연유일까. 아무리 생각을 거듭해도 범접할 수 없는 신통한 법력(法力)이 중생들을 이끄는 것 같다.

남해는 우리나라에서 네 번째로 큰 섬인 때문인지 빼어난 관광지와 명승지가 즐비한데 나는 그중에서도 보리암을 으뜸으로 꼽는다. 이 정찰(淨刹)을 찾았을 때의 느낌은 신기하게도 판박이처럼 거의 똑같다. 산꼭대기 가파른 바위 절벽 난간의 아찔한 터에 자리한 암자는 바람이 달고 청아해 몽환적 분위기이다. 게다가 저 멀리 아련하게 넘실대는 평화로운 남해와 꿈꾸는 듯한 자태의 산야가 어우러진 비경을 감상할라치면 묵은 체증이 쑥 내려가고 막혔던 숨통이 뻥 뚫리는 기분을 만끽한다. 불공을 드려야 할 불자가 아니기에 암자를 찾을 때마다 얼렁뚱땅 경내를 한 바퀴 훑어본 뒤에 발아래에 파노라마처럼 펼쳐진 선경 같은 정취에 빠져들면 세속의 씨줄과 날줄로 얽힌 일상을 까마득하게 잊게 마련이다. 이 경지에 다다르는 과정에서 심신을 추스를 수 있게 된다는 매력에 이끌려 기회가 주어질 때마다 중독자처럼 반복해 찾는가 보다. 암자 주위의 한적한 바위너설을 찾아 걸터앉으면 어느 결에 무념(無念), 무상(無常), 무애(無碍), 무구(無垢), 무욕(無慾)에 이르는 환희를 맛보게 마련이다. 그런 희열을 누릴 때마다 밑지는 오그랑장사를 하지 않았다는 흡족함에 터덜터덜 걷는 하산 길의 발걸음이 무척 가볍고 흥에 겨워 뭔가를 흥얼대는 내 꼴이 이상하게 비치지 않았을까.

=====

* 관음 성지 : '관세음보살이 상주하는 성스러운 곳'으로 이 성지에서 기도하면 관세음보살의 가피력(加被力 : 부처나 보살이 자비의 마음으로 중생을 이롭게 하려고 주는 힘)을 잘 받을 수 있다고 전해진다.

* 파사석(婆娑石) : 가야의 김수로 왕후인 허태후가 인도 아유타(阿踰陀)에서 배에 싣고 바다를 건넜다는 돌이다.

남해, 유배를 품은 보물섬, 경남문인협회 사화집, 2022년 7월 1일
(2022년 2월 20일 일요일)

가포해안변공원 예찬

내 둥지인 아파트에서 불과 몇 분이면 다가갈 수 있는 휴식공간이다. 접근성 좋고 바다와 솔숲과 아담한 안산(安山 : 103.1m)이 어우러진 곳이다. 최근 가포 앞바다가 매립되고 나서 가포 신항이 만들어지며 조성된 공원이라서 연조(年祚)를 따지면 일천하다. 도시의 변두리에서 바다의 진수를 맛보면서 솔숲과 산야의 정취를 한꺼번에 만끽할 휴식처를 찾기 쉽지 않다. 이런 관점에서 삶터 옆에 이런 어연번듯한 해변공원의 탄생은 축복이고 행운이다.

시샘달*이라는 2월의 마지막 토요일(26일) 등산 대신에 가포해안변공원을 찾았다. 승용차로 5분 안팎이면 쉬 찾을 수 있어 무료할 때 이따금 찾는 앙증맞은 휴식처이다. 가포 신항에서 마창대교 쪽으로 해안도로를 따라 불과 1~2분 직진하면 나타나는 길의 끝머리에 위치한 해변공원으로 바다 냄새가 물씬 풍긴다. 구태여 끝까지 차를 타고 다가가는 쪽보다는 가포 신항을 지나 오른편에 나타나는 안산의 산자락 언저리에서 하차하는 게 되레 바람직하다. 거기서 곧바로 길을 건너서 바닷가의 구불구불한 인도를 걸으며 마창대교를 비롯해 해변의 수목과 바다를 포함해 길 건너편 산비탈을 둘러보며 휘적휘적 공원에 다가가는 방법이 훨씬 옹골지다.

같은 해변공원도 지난해 새로 단장해 완공한 신포동 해변에서 서항까지 도심의 해변 산책로와 견줄 때 사뭇 다른 분위기이다. 이곳보다 훨씬 거리가 짧으며 규모가 작고 아담해 휴식을 취하는데 안성맞춤인 자투리공원이다. 시내에서 해안도로를 따라 달리다가 서항을 뒤로하고 짧은 터널을 거쳐 가포 신항 옆으로 직진하다가 해안도로가 끝나면서 되돌아 나오는 언저리에 자리한 반달눈썹 모양의 둔덕 해송(海松) 숲 밑에 터를 잡고 있다. 대충 길이 2~3백 미터에 폭 1백 미터 남짓한 솔숲을 중심으로 탄생된 공원으로 다양한 벤치와 탁자, 휴식용 건물, 육각정, 해안전망대, 주차장 등이 옹기종기 들어서 있다. 길가에 커피 트럭이 영업하고 있어 취향대로 커피를 마실 수 있다. 벤치에 걸터앉아 숨을 돌리거나 음료를 마시며 까마득한 바다 위에 걸쳐있는 마창대교의 아찔한 자태, 바다 건너 귀산동과 진해의 한 부분 등을 살펴볼라치면 시간 가는 줄 모를 지경이다. 또한 여기엔 웬일인지 길고양이 무리가 떼 지어 사는데 찾는 이들이 먹이를 주어 길들였나 보다. 처음 보는 어린이들과 금세 친해져 스스럼없이 어울려 한가롭게 노니는 모습이 무척 평화롭고 경이롭다.

공원의 이 구석 저 구석으로 옮겨 다니며 이런저런 구경이 싫증이 나면 그 옛날 가포본동 쪽으로 개설된 산책로를 왕복한다면 한 시간 가까이 무념무상의 즐거움을 누릴 수 있다. 이 길은 지난 시절 가포본동 어민들의 어선 계류장(繫留場)을 따라 아기자기하게 개설한 덱 로드(deck road)와 땅 위의 수목 터널이 되풀이된다. 때문에 오가는 산책객들이 편안하게 걸을 수 있다. 결국 이 길의 왼쪽은 그 옛날의 어선 계류장인 바다이고, 오른쪽은 안산(安山), 산자락의 터줏대감인 거대한 소나무나 향나무 혹은 참나무와 벚나무가 울창해 상당한 구간이 숲의 터널을 이뤄 사철 햇볕 걱정을 덜 수 있다. 한편 산책로의 끝에 이르면 지금 아파트로 개발 중인 가포본동으로 좌측과 우측에 각각 2천 평과 1천 평 남짓한 넓고 쾌적한 놀이터와 분수대를 포함한 공원이 잘 가꿔져 있다. 여기에서 특이한 것을 발견할 수 있다. '한 뼘 도서관'으로 규모가 조금 크고 예쁜 '편지함' 또는 '비둘기 집' 모양이었다. 거기에 여남은 권의 책이 비치되었는데 누구나 맘대로 꺼내 읽을 수 있도록 되어 있었다.

공원의 해안 전망대나 육각정에서 시야에 들어오는 바다는 때로는 잔잔하기 그지없어 평화롭다. 그렇지만 궂은 날씨나 비바람이 몽니를 부리는 날엔 모두를 집어삼킬 듯 으르렁 왈왈대는

데, 어느 쪽이 바다의 숨겨진 민낯인지 당최 헷갈린다. 게다가 같은 날이라도 조석으로 다르고 햇볕이 작열하면서 펼치는 윤슬의 가경(佳景)*이나 낙조가 깃들 무렵 황혼의 자태가 다름에 허둥대게 만든다. 이런 천의 얼굴과 다양한 색깔이나 정취에 맘을 뺏겨 자주 찾게 된다.

틈이 날 때마다 찾는 또 다른 연유이다. 불과 두세 해 전에 조성된 때문에 널리 알려지지 않아 찾는 이가 그리 많지 않아 번잡하지 않을 뿐 아니라 집에서 몇 분이면 닿을 수 있다는 매력에 야멸치게 외면하지 못한다. 아울러 사계절이 서로 다른 느낌으로 맛이 너무 다르다. 게다가 언제 다가가도 적당한 그늘이 있어 더더욱 맘을 끈다.

해변공원에서 춘하추동에 따라 느끼는 단면의 소회이다. 나목의 계절인 엄동설한엔 매서운 바닷바람이 모질게 할퀴지만 숨기고 싶은 민낯을 더덜이 없이 드러낸 것 같은 자태에 깊이 빠져들어 앞뒤를 가를 겨를 없이 찾고 찾는다. 한편 약동하는 봄날 파릇파릇한 소생의 계절엔 바다와 자연이 어우러지는 향연이 몸살 날 정도로 궁금해 진득하게 기다리지 못하고 불쑥불쑥 나서게 마련이다. 또한 나른한 무더위에 지쳐 무기력해지는 여름엔 바닷물에 손발을 담그며 심신을 달래다가 성에 차지 않으면 숲길로 숨어드는 묘미를 만끽하는 희열에 콩켸팥켸 따지지 않는다. 그런가 하면 가을이면 맑은 바다와 드높고 청청한 하늘과

활활 타오르는 단풍이 어우러져 펼치는 황홀경을 눈과 마음에 한껏 담으며 오묘한 자연과 동화되고파서 무작정 나서고픈 충동을 잠재우기 어려워 내키는 대로 행동하곤 한다.

'가까이 살아서일까' 아니면 '참새가 방앗간을 그냥 지나치지 못한다'라는 얘기가 진리일까. 오늘도 공원의 품을 파고들고 싶어 아내에게 부탁해 승용차로 가포 신항 주변까지 갔다. 망설임 없이 곧장 하차하여 해안도로의 갓길을 휘돌아 휘적휘적 걸어 공원으로 다가갔다. 빈 벤치에 앉아서 몽상에 젖어 바다와 대화를 나누다가 얘깃거리가 궁해져 자리를 박차고 일어나 굼뜬 걸음을 옮기며 노량으로 꾸물대다가 해변 산책로 끝머리인 가포 본동에 이르렀다. 잠시 숨을 고르고 나서 가포로(架浦路) 갓길을 따라 가포고등학교, 마산국립병원, 월영마을 아파트 단지를 차례차례로 터덜터덜 걷고 또 걸어 집에 돌아오니 2시간 남짓한 시간이 훌쩍 흘렀지만 마냥 뿌듯했다.

=====

* 순우리말 달 이름 : 1월 해오름달, 2월 시샘달, 3월 물오름달, 4월 잎새달, 5월 푸른달, 6월 누리달, 7월 견우직녀의 달, 8월 타오름달, 9월 열매달, 10월 하늘연달, 11월 미틈달, 12월 매듭달.
* 가경(佳景) : 빼어나게 아름다운 경치. 유의어로 거관(巨觀), 가관(可觀), 장관(壯觀) 따위가 있다.

마산사랑, 가고파의 물결에 젖다, 2023 마산문협 사화집 제10집, 2023년 10월 24일
(2022년 2월 26일 토요일)

3·15해양누리공원

마산의 새로운 명소 3·15해양누리공원 얘기이다. 이는 신포동 중앙 부두 매립지에 세워진 김주열 열사 동상* 언저리에서부터 서항 매립지의 마산합포스포츠센터 앞까지 대략 2km에 걸쳐 해변을 따라 최근에 조성된 공원이다. 정부가 수립된 이후 항만 시설관리나 안보 따위의 이유를 내세워 해안 쪽으로 접근을 철저히 봉쇄하며 높은 벽돌담이나 이런저런 울타리를 견고하게 설치했었다. 그렇게 뇌리에서 점점 까마득하게 잊힌 성역(?)이 민주화의 바람을 타고 우리의 품으로 돌아왔다. 그동안 철옹성처럼 버티고 섰던 괴물 같은 금단의 벽이 흔적 없이 사라지고 10여 년 지난 지난해부터 환골탈태한 모습으로 변모하여 걸출한 휴식공간이자 힐링의 장소로 등장해 세간의 주목을 한 몸에 받으며 연착륙했다.

마산은 어렵던 시절 축복받은 영지였다. 왜냐하면 참혹한 민족상잔의 전쟁이었던 6·25의 소용돌이를 겪으며 도시 전체가 파괴되거나 크게 화를 입지 않았다는 이유에서이다. 그런 때문에 수많은 피란민이 몰려들면서 인구가 폭발적으로 증가했다. 게다가 정전 후 혼란기를 지나 산업화 과정에서 수출자유지역이나 한일합섬 같은 크고 작은 공장이 들어서며 유입인구가 감당하기 어려울 정도로 늘어나면서 한동안 전국 7대 도시로 꼽히기도 했다. 이로 인해 급증하는 주거문제 해결하기 위해 변변한 도시 개발계획도 없이 빈터와 무학산 비탈에 집을 짓는 무리가 연이어졌다. 도로교통, 생활 오수처리 시설, 공원 같은 휴식공간이나 문화시설이 따르지 못해 쾌적한 환경의 도시와는 거리가 멀었다. 특히 시내 평지엔 공원이 없어 문제가 되었다. 이는 계획도시인 창원과 극명하게 대비되어 도드라졌다.

마산 시내 평지에 유일한 휴식공간이라면 산호동에 자리한 산호공원이 유일하지 싶다. 그 하나로는 턱없이 부족했다. '하늘이 무너져도 솟아날 구멍이 있다'라고 했던가. 다행히 마산 변두리를 둘러싼 무학산, 청량산, 천주산, 팔용산 등이 있어 경황(景況)에 따라 오르내리며 아쉬움을 벌충해 왔다. 하지만 아녀자나 노인들에 대한 대책이 없었다. 그런 가슴앓이로 끌탕을 치던 상황에서 민주화가 진행되면서 항구의 바닷가에 공원을 조성하여 시민들에게 안겨줌은 무엇보다 삶의 질 보완에 이바지할 쾌거이다.

공원은 구불구불한 해안도로를 따라 바닷가 쪽으로 조성했다. 그런데 대충 폭 100~400여 미터(m)에 길이가 2km로서 해안도로를 통행하는 차량 소음도 거의 완벽하게 차단토록 설계되었고 여기저기에 다양한 수목이 식재되거나 쉼터로 꾸며져 무척 쾌적하다. 이 공원의 시발점인 신포동에서 출발해 살펴보면 대충 이런 모습이다. 바닷물과 맞닿는 부분은 해수면보다 4~5m 높게 시멘트 옹벽을 설치하고 난간을 만들어 안전을 담보하고 있었다. 시작점부터 끝까지 육상경기장에 트랙이 그어져 있듯이 3개로 구분된 확연한 길이 만들어졌다. 먼저 이 난간부터 폭 4m 안팎의 초록색 보도(步道), 그 오른쪽엔 보도와 분리된 짙은 갈색의 자전거 전용도로 폭 4m 정도, 자전거전용도로 오른쪽엔 밝은 갈색의 보도가 자리하고 있다. 한편 그 밝은 갈색 도로 오른쪽의 널따란 빈터에는 여러 가지 편의 시설과 벤치, 수목, 잔디광장 따위가 오밀조밀 정겹게 똬리를 틀고 있다. 지난해 얼추 조성을 마쳤지만 일부에는 아직도 공사가 진행 중인 까닭에 숲이 울창하게 어우러지지 않아 조금은 삭막하기도 하다.

'옥에도 티가 있게 마련'이라고 했던가. 이 공원의 코앞에는 해양신도시를 건설하겠다고 바다를 매립해 조성한 인공(人工)섬이 절벽처럼 시야를 가로막고 있다. 그래서 바닷가라고 하지만 시종일관 조붓하고 완만하게 흐르는 강변을 따라 한가로이 걷는 기분이다. 그런 때문에 해변공원임에도 부산의 해운대 동백섬 둘레길이나 광안리 해변을 걷는 기분과는 사뭇 달라 미련이 남는다. 또한 이 인공 섬이 시야를 가려 외만(外灣) 쪽 마창 대교의 미려(美麗)한 자태를 온새미로 감상할 수 없어 불만스럽고 무척 아쉽다. 한편으로 생각하면 항구의 바닷가를 따라 개설된 공원길을 얻은 대신에 이 구간은 항구의 기능을 완전히 상실했다.

앞으로 인공 섬에 어떤 해양도시가 건설될지 모르지만 지금 해안도로에서 그곳으로 들어가기 위한 다리가 세 군데 건설되어있다. 그 첫 번째는 신포동의 시작점에서 얼추 400m 지점에 건설되었고, 두 번째는 1km 지점에 보행자가 걸어서 건너는 전용 보도교(步道橋)가 건설되었다. 그런데 이 지점은 공원의 중심 광장과 야외공연장이 자리하고 있다. 세 번째는 1.4km 지점에 건설되어 있다. 한편 공원에는 레포츠 공간으로 '그라운드 골프장, 게이트볼장, 테니스장, 다목적 구장(球場), 농구장, 물놀이터, 능소화 덩굴 터널, 해양레저 안전 체험 센터, 어린이 놀이터'가 있다. 중간 지점(시발점에서 1km 지점)인 중심 공간엔 중심 광장과 보도교가 있다. 또한 문화예술공간으로서 '조수정원, 마산항 근대역사박물관'이 있으며, 역사 상징 공간으로 겨울 연못, 민주주의 전당, 김주열 열사 추모지 따위가 조성되어 있다.

공원을 거닐 때마다 그 옛날 맑은 바닷물이 출렁이던 해변으로 낚시를 하거나 해수욕을 하며 망아(忘我)의 낭만을 만끽하던 곳이었을까라는 부질없고 생뚱맞은 의문이 가시지 않았다.

물론 기껏해야 몇만 명이 살던 시절에는 당연히 그랬을 게다. 그런 때문에 마산에 태(胎)를 묻은 이은상 님이 '가고파'라는 시에서 '내 고향 남쪽 바다 그 파란 물 눈에 보이네 / 꿈엔들 잊으리요 그 잔잔한 고향 바다 / 지금도 그 물새들 날으리 가고파라 가고파……'라고 읊었을 터이다. 그렇지만 내가 처음 대했던 80년대의 마산 앞바다나 우금(于今)의 그것과 너무도 판이(判異)해 믿기지 않아 고개를 절레절레 흔들며 부정하기도 했다. 하도 믿기지 않아 토박이로 연세 드신 어른 몇 분께 여쭤본 뒤에 틀림이 없다고 사량(思量)되어 그리 믿기로 했다. 어찌 되었든 공원이나 휴식공간이 절대적으로 부족한 도시에 금싸라기 같은 항구의 해변 절반쯤을 뚝 잘라 어연번듯한 공원으로 꾸며서 시민들의 품에 돌려준 것은 당연한 주민 친화적인 정책의 결과임에도 불구하고 고마움 운운하며 유난을 떠는 내가 어쩌면 덜떨어진 엿돈이 일지도 모른다.

=====

* 현재 마산 신포동 해안가 정부경남지방통합청사 앞쪽 중앙 부두 매립지로서 김주열 열사 시신 이양지(마산합포구 신포동 1가 소재)에 2021년 10월 25일 김주열 열사 동상이 제막되었다. 동상이 들어선 터(2003.9㎡)는 경상남도 기념물 277호로 지정돼 있다. 한편 우리나라에서 특정 부지가 문화재로 지정된 최초의 사례다. 김주열 열사는 1960년 마산상고에 입학해 3·15 부정선거 규탄 시위에 참여했다가 실종된 뒤 4월 11일 중앙부두였던 지금의 동상이 세워진 바다에 시신으로 떠올랐다. 이 사건은 당시 4·19혁명의 도화선이 됐다

마산 사랑, 창동을 걷다, 마산문인협회 사화집 9, 2022년 11월 2일
(2022년 3월 18일 금요일)

방어산 마애사

별러서 찾았던 함안(咸安) 군북의 방어산(防御山)에 자리한 마애사(磨崖寺) 얘기다. 서마산을 지나 함안 읍내를 거쳐 진주 방면으로 지방도로를 따라가다가 '마애사'라는 이정표의 지시대로 오른쪽의 동네 길을 지나 방어산 골짜기 6~7부 능선의 산자락에 자리한 마애사까지는 대충 40분 정도 소요되었다. 가는 내내 산야를 비롯한 가로수에 막 피어나기 시작한 연록의 바다가 굼실굼실 꿈틀댔다. 몽환적인 봄의 향연에 넋을 잃을 만큼 흠뻑 취해 '룰루랄라~' 흥에 겨워 어느 결에 목적지까지 도착했는지 모를 지경이었다.

동네 고샅길을 벗어나 순수한 마애사 입구의 길은 올라가는 진입로와 내려오는 출차로(出車路)가 일방통행으로 처음 찾는 경우 헷갈려 곤혹을 치르기에 십상이었다. 사찰의 입구 외길을 따라 천천히 다가가니 한자로 '防禦山一柱門(방어산 일주문)'이라는 현판이 걸린 문이 나타났다. 그 문을 지나니 너른 주차장이 나타났다.

주차장이 시작되는 곳의 오른쪽 산비탈과 주차장이 맞닿은 곳에 오석(烏石)에 세로로 새긴 '기도 영험 도량 마애사'라는 비가 서 있고 바로 옆에는 산비탈을 따라 맷돌 모양의 돌을 두 줄로 이어 만든 "108번뇌의 길"이 있는데 그 설명이 맘을 사로잡았다. "이 길은 건강, 수명장수의 길입니다. 108계단을 오르면 번뇌와 업장이 소멸되고 108세까지 수명이 연장됩니다" 그렇다면 우리 부부는 '108번뇌의 길'을 곧이곧대로 오르내렸기에 장수를 보장받은 걸까.

이 정찰(淨刹)에서 으뜸으로 꼽는 '함안 방어산 마애약사여래삼존입상(咸安防禦山磨崖藥師如來三尊立像)'은 현재 '보물 제159호'로 지정되어 있다. 절 입구의 '마애 쉼터' 옆에 세워진 안내판의 내용 전문이다. "함안 방어산 마애약사여래삼존입상은 방어산 절벽 바위에 약사여래와 두 보살이 새겨져 있는 마애불이다. 바위에 새겨놓은 부처를 마애불이라고 부른다. 약사여래는 사람들의 질병을 고쳐주는 부처인데 왼손에 약그릇을 들고 있다. 약사여래 양쪽 옆으로 해와 달을 상징하는 일광보살(日光菩薩)과 월광보살(月光菩薩)이 약사여래를 향해 서 있다. 약사여래의 오른쪽에 있는 월광보살의 오른쪽 암벽에는 801년(애

장왕 2)에 제작되었다는 글자가 새겨져 있어 통일 신라 시대의 작품임을 알 수 있다. 가장 크게 새겨진 약사여래 입상은 머리에 육계(肉髻)*가 큼직하게 솟아 있다. 양어깨를 덮은 옷을 입었으며, 왼손을 배꼽 앞으로 올려 약그릇을 들고 연꽃대좌 위에 서 있다. 약사여래 왼쪽에는 일광보살이 연꽃대좌 위에 서 있으며 남성적인 모습을 하고 있다. 오른쪽에 있는 월광보살은 머리를 위로 올려 묶었고, 양손은 손바닥을 맞대고 있으며, 부드러운 표정을 짓고 있다. 특히 월광보살의 양 눈썹 사이에는 월광보살을 상징하는 달이 새겨져 있다. 방어산 마애약사여래삼존입상은 정확한 조성 시기를 알 수 있으므로 통일 신라 시대 조각 편년 연구 등에 귀중한 자료이다."

대가람이거나 천년 고찰은 더더욱 아니었다. 입구 주차장 오른쪽에 해우소를 지나 직진하니 왼쪽에 '마애 쉼터'와 안내판들이 반겼다. 오르막을 향해 직진하는데 오른쪽으로 신축 중인 '함안군립봉안당'이 자리했다. 사찰 경내에 공립(公立) 시설인 군(郡)의 봉안당을 안치한 경우는 민관협동정책의 특이한 모델로서 눈길을 끌었다. 또다시 산 정상 쪽 비탈로 걸음을 옮길 때 호리병 모양의 드높은 '윤회의 탑'이 반겼다. 탑을 구경하고 오른쪽으로 길을 따라가는데 산 쪽으로 큰 건물이 나타났는데 아래층은 만수전(萬手殿)*, 위층은 명부전(冥府殿)이라는 편액(扁額)이 걸려 있었다. 명부전에는 재(齋)를 올리는지 독경과 북소리가 요란해 열린 문을 통해 몰래 도둑질하듯 들여다보다가 스님과 눈을 마주치는 순간 화들짝 놀라 얼른 자리를 피했다.

다시 오른쪽으로 발길을 옮겨 대웅전인 극락보전(極樂寶殿)과 범종각(梵鍾閣)에 이르러 범종을 살폈다. 범종각의 반지하엔 용두관음전(龍頭觀音殿)이라는 패찰이 붙어 있어 문을 열어 보니 도서관 서가처럼 여러 층으로 된 시렁에 수천 개의 아기불상이 진열되어 있다. 한편 종의 표면에 '약사범종(藥師梵鍾)'이라 새겨져 있고 또한 한자로 새겨진 내용이 눈에 들어왔다. 그 풀이이다. "바라건대 이 종소리 법계에 두루하여(此鐘聲遍法界), 철위산 깊고 어두운 무간지옥 다 밝아지며(鐵圍幽暗悉皆明), 지옥·아귀·축생의 고통 여의고 칼산지옥 깨뜨려(三途離苦破刀山), 일체중생이 바른 깨달음이 이루어 지이다(一切衆生成正覺)."

또한 극락보전과 범종각 중간 산 쪽에 자리한 산신각(山神閣)은 죄송하지만 다른 사찰의 그것과 다를 바 없지 싶어 건너뛰었다. 한편 요사채로 쓰이는 건물 아래엔 승방(僧坊)에서 정성 들여 담은 '보리고추장, 간장, 된장을 판매'라는 플래카드(placard)가 펄럭여 이채로웠다. 한편 범종각 옆에 자리한 청운당(青雲堂)은 스님들이 기거하는 거처이지 싶었다.

무릎 관절 치료를 받는 처지라서 가파른 산비탈을 만나면 엉금엉금 기는 아내와 천천히 아담한 경내를 거닐며 방어산 사찰에 넘쳐나는 초봄의 신록 잔치를 물리도록 즐기고 느긋하게 귀갓길에 들어섰다. 도량을 빠져나왔는데 내비게이션이 올 때와는 정반대 쪽의 다른 길을 안내했다. 묵묵히 따르기로 하고 진주 쪽으로 5분 정도 달렸다. 그때 갑자기 생전 처음인 으슥한 산속 오솔길로 안내했다. 직감적으로 산을 넘어가서 만나게 될 '국도 2호선'으로 가리라는 생각을 했다. 이는 봄의 왈츠가 펼쳐지는 무대의 중앙을 뚫고 지나가는 격이니 축복을 받은 셈이라는 얘기에 아내는 염화시중의 미소 같은 웃음으로 대답을 대신에 했다. 즐거운 날은 예측도 빗나가는 법이 없는가 보다. 오가는 차량이 거의 없는 야트막한 재를 넘는 깊은 산골짝 길을 10km 남짓 달리면서 상큼한 바람을 빵빵하게 들이마셨는가 하면 연록의 군무를 가슴에 한껏 담아서 돌아왔다. 그럼에도 기껏해야 3시간 정도 지났을 따름인데 환상의 천국을 비상(飛翔)하고 보금자리로 연착륙한 기분으로 상종가를 친 하루였다.

=====

* 육계(肉髻) : 원래 인도 사람들이 머리카락을 올려 묶던 상투에서 유래했으며, 부처의 크고 높은 지혜를 상징함.

* 만수전(萬手殿) : 손 모양을 만 개 조각해 금으로 도금해서 건물의 3면(양옆과 뒷면)과 천장에 부조(浮彫) 형태로 붙여 놓은 전각(殿閣)이었다.

합강의 땅, 한안을 노래하다, 경남문인협회, 2023년 6월 30일.
(2022년 4월 15일 금요일)

연록의 향연장 적석산에서

적석산(積石山) 정상에서 최고조에 달한 연록의 향연을 만끽했다. 남녘엔 며칠 지나면 새봄 굼실굼실 꿈틀대는 연록(軟綠)의 모습에서 초여름 신록(新綠)으로 탈바꿈할 태세이다. 푸르른 신록으로 옷을 갈아입기 전에 적석의 품을 파고들려는 욕심에 월요일 오전부터 서둘러 집을 나섰다. 국도 2호선을 따라 진주 방면으로 달리다가 마산 외곽인 진전면을 거의 지날 무렵에 온천으로 유명한 양촌리로 길머리를 틀어 동네로 들어섰다. 잠깐동안 동네 관통 도로를 천천히 달리다가 적석산은 왼쪽으로 가라는 이정표의 지시에 따라 진행 방향을 90도 각도로 바꿨다. 그렇게 들판을 가로지르며 개울을 건너 일암리 고샅길을 따라 이리저리 구불구불 산 쪽으로 오르면 적석산 공영주차장에 닿는데 집에서부터 30분 안팎 정도 소요되었다.

여항산지(艅航山地)의 남단에 자리한 주봉으로 해발 620.6m인 깃대봉이 있다. 산봉우리 모습이 깃대를 닮았다는 이유에서 붙여진 이름이며 마산의 진전면 서쪽 끝에 위치하며 고성군의 구만면과 경계를 이루고 있다. 이 봉(峰)에서 남쪽으로 흘러내린 산릉(山稜)이 동쪽으로 방향을 틀면서 거대한 암봉(岩峰)을 치받고 솟아난 산이 적석산이다. 지리적으로는 마산과 고성의 경계에 위치했으나 쉽게 오르내리는 등산로는 거의 마산 쪽에 있다. 이 산은 마치 돌을 쌓아 올린 듯 보인다고 하여 붙인 산 이름으로 단순하게 적산(積山)이라고도 한다. 그럼에도 커다란 암반으로 이루어진 정상 주위의 급경사 지대를 제외하면 대부분의 산릉은 부드럽고 순한 편이다.

오늘 오르내리는데 택한 길은 최단 거리를 골랐다. 원래 아내는 집에서 출발해 적석산 입구인 일암리 적석산공영주차장까지 승용차로 태워다 주고 곧바로 집으로 돌아갈 예정이었다. 그런데 현지에 도착해 상황을 헤아려보니 등산 후 걸어 나가서 버스를 몇 차례 바꿔 타며 집에 돌아오려면 많은 시간이 걸릴 것 같다고 판단해 하산할 때까지 기다리겠다고 했다. 가장 단거리로 짧은 시간에 오갈 코스를 택해 정상에 올라 산야의 자연과 어울려 물리도록 즐기다가 돌아왔는데도 대충 2시간 남짓이면 충분했다. 하기야 아내가 기다린다는 이유에서 심적으로 쫓겨 발걸음을 재촉한 측면도 작용했으리라.

주차장에서 걸어서 위쪽에 자리한 일암저수지 둑을 건너 산으로 접어들어 조금 걷다 보니 도솔암 0.2km, 정상 0.8km라는 이정표가 나타났다. 여기서부터 참나무가 군락을 이룬 숲길을 따라 올라가 정상을 밟고 연록의 봄을 만끽하며 즐기다가 올라갔던 길을 고스란히 되짚어 내려오는 코스로 하산했다. 등산로 초입부터 울창한 나무에 피어난 야들야들한 연록의 잎이 차일(遮日)을 친 듯 하늘을 가려 햇볕 걱정에서 자유로웠다. 그럼에도 처음부터 오르막이라서 그늘임에도 땀이 송골송골 솟아나고 숨이 차서 녹록지 않았다. 체력 조절을 할 요량에서 길바닥에 나뒹구는 꽤나 큰 돌들이 눈에 띄는 대로 주워 길옆으로 치우며 올라가니 한결 부드러웠다. 정확히 헤아리지는 않았지만 그렇게 주워 치웠던 돌이 몇백 개가 되고도 남았으리라.

산의 7부 능선 언저리까지의 길은 오르막일지라도 별문제가 없어 신이 나서 흥얼거리며 길을 재촉했다. 그렇지만 7부 능선쯤부터 정상까지는 가파르고 낭떠러지 같아 길옆의 나무줄기나 큰 바위를 붙들고 오르내리지 않으면 큰 낭패를 당하거나 낙상 사고를 당할 위험이 도사리고 있어 잠시도 한눈을 팔 겨를이 없었다. 아마도 9부 능선 정상 부근에 지그재그(zigzag) 형태로 만든 철골(鐵骨) 데크(deck) 72개 계단과 정상 직전에 가파른 암반 비탈에 만들어진 철제 20개 계단과 지그재그로 만든 철골 데크 31계단은 외통수라서 피할 방법이 없어 오르내렸지만 탐탁하지 않았다. 된비탈을 헉헉대고 정상 코앞의 산등성이에 정상

0.1km, 옥수골 2.0km, 일암저수지 1.0km라는 이정표가 나타났다. 여기서 모순이 발견되었다. 산의 초입 이정표에서는 정상 0.8km라 했었다. 그런데 이곳 이정표는 1.0km라고 하니 두 이정표 사이에는 0.2km 차이가 났다.

적석산 정상엔 자그마한 대리석 비석에 세로로 적석산(積石山)이라고 새긴 밑 부분엔 가로로 497.0m라는 내용이 새겨져 있었다. 올라왔던 쪽으로 보면 산 아래 일암리와 온천으로 유명한 양촌리, 입암리 등을 중심으로 하는 커다란 계곡 모양의 평지가 아스라했다. 한편 반대쪽엔 진동을 비롯한 창포만, 옥수골, 당항포, 고성 땅이 발아래 다소곳이 펼쳐지는 정경이 별천지 같았다. 청정한 정상에서 봄의 연록 잔치를 완상(玩賞)하는 황홀경에 취해 시간 가는 줄도 모르고 꿈을 꾸다가 가까스로 정신을 차리고 주위를 자세히 살폈다. 하늘이 열리며 이 땅이 창조되던 그 옛날 땅속에서 거대한 암반이 힘차게 솟아올라 만들어진 게 정상과 그 주변 봉우리로 굳어졌던가 보다. 이쪽저쪽 봉우리 모두 뿌리가 같은 암반에서 갈라져 형성된 것 같았다. 통치문과 칼봉 쪽으로 향해 발길을 옮겨 뭇 애호가들에 의해 회자되는 구름다리인 현수교(懸垂橋)로 다가갔다. 이는 지난 2005년 마산시가 정상과 통치문 사이의 계곡을 건널 수 있도록 건설한 다리로서 길이 52.5m, 너비 1.2m, 높이 35m란다. 건너갔다가 다시 건너오는 중간중간 바람이 세게 불면서 흔들거려 고소공포증 때문에 초주검이 되었었다. 그래도 용기를 내 중간에 멈춰 서서 사방을 둘러보니 아득히 드높은 공중에 떠있는 것 같아 아찔하고 어지러워 움직이는 게 무섭고 두려워 발길이 얼어붙는 것 같았다. 그렇다고 주저앉을 수 없는 노릇이었다. 용기를 내 눈을 질끈 감고 엉금엉금 거북이걸음으로 겨우 건넜다. 한편 정상 부근은 온통 거대한 암반인데 신기하게도 바위에 조그만 틈이라도 생겨난 곳엔 어김없이 나무가 뿌리를 내려 외경심을 불러일으켰다.

전문가들에 의하면 적석산의 지층은 수평층리(水平層理)가 발달한 퇴적암층으로 경남 고성군 하이면 덕명리 해안가의 상족암(床足岩) 군립공원의 지층을 빼닮았단다. 그런 까닭에 기암괴석이 즐비해 아무 데나 발길이 닿은 곳이면 모두가 훌륭한 전망대 역할을 너끈히 한다는 전언이다. 여기에 산봉우리 사이를 이어주는 구름다리가 가설되기 이전에는 외부에 널리 알려지지 않아 인근의 토박이 애호가들만이 호젓이 즐겨 오르내리던 은둔의 영지였다. 그런 숨겨진 명소 정상에 구름다리가 생기면서 알음알음으로 입소문이 퍼지면서 널리 알려져 주말이면 수많은 애호가들이 몰려드는 명소로 발돋움했다.

등산을 마치고 일암저수지 둑을 거쳐 도로를 따라 스님들 포행(布行)처럼 느릿느릿 걷는데 길가에 샛노란 애기똥풀이 흐드러지게 피어난 정겨운 모습에 답청(踏青) 나온 기분이었다. 또한 밭모서리 채마가 심긴 곳에는 하얀 대파꽃과 노란 유채꽃이 한

창인가 하면 쑥쑥 자란 마늘밭엔 마늘종 즉 산대(蒜薹)가 나오고 있었다. 2시간 남짓한 나의 산행을 기다려준 아내가 고마워 인근의 대정마을 고기 전문점을 찾아 점심으로 등심을 즐기며 한껏 호사를 누린 연록이 무르익은 운수 대통한 봄날 하루였다.

마산사랑, 가고파의 물결에 젖다, 2023 마산문인협회 사화집 제10집, 2023년 10월 24일
(2022년 4월 18일 월요일)

폭포암의 전설에 매료되어

풍문으로 전해 들었던 전설의 마력에 이끌려 폭포암(경남 고성군 동해면 외곡1리 535)을 찾았다. 보통 낯선 사찰을 찾을 경우 유장한 역사나 대덕 고승의 행적과 조우(遭遇)라는 의도에서 비롯되는 경우가 대부분이다. 이와는 판이하게 오늘의 나들이는 불과 40년 전에 불사(佛事)를 시작해서(1981년) 십 년 안팎의 세월에 걸쳐 창건한 작은 암자일 뿐이다. 이 암자는 '전설 따라 삼천리'에 나올법한 얘기가 전래한다는 풍설(風說)이 구미를 당겨 정확한 위치도 어림하지 못한 채 무작정 길을 재촉했다.

일천한 역사로 법력(法力)이나 승방의 명성 쪽보다는 바람결에 전해지는 이야기 쪽에 무게 추(錘)가 기우는 데 따라도 되는지 헷갈렸다. 길을 나서 폭포암 주차장까지 대략 한 시간 정도 소요되었다. 운전하며 동행했던 아내는 무릎 관절 문제로 차 안에서 기다리기로 하고 나 혼자서 가파른 언덕 울창한 숲속으로 뚫린 포장길을 휘적휘적 걸어 올라갔다. 길가에 세워진 80여 오밀조밀한 탑과 길 오른쪽 낭떠러지 아래 개울로 도란도란 흘러가는 물을 구경하며 느릿느릿 걸어도 10여 분만에 암자 코앞인 108계단 부근의 또 다른 작은 주차장에 다다랐다. 신록이 우거진 골짜기 전체에 불법을 설하는 내용이 스피커를 통해 은은히 울려 퍼지며 초행인 나그네의 마음을 감싸 무척 감명 깊었다.

오른편 산 정상 쪽의 까마득하게 드높은 폭포와 그 머리에 자리한 '구절산 출렁다리'가 반겼다. 봄 가뭄이라서 수량이 줄어들어 폭포의 장관을 볼 수 없어 유감이었다. 하얀 대리석으로 만든 108계단을 오르다 보면 중간의 오른편 폭포 쪽에 소원 리본을 다는 해수관음전을 비롯해 백호동굴과 휴게실이 자리하고 있고 왼편에는 요사채가 자리했다. 그들을 지나 계단 끝까지 오르니 대웅전이 반겼다. 대웅전을 일견하고 발길을 옮기는데 절벽 낭떠러지에 흔들바위가 있어 손으로 밀어 봐도 신심(信心) 수련이 턱없이 부족한 때문인지 도통 움직일 생각이 없는 것 같았다. 흥미를 잃고 그냥 지나쳐 가파른 바위너설 사이로 구불구불 뚫린 조붓한 비탈길을 재촉하며 출렁다리를 향해 발길을 옮겼다.

낯선 길을 조심스레 몇 분이나 걸었을까. 눈앞에 구절산 출렁다리가 나타났다. 입구에 세워진 안내판의 요약이다. 이 다리는 크고 작은 9개의 폭포 중에 제3폭포 위에 설치되어 있다. 지상 높이 50m 높이이고, 길이 35m이며, 보도 폭 1.5m란다. 특히 비가 내린 뒤 주변 경관과 어우러져 장관을 이룬다고 했다. 다리의 바닥은 구멍이 숭숭 뚫린 스틸 그레이팅(steel grating)으로 시공해 고소공포증이 심한 사람은 오금이 저려 낭패스럽지 싶었다. 한편 지상에서 50m 높이라지만 고소공포증이 있는 처지에 다리 중간에서 내려다보니 더 까마득해 아찔하고 현기증이 절로 났다. 멀리 크고 작은 산들이 겹겹이 펼쳐져 심산유곡을 연상케 했으며, 중간 일부엔 다소곳한 촌락과 바둑판 같은 들판이 정겨웠다. 그리고 바로 눈 아래엔 암자 입구의 용문저수지가 반겼다.

집을 나서 일반국도 14호선을 따라 고성읍 쪽을 향해 30분쯤 달리다가 금곡·마암 나들목으로 빠져나가는 과정에서 곧바로 좌회전하여 800m쯤 직진하다가 화산 사거리에서 우회전했다. 이렇게 3km 정도 당항만 둘레길을 따라가다가 갑문(閘門)처럼 생긴 마동교를 건너 곧바로 우회전하여 3km 가까이 달려갔다. 그러다가 왼쪽 구절산 자락으로 길머리를 틀어 산기슭동네를 지나 몇백 미터(m) 골짜기 외길을 오르니 폭포암이 반겼다.

폭포암에 얽힌 전설에 반신반의했었다. '어떤 곳일까?'라는 의문을 풀 요량으로 찾아간 폭포암 바로 아래 108계단이 시작되는 왼쪽에 자리 잡은 폭포암 유래와 전설이라는 안내판의 내용은 대충 이랬다. 이는 호랑이 담배 먹던 시절부터 구전(口傳)되던 설화(說話)나 전설처럼 고리타분한 구석이 적잖다. 여기에는 샤머니즘(shamanism)적인 냄새가 물씬물씬 풍긴다는 이유에서이다.

그 옛날 폭포에 살던 용이 하늘의 부름을 받고 승천하는 순간 계곡에서 마을 아낙네들이 목욕하는 광경을 발견했다. 그 순간 음심(淫心)이 요원의 불길처럼 발동하여 자기의 처지를 까마득하게 잊어버린 채 넋을 놓고 훔쳐봤단다. 이 돼먹지 못한 품격에 격노한 하늘이 야멸치게 내리치는 벌(罰)인 벼락을 맞고 용의 몸뚱이는 산산조각이 되어 땅으로 떨어져 굳어지면서 주위가 온통 병풍을 펼쳐 놓은 듯 암반으로 변했다고 한다.

몸 조각이 갈기갈기 찢기면서 땅으로 떨어진 머리 위로는 폭포가 흘러 용두폭포라 불렀고, 몸통(내장)은 동굴로 변해서 호랑이가 살아 백호굴(현 산신각), 뿔은 정상에 내려앉으며 전망대, 눈은 보덕굴(현재 막혔음), 생식기는 반달동굴(현 용왕당)로 변했는데 지금도 암반 약수가 솟아나고 있다는 전언이다. 한편 꼬리는 낭떠러지에 걸려 지금의 흔들바위가 되었다는 얘기다. 단애(斷崖)의 낭떠러지 위에 자리한 이 흔들바위는 소원을 이루어 주는 바위로 영험해 찾는 이가 많다는 귀띔이다.

또한 오래전 암벽 위에 사두사라는 절이 있었단다. 그런데 임진왜란 당시 사명대사가 이끄는 승병(僧兵)들이 화살을 만들던 기지로 알려져 왜군들이 불을 질러 소실되었다는 내용이 이어졌다. 그 후 사두사 터는 너무 가팔라 절을 세우지 못해 암벽 아래 폭포 옆에 지금의 폭포암이 건립되었다고 한다. 사두사에 대해 다양한 문헌과 자료를 찾아봐도 그 흔적이 발견되지 않는 것으로 미뤄 짐작할 때 그야말로 풍문으로 전해지는 전설이지 싶다.

폭포암이 자리한 구절산(559m)에 대한 또 다른 전설이 있었다. '아득한 그 옛날 음식을 먹지 않고 한 해에 두 번씩 산삼만 캐먹고 사는 도사인 괴팍한 신선이 있었단다. 그를 알현하려면 아홉 굽이의 폭포에서 아홉 차례 목욕을 한 뒤에, 아홉 차례 절을 하고, 아홉 차례 불러야 나타난다고 하여, 구절도사라고 호칭했단다. 이 신선이 사는 구절산의 폭포를 구절폭포로 불렀다는 것이다. 이 도사는 심술이 많아 구절산 자락에 뿌리내린 이들이 외지에 나가면 출세를 가로막으며 용심을 부리기도 했다고 한다. 하지만 자기에게 지성을 다해 소원을 빌면 전쟁터에 나가거나 징용에 끌려가도 목숨을 잃지 않게 보살펴 주는 것은 물론이고 무슨 소원이든 꼭 들어주는 신통력을 자랑하고 있다는 얘기다.' 이 전설 또한 어디까지 믿어야 할지 가늠키 어려웠다.

갈수기라서 폭포에 흘러내리는 물이 형편없이 줄어들어 기대에 못 미쳐 갈증이 증폭됐다. 험준한 구절산 중턱 암반지대에 자리하고 다양한 전설이 주저리주저리 서린 영험한 정찰(淨刹)일지라도 나그네의 맘을 휘어잡기엔 역부족이었다. 그래서 장마철 비가 잠시 멎은 틈을 타서 다시 찾아와 계곡을 꽉 메우고 요동치며 쏟아져 내리는 폭포의 위용에 압도당하는 희열의 만끽으로 오늘의 아쉬움을 달랠 것을 꿈꾸며 발길을 돌려야 했다.

2022년 5월 3일 화요일

마산 인공섬의 유채꽃밭과 청보리밭

지나친 환상에 빠졌었나 보다. 매스컴에 화젯거리로 등장해 방송과 신문이 보도했던 잔치마당을 찾았다. 집에서 10여 분 걸으면 도착하는 마산항의 3·15해양누리공원에 해양 신도시를 개발하려고 바다를 매립해 축조한 인공섬의 유채꽃밭과 청보리밭 얘기이다. 대충 20여 년 전에 해양 신도시를 개발하겠다고 멀쩡한 바다를 매립했다. 그 후 여태까지 이런저런 소문만 무성할 뿐 방치된 채 사람의 출입이 금지된 곳이었다. 때문에 언제 계획대로 신도시가 세워질 것인지 무척 궁금했었다. 그런 섬을 유채꽃과 청보리밭으로 탈바꿈시켜 주민들의 휴식공간으로 돌려준다는 소식에 무척 놀랍고 반가웠다.

야무진 꿈을 실현하겠다고 마산항 앞바다 64여만 제곱미터(m^2)를 매립해 여태까지 지지부진한 상태에서 버려진 채로 세월이 흘렀다. 이 섬의 한쪽 귀퉁이인 8만 제곱미터에 유체꽃밭과 3만 제곱미터에 청보리밭으로 일궈서 이번에(2022년 5월 13일~5월 30일) 시민들의 휴식공간으로 개방한다는 전언이었다(09시 30분~17시 30분). 설레었지만 차일피일 미루다가 개방 닷새째인 오늘(17일) 아침 일찍 서둘러 찾아가 입구에서 차분하게 기다렸다가 출입문을 열면서 섬에 첫발을 내디뎠다. 원래 여기는 디지털 밸리, 현대미술관, 컨벤션 센터, 호텔, 문화 관광 복합시설, 생활형 숙박 시설 따위를 세울 것으로 추진했으나 입 때까지도 구체적인 계획이 확정되지 않은 것 같다.

황무지와 다를 바 없는 척박한 자갈과 돌투성이 땅에 씨를 뿌리고 가꾸는 정성과 노력에 수고했다는 덕담과 함께 고마움을 전하고 싶다. 하지만 같은 값이면 담대하게 섬 전체를 대상으로 하거나 최소한 절반이라도 조성했으면 제법 어울릴 터이다. 그런데 깜냥이 모자란 좁쌀영감처럼 겨우 섬 한쪽 귀퉁이에 씨를 뿌리고 가꿔 초라한 분위기라서 성에 차지 않아도 따따부따 시비를 입찰하고픈 생각은 눈곱만큼도 없다. 썩 내키지 않음은 선입견 때문일까. 제주도나 중국 혹은 유럽 평원에 지평선 끝까지 펼쳐진 유채꽃밭이 뇌리에 깊숙이 각인되었다. 게다가 언젠가 나들잇길에 호남 어딘가를 지날 때 끝없는 들판의 청보리밭에 바람이 스쳐 지나며 일렁이던 푸른 비단 물결의 장관의 영향일 게다.

옛날엔 제주 유채꽃 축제나 호남 쪽의 청보리밭 축제 정도가 널리 알려졌던 것으로 기억된다. 하지만 이제 이들 축제는 웬만한 지자체마다 경쟁하듯 앞다퉈 열고 있어 식상한 레퍼토리(repertory)로 전락한 느낌이다. 그런 까닭에 애써 가꿔 잔치마당을 펼쳐도 기껏해야 동네 행사에 머무는 경우가 태반이다. 물론 평지에 특별한 공원이나 즐길 시설이 태부족인 시민들에게는 비록 보름 남짓 제공되는 구경거리며 휴식공간일지라도 감지덕지한 행정의 시혜(施惠)인 셈이다.

언제 어떤 용도의 터로 정해져 개발될지 모르는 상황인 까닭에 장기적인 계획은 불가능하리라. 그래도 기왕 제공하려면 다소 무리가 따르더라도 섬 전체에 씨를 뿌리고 가꿔 규모 면에서 웅장하여 찾는 이들을 압도하도록 했으면 어땠을까. 또한 어렵사리 찾은 이들이 천천히 섬 둘레를 바퀴 돌며 즐기도록 산책로를 조성해 서울 여의도 윤중제(輪中堤)를 한 바퀴 도는 것 같은 배려는 불가능했을까 꼭 짚어 보고픈 대목이다. 지금의 유채꽃밭과 청보리밭을 둘러보면서 노량으로 걸으며 즐겨도 1시간 정도면 뒤집어쓰고도 남지 싶었다. 게다가 그늘이나 휴식공간이 없을 뿐 아니라 목을 축일 급수시설도 되어 있지 않았다. 그러므로 뜨거운 햇볕을 견디기 어려워 서둘러 행사장을 둘러본 뒤에 섬을 빠져나가기 바쁘지 싶었다.

첫술에 배부르랴. 크고 작은 돌이나 자갈투성이 흙으로 매립한 섬으로 척박해서 식물의 생육에 최악의 조건이 틀림없다. 메마른 박토(薄土)에 씨를 뿌리고 정성을 들였을지라도 문전옥답 기름진 밭에서 자란 것과 비교하는 것은 언어도단이다. 꽃이 피고 이삭이 나온 지금도 땅꼬마 모양으로 듬성듬성 머리가 빠진 것 같은 모습이 되레 정겨웠다. 그래도 섬의 크기에 비해 한쪽 모서리에 자리한 자태가 왠지 몹시 초라하고 매우 언짢았다. 그렇다고 내년을 기약할 형편도 아니다. 만일 개발이 확정되어 공사가 시작되면 지금 그들이 심긴 자리는 흔적도 없이 사라질게 분명하기 때문이다.

전체적으로 18일 동안 개장에 융통성이 없었을까. 우선 쏟았던 정성과 비용에 비해 개방 기간이 지나치게 짧다. 유채가 영글어 가거나 보리가 여무는 과정을 구경하는 재미도 쏠쏠한데 아쉬웠다. 한편 개방하는 동안 세 번의 주말이 있기 때문에 6일 동안의 토요일과 일요일을 제외하면 직장인들이 찾을 길이 원천적으로 막혀있다. 평일 오전 9시 30분부터 오후 5시 30분까지 개방하기 때문이다. 또한 공무원 출퇴근에 맞춘 조치인지 모르겠다. 하지만 좀 더 아침 일찍 개방하고 오후 늦게 문을 닫도록 유연한 대응은 절대로 불가능했을까. 아울러 직장인이 아니라도 요즘같이 더운 날씨에 햇볕이 쨍쨍 내리쬐는 한낮에 울퉁불퉁한 자갈길을 걷기를 원하는 사람이 거의 없을 것이라는 맥락에서 하는 얘기이다. 이처럼 세심하게 살펴 완벽하게 대처하지 못해 목마름을 느낄 수밖에 도리가 없다. 그래도 쓸모를 제대로 찾지 못해 방치된 땅에 유채와 보리를 가꿔 주민의 휴식공간으로 제공하려는 진솔한 위민(爲民) 행정의 고귀한 뜻에 박수와 응원을 보낸다.

2022년 5월 17일 화요일

솔라타워와 99타워

진해해양공원을 다녀온 뒤 뇌리에 인상 깊게 새겨진 것은 뭘까. 곰곰이 곱씹어 보니 해양이라는 말과는 다소 괴리가 있는 솔라타워(solar tower)와 99타워 등 두 개의 빌딩이다. 바닷가나 섬에 자리한 해양공원이라면 빼어난 해변의 정경이나 명경같이 맑고 투명한 물과 백사장을 비롯한 물놀이와 볼거리가 연상된다. 그런 기대를 채우지 못해 보완책으로 데크(deck) 재의 아기자기한 해안 산책로가 개설되었을까. 하지만 여느 해변의 그것과 다를 게 없어 특별한 관심을 끌지 못할 뿐 아니라 바닷물에 다가갈 곳도 마땅치 않아 몹시 아쉬웠다. 약간은 심드렁한 마음으로 공원인 음지도(陰地島)의 곳곳을 둘러보며 이런저런 전시물을 찬찬히 살폈던 하루의 나들잇길이 옹골져 남는 장사를 했다는 만족감에 흐뭇했다.

생전 처음으로 진해해양공원을 찾았었다. 처음 이 공원의 얘기를 들으며 '진해 중심 어딘가의 바닷가에 자리했으리라'라고 지레짐작했다. 그래서 '시와 늪' 행사 날짜에 찾아갈 때는 시내버스로 진해에 도착한 뒤에 다시 택시를 이용해 찾아갈 요량이었다. 얼토당토않은 착각이었다. 약속된 날짜가 오늘이라서 아침 출발하려는데 아내가 태워다 주겠다고 자청했다. 내비게이션에 목적지(진해구 명동로 62 진해해양공원)를 입력하고 지시하는 대로 따라갔더니 진해 도심을 훌쩍 지나쳐 끝없이 부산 쪽으로 달리라는 안내였다. 얼마나 달렸을까. 숲으로 둘러싸인 도로를 지나 조금만 더 진행하면 부산 신항(新港)과 거가대교에 다다를 지점이었다. 바닷가 쪽으로 우회전하라는 이정표의 안내에 따라 구불구불한 길을 지나 해안으로 접어들어 이 공원이 자리한 음지도로 이어지는 교량인 음지교(陰地橋)를 건너 주차장에 도착했다. 아내는 곧바로 회차(回車)해 귀갓길을 택했고 터덜터덜 걸어서 약속 장소인 정상의 솔라타워를 향해 발길을 옮겼다.

음지도라는 작은 섬을 개발한 공원이었다. 그 주요 시설로 해양생물테마파크, 해전사체험관, 짚트랙(zip trek), 솔라타워, 해양 솔라파크, 어류생태학습관, 야외광장, 해안 산책로(해안데크로드), 우도도보교(牛島徒步橋) 따위가 있었다. 이것저것 구경하며 하루의 휴식을 취하기 부족함이 없었다. 그렇지만 많은 행락객이 동시에 몰려들 경우 야외 휴식공간이 부족하리라는 느낌은 숙제이지 싶었다. 한편 공원인 섬을 한 바퀴 돌아봐도 바닷물에 손발을 담그기 어려운 환경에 고개가 갸웃해졌다. 그게 서운할 경우라면 우도보도교를 건너 우도 해변으로 가서 갈증을 달래면 벌충되지 싶었다.

입구 주차장에서 하차하여 섬의 오른쪽으로 개설된 차도 옆의 인도를 따라 오르는데 바닷가 낭떠러지에 세워진 우주선 발사대를 연상시키는 99타워가 반겼다. 이는 짚트랙을 위한 빌딩으로 99m 높이의 타워로서 1.39km 떨어진 소쿠리섬까지 쇠줄을 타고 최대 시속 80km 속도로 날아가기 위해 건설되었다. 한편 이 빌딩의 19층엔 높이 75m의 타워 외벽 둘레 62m를 걷는 체험인 엣지워크(edge walk) 시설이 되어있다. 또한 드높은 중간층엔 고상한 레스토랑도 있어 진해만의 크고 작은 섬과 바다를 배경으로 식도락을 즐기며 멋과 낭만을 맘껏 누릴 수 있다. 고소공포증이 없고 조금만 젊었으면 짚라인의 신나는 흥분을 맘껏 즐겼을 터이다. 하지만 현실적으로 무모한 도전이리라는 생각을 떨쳐내지 못한 채 발길을 돌려야 했다.

99타워를 지나 정상의 솔라타워에 도착해 3층 약속 장소인 VIP 대기실(출연자 대기실)을 찾아갔다. 예상보다 일찍 도착한 까닭에 2, 30분 기다린 후에 함께 울력을 보태며 글쓰기 공부를 할 도반들이 도착했다. 오늘의 본 행사는 오후 2시부터이지만 일부는 행사 준비에 여념이 없었다. 그리고 일부는 나와 함께 대략 2시간 가까이 수필에 대해 공부를 했다. 오늘따라 개인 사정으로 결강자가 많아 수업 분위기가 다소 썰렁했다. 강의를 마치고 일행이 한자리에 둘러앉아 김밥으로 점심을 때우고 휴식을 취하다가 오늘의 주된 행사인 '시 낭송 및 길거리 공연인 버스킹(busking)과 무료 책 나눔'이 시작되었다. 이 행사에 자유로운 처지라서 그에 구애받지 않고 공원의 구석구석을 살피며 즐겼다.

솔라타워 얘기다. 거대한 돛단배 모습을 형상화 시켜 건축했다는데 진해의 랜드마크(land mark)로 내세워도 손색이 없지 싶었다. 단일 건물로는 국내 최대 태양광 발전 시설이란다. 태양광 모듈 600kw(타워 450kw / 옥상 150kw)로서 1일 전기 생산량은 1,300kwh(200 가구 사용량)라고 한다. 한편 서울 남산타워 236.7m, 대구 달서구의 83타워 202m, 이곳의 솔라타워 136m, 부산 용두산 타워 120m라는 얘기이다. 그래서 결론적으로 우리나라에서 3번째로 높은 관광 타워란다. 또한 이 빌딩의 27층(높이 120m)엔 사방을 둘러 볼 수 있는 전망대가 있고 바로 위층인 28층에는 북 카페(book cafe)가 자리하고 있었다.

전망대인 27층에 도착해 밖을 둘러보니 속세를 떠나 별세계에 불시착한 기분이었다. 사방팔방 360도 어느 방향으로 조감(鳥瞰)하는 풍경도 아름답고 친근하게 다가와 안겼다. 특히 전망대 뒤편의 '우도'가 내려다보이는 곳에서 조망은 압권이고 백미였다. 바로 눈 아래엔 자그마한 우도가 길게 누워있는 자태가 그림같이 아름다웠다. 조금 멀리 왼쪽으로부터 부산 신항(新港)이 손에 닿을 듯했으며 거가대교가 섬과 섬 사이 바다 위에 걸린 모습이 무척 인상적이었다. 게다가 크고 작은 이름 모를 섬들이 점점이 흩어져 있는 다도해의 정경에 맘을 빼앗겨 시간 가는 줄 몰랐다. 한편 전망대 바닥 일부에 폭 1.5m와 길이 3~4m가 특수유리로 된 120m 아래의 땅바닥이 아득히 보여 아찔했다. 고소공포증 때문에 감히 유리 위에 올라설 용기가 나지 않아 가장자리를 맴돌며 얼쩡대다가 끝끝내 포기하고 말았다. 한편 27층 전망대에서 걸어서 올라가야 하는 28층은 북 카페(book cafe)였다. 찾는 이는 꽤 많았어도 그곳에 진득하게 자리 잡고 앉아 책을 읽는 사람은 없었다. 한쪽엔 느린 우체통이 놓여 있는데 3개월 후에 배달된다는 노란색 우체통, 6개월 뒤에 배달된다는 청색 우체통, 1년 뒤에 배달된다는 빨간색의 우체통은 공연히 설렘과 감동을 안겨 엽서를 쓰고 싶다는 충동을 잠재우기 어려웠다.

해변이 그립다면 솔라타워 뒤쪽 비탈에 개설된 해안 산책로를 따라가다가 우도보도교로 '우도'로 건너가서 왼쪽으로 휘 돌아가다 보면 하얀 등대가 저 멀리 보인다. 등대로 향하지 말고 섬 뒤쪽으로 다가가면 바닷물에 손발을 담글 수 있다. 또한 야트막한 산등성이로 오르면 휴식을 취할 수 있는 공간과 조용한 벤치를 만날 수 있다. 시간이 넉넉하다면 우도의 동네 오른쪽으로 뚫린 조붓한 길을 따라서 섬 끝까지 느릿느릿 거닐며 산책해도 1시간 정도면 뒤집어쓰고도 남으리라.

한편 어류생태학습관은 특히 어린이들에게 유익할 것 같았고, 해양생물 테마파크에서는 유영생물(遊泳生物), 저서생물(低棲生物), 디오라마(diorama) 따위를 제대로 공부하는데 안성맞춤이지 싶었다. 또한 해전사(海戰史) 체험관은 학익진(鶴翼陣)을 모티브로 형상화한 건물로서 여기는 동양과 서양의 해전 역사를 배울 공간으로 손색이 없어 보였다. 그런데 이들 대부분 시설이나 전시 내용은 언젠가 어디서 봤지 싶은 기시감(旣視感) 즉 데자뷔(deja-vu) 됨은 왜일까. 혼자서 자분자분 걸으며 구석구석 살펴봤어도 뇌리에는 섬에 어울리지 않게 우뚝 선 요상한 모양새의 99빌딩과 솔라타워가 어른거림은 왜일까.

2022년 5월 21일 토요일

스무 해 넘겨 파고든 등산로

동네 뒷산을 오르내린 지 어느 결에 스무 해가 훌쩍 지났다. 때가 되면 밥을 먹고 잠을 자듯이 그동안 날마다 당연한 일상처럼 나서곤 했던 등산길이다. 익숙해지기 전에는 이런저런 핑계를 내세워 걸을 이유를 찾기 바쁘던 때도 있었다. 하지만 하루가 가고 계절이 바뀌며 새로운 해를 맞고 또 맞이하며 중단하지 않고 산의 품을 찾다가 부지불식간에 중독되었나 보다. 이즈음엔 며칠 잇달아 거르면 왠지 아쉽고 허전하고 일상이 엉켜 뒤틀어진 기분으로 다른 일이 도통 손에 잡히지 않아 허둥대기 일쑤이다.

처음엔 형편없이 나빠진 건강 때문에 나선 길이었다. 그것도 당국에서 산림 관리를 위해 산의 5~8부 능선을 따라 개설해 시멘트로 포장한 남파랑길*이었다. 몇 년 동안 이 길을 걸으며 체력을 향상시켜 청량산(淸凉山) 정상(323m)을 오르내리는 등산로를 등정하기 시작해 지금에 이르렀다. 한번 길을 나서면 대략 10~13km를 3시간 안팎이 소요된다. 그리고 처음부터 지지난 해(2020년)까지는 매주 5~6회, 지난해부터는 횟수(回數)를 조금 줄여 매주 5회 정도 오가고 있다. 그러므로 평균 매주 5회 걷는 것으로 상정할 때 6만km(왕복 13km×주 5회×일 년 52주×기간 20년 = 65,600km)를 넘게 걸은 셈으로 지구를 한 바퀴 반쯤 돌 수 있는 거리라는 단순 계산치가 산출된다.

스무 해 이상 다람쥐 쳇바퀴 돌 듯 한결같이 같은 산의 품을 파고드는 등산길이다. 그래도 싫증이 나거나 다른 곳에 눈길을 주고픈 마음은 눈곱만큼도 없다. 내 체력과 능력에 맞춤한 까닭에 호젓한 산속의 분위기에 어울려 잡다한 일상을 잊고 즐기는 게 그리 흐뭇할 수 없다. 혼자서 오가기 때문에 언제 어디서든 마음 내키면 곧바로 쉬면서 생각을 하거나 자연을 벗하고 노닥거리면서 자유를 만끽한다. 몇 군데 된비알의 깔딱 고개가 있어 인내가 필요한 힘겨운 노정이 있는가 하면 산꼭대기로 그림처럼 펼쳐진 수려한 능선 길에 펼쳐진 비경이 발군이다. 게다가 발아래 세상을 조감(鳥瞰)하는 멋과 맛을 덤으로 누릴 수 있는 꿈길을 걷는 호사를 누리는 기쁨도 뺄 수 없는 즐거움이다. 또한 같은 길이라도 계절이 바뀌면서 느껴지는 저마다의 각별한 감흥은 직접 경험하지 못하면 그 참 맛을 어이 느끼랴.

늘 같은 등산로를 오가면서 변한 게 없다고 생각했다. 노정(路

程)이 예와 다름없고 길섶에 자생하는 수목도 늘 제 자리에 같은 모습이라고 여겨왔다. 그렇지만 스무 해 이전 처음 산을 오르내리던 시절 지금 내 나이 정도이던 이들은 누구도 만날 수 없음은 물론이고 풍문에 들리는 소식조차 끊긴 지 오래라는 점은 분명히 세월 따라 변했다는 사실을 실감하는 단면이다. 처음 등산을 시작할 무렵 수인사를 나눴던 나와 엇비슷한 연배의 길동무들 몇몇을 이따금 등산길에서 만나 안부를 나눔은 그나마 위안이다. 등산에 나서는 것은 먼동이 터오는 첫새벽 깜깜한 시각에서부터 황혼이 깃들 무렵까지 다양한 데 오가다 스쳐 지나는 등산객이 최근 코로나19 사태 이후에 놀랄 정도로 증가했다.

왜 변화에 둔감했을까. 항상 같다고 여기며 마음을 닫고 반복적으로 오갔던 때문이었을 게다. 스무 해가 훌쩍 지났는데 변하지 않았다는 것은 언어도단으로 착각이었다. 오늘 아침 뒤늦게 그동안 등산로를 뒤덮은 수목이 몰라볼 정도로 울울창창하게 자랐다는 사실을 깨달았다. 지난밤 뒤숭숭한 꿈 때문에 잠을 설치며 뒤척이다가 해 뜰 무렵에 등산길에 나섰다. 본격적인 등산로에 접어들었는데 동살*이 등산로에 비치지 않아 어두컴컴했다. 왜냐하면 길 양편에 울울창창하게 웃자란 나뭇잎이 햇볕을 차단하는 두꺼운 차일(遮日)* 역할을 하기 때문이었다. 눈여겨보며 정상까지 갔다가 돌아오는 길 모두가 마찬가지였다. 지난 스무 해 이상을 끊임없이 오가면서도 해(年)가 바뀌고 세월이 흐르면서 나무가 무성하게 성장해 하늘을 덮음은 당연한데도 투미하게도 그를 바르게 인지하지 못한 채 지났던 게 결국은 그리 만들었다. 그동안 해가 바뀌면서 알게 모르게 시나브로 나무가 자라며 하늘을 조금씩 더 많이 그리고 두껍게 덮었을 터인데 말이다. 이제야 생각하니 올봄 나뭇잎이 무성해진 이후 등산길에서 햇볕에 노출되었던 적이 한 번도 없었음은 당연하다고 여기고 무관심했다. 그럼에도 왜 나무가 성장했음을 인식하는 지혜로움에 이르지 못했을까.

다른 분야에 스무 해 이상 전력을 다해 공을 들였다면 전문가 반열 운운하지 않을까. 그런데 지성으로 오갔던 등산길은 세월이 지날수록 되레 점점 힘이 들고 어렵기만 하다. 해를 거듭할수록 힘이 덜 들고 속도가 빨라져야 할 터이다. 하지만 야속하게도 힘은 더 들고 오가는 시간은 상대적으로 빨랫줄처럼 늘어만 간다. 게다가 처음 등산을 시작하던 무렵엔 오르내리는 과정에서 나를 앞질러 갔던 등산객이 하나도 없었다. 요즈음은 앞질러 가는 이들을 헤아리기 어려울 정도로 많아졌다는 사실이 달라진 점이다. 또 하나 위안이 되는 점은 처음 등산을 시작할 무렵엔 건강 운운하며 이유를 내세웠으나 지금은 숨을 쉬는 것처럼 등산 역시 생활의 한 부분이 되었다는 사실이다. 흔히들 나이는 숫자에 불과하다고 위로의 말을 하지만 이런 비켜 갈 수 없는 특징들이 바로 세월을 거스를 수 없는 방증의 참모습일 게다.

=====

* 남파랑길 : 마산의 남쪽 신마산의 밤밭고개 언저리에서 덕동 쪽으로 길게 발달한 청량산 줄기를 따라 5~8부 능선으로 구불구불 개설해 시멘트로 포장한 4.5km 남짓한 길로서 최근 당국에서 이 길에 남파랑길이라는 패찰을 붙였다. 남파랑길(南藍浪-)은 '남쪽(南)의 쪽빛(藍) 바다와 함께 걷는 길'이라는 뜻으로 부산의 오륙도 해맞이공원에서 전남 해남 땅끝마을까지 남해안을 따라 총 90개 구간으로 이루어진 1,470km의 걷기 여행길이란다.

* 동살 : 새벽에 동이 틀 때 비치는 햇살.

* 차일(遮日) : 햇볕을 가리기 위하여 치는 포장. 유의어로 차양, 챙, 천포가 있다.

2022년 6월 6일 월요일

등산길의 단상

삼복더위와 함께 등산에 나서는 시각은 자연스럽게 꼭두새벽으로 변했다. 하지만 자명종 시계나 휴대전화의 알람(alarm) 기능에 매달리지 않아 잠자리에서 눈을 뜨는 시간이 대중이 없다. 그런 까닭에 얼추 새벽 4~5시경에 집을 나서 들쭉날쭉한 모양새이다. 어떤 날은 서둘러 나섰다가 본격적인 산비탈 등산로에 도착했음에도 깜깜해 조붓한 비탈길이 보이지 않아 더듬더듬 걷는데 꽤나 애를 먹는다. 그렇게 한참 동안 산허리를 휘감아 파고들어야 겨우 희뿌연 여명이 밝아오면 안도의 숨을 내쉬기도 한다.

나름대로 등산 횟수(回數)를 계획하고 차질 없이 지키려 기를 쓰는 편이다. 아무리 그렇지라도 일수(日收) 꾼이 일수 도장 찍듯이 실행하기 어렵다. 돌발적인 일을 위시해서 사건의 발생이나 뜻하지 않은 각종 약속에다가 여름철엔 예측불허의 비가 며칠 연이어 내리면 산행계획은 무참하게 헝클어지게 마련이다. 최근 열흘가량은 돌발한 지인과 약속을 비롯해 심심치 않게 초를 치는 장맛비 때문에 계획했던 등산 일정에 차질이 생겨 생활 리듬(rhythm)까지 깨져 적잖게 당황하기도 한다.

불볕더위가 기승을 부리는 폭서기(暴暑期)엔 오전 일찍 혹은 석양이 물들 무렵에 나설지라도 많은 무리가 따랐다. 물론 등산로가 울울창창한 나무로 뒤덮여 녹색 터널을 이룰지라도 상대적으로 습도나 기온이 높아 노년층은 심한 부담을 느끼지 않을 수 없다. 올여름 들어 이런저런 이유로 새벽길을 놓치고 나서 몇 차례 한낮에 나섰다가 호되게 고생을 한 뒤로는 절대로 그런 만용을 부리지 않기로 다짐했다. 연세 많은 어른이 들으면 호통을 칠지도 모를 일이다. 그래도 '더위에 산행은 작년에 비해서도 엄청나게 부담이 되어' 가능한 피하기로 했다.

깜깜한 첫새벽에 길을 나서도 땀에 옷이 흠뻑 젖을지라도 한낮에 비하면 꽃길이나 다름없다. 더위를 겁내기 때문일까. 다른 계절의 꼭두새벽 길에선 보통 30명 안팎의 사람들과 조우한다. 그러나 폭서기엔 기껏해야 20명 미만이다. 어제는 새벽 5시 조금 전에 나섰는데 정상에 10번째 도착했고 내려오는 길에서 올라오는 네댓 명을 마주쳤다. 많은 사람이 더위를 피해 강이나 바다를 찾아 떠난 때문일 게다.

어쩌다 보니 같은 길을 스무 해 훌쩍 넘겨 오르내리고 있다. 그동안 변하지 않은 게 두 가지가 있다. 그 첫째는 예나 지금이나 등산로는 산비탈과 깔딱 고개를 비롯해 산꼭대기 정상 부근의 능선의 조붓한 초경(樵逕)*을 빼닮은 길로서 눈곱만큼도 변함이 없다. 둘째는 울울창창하게 자란 숲 속을 들여다보면 자연스럽게 떠오르는 말이다. 예부터 이르던 "큰 나무 밑에서는 큰 나무가 자랄 수 없지만, 큰 사람 밑에서는 얼마든지 큰 사람이 나온다"라는 얘기다. 등산로 대부분이 거대한 숲의 터널이다. 그중에서도 나무가 더 높고 빼곡하게 자란 곳에는 각종 풀이나 키 작은 관목(灌木)이 제대로 자라지 못해 녹음이 우거진 여름에도 지표면이 훤히 들여다보인다. 이를 보며 당연한 이치이건만 선인들이 설파한 진리를 꿰뚫었던 혜안에 대해 고개가 절로 숙여진다.

가는 세월은 어쩔 수 없는 걸까. 처음 등산로를 찾을 무렵 만났던 이들 대부분이 보이지 않는다. 그 무렵 낯을 익히며 묵례를 나누던 이들 중에 지금까지도 스쳐 지나는 경우는 기껏해야 대여섯뿐이다. 그때 지금의 내 나이 정도였던 이들은 하나도 보이지 않는다. 풍문에 따르면 이승을 등진 경우가 적지 않다는 전언이다. 이런 관점에서 아무리 기를 쓰고 매달려도 앞으로 스무 해 정도 지금처럼 계속할 수 있을까. 장수 시대가 활짝 열렸어도 상수(上壽)*까지 산다는 자체가 어렵다는 생각에 따른 독백이다.

그동안 오가면서 아무것도 변한 게 없이 모두가 그대로라는 어리석은 생각에 갇혀있었다. 그러나 그게 아니었다. 먼저 매주 5~6회씩 오르내리던 길에 아무런 변화가 없다는 속단은 낯이 익으면서 둔해진 감각에 연유하는 커다란 착각이었다. 수목은 지난 20여 년 동안 몰라보게 자라 산 전체를 거대한 숲 그늘로 바꿔 놓았다. 그런 때문에 겨울을 제외한 다른 계절엔 햇볕 걱정에서 자유로울 만큼 변했다. 또한 늘 같은 길을 오르내리며 나 역시 변한 게 없다고 흰소리를 쏟아내면서 기고만장했었다. 하지만 웬걸 어느 날 곰곰이 생각해 보니 어림도 없는 허튼소리로 망발이었다. 지난날 한동안은 누군가가 나를 추월했던 경우가 거의 없었다. 그런데 요즈음 휴일에 등산객이 많을 경우 오르내리는 길에서 나를 따라잡고 추월하는 사람이 점점 늘어나고 있다. 이들을 통해 세월의 흐름을 절감하며 맘속으로 '아! 옛날이여!!'를 수없이 곱씹는다.

어제 온종일 햇볕이 쨍쨍 내리쬐는 무더운 날씨였다. 저녁 뉴스에 내일 새벽부터 비가 많이 내릴 것이라는 일기예보였다. 오보일 수도 있다며 자정 무렵 잠자리에 들기 전에 밖을 살폈는데 비가 내릴 기미가 도통 보이지 않았다. 살포시 잠이 들었다가 축시(丑時 : 새벽 3시)에 일어났는데 신기하게도 비가 내렸다. 새벽 등산을 포기했다. 날이 밝아지고 정오가 가까워지면서 길을 나서도 무리가 없을 날씨로 변했다. 그럼에도 더위가 부담스러워 궁싯거리다가 컴퓨터 앞에 쭈그리고 앉아 글을 쓴답시고 자판을 두드리는 처신은 정녕 나이 들어감을 핑계 대며 한껏 주접을 떠는 게 아닐까. 지난 세월 같으면 아무리 더위가 기승을 부려도 좌고우면하지 않고 길을 나서는 무모한 직진을 했을 터인데 말이다. ~ 아리랑 아라리요~

=====

* 초로(樵路), 초경(樵逕) : 나무꾼들이 나무하러 다녀서 생긴 좁은 산길.

* 상수(上壽) : 사람의 가장 긴 수명이라는 의미에서 100세를 이르는 지칭이다.

2022년 7월 21일 목요일

첫 새벽의 일

정확히 인정(寅正 : 새벽 4시) 몇 분 전에 집을 나섰다. 잠자리에 들기 전에 등산복과 손전등을 비롯해 마스크를 준비해 두었기 때문에 깜깜한 상태에서 옷을 챙겨 입는데 아무런 어려움이 없었다. 집을 나서 20분쯤 걸어 임도(林道)에 설치된 운동기구에서 10여 분 가까이 팔운동을 하고 본격적인 등산로인 된비알의 조붓한 비탈길로 들어선 시각은 4시 30분쯤이었다.

지난해 건전지를 갈아 낀 손전등을 비춰도 밝지 못해 겨우 몇 발 앞까지만 흐릿하게 보일 정도였다. 축 처진 흐리멍덩한 불빛이 성에 차지 않아 건전지를 교체해야지 하면서도 차일피일하며 마냥 미뤘다. 그렇게 궁싯거리다가 어제 그 생각이 떠올라 건전지를 구입하여 교체했다. 따라서 오늘 등산길은 자동차 전조등이 부럽지 않으리라.

등산로 초입부터 가파른 데다가 바닥은 크고 작은 바위가 돌출해서 자칫하면 낙상하기 쉬운 마땅찮은 구간이다. 하지만 건전지를 새것으로 교체한 때문에 불빛이 더할 수 없이 밝아 넘어지거나 허둥댈 위험에서 자유로웠다. 속으로 쾌재를 부르며 몇 발 올라가면서 뜻하지 않게 거미줄이 맨살이 고스란히 드러난 팔과 얼굴에 엉겨 붙어 곤혹스러웠다. 신체의 다른 부위는 옷으로 가려져 있어 그나마 다행이었다. '그러다 끝나겠지!'라고 생각했다. 그런 생각은 커다란 착각이고 희망 사항일 뿐이었다. 정상에 도착하는 내내 거미줄과 지루한 밀고 당기기를 지속해야 했다. 그 원인을 정상에 도착해서 알았다. 나보다 한 걸음 앞서 등산하는 그룹이 오늘 새벽엔 임도를 계속 걷다가 지난봄에 만든 청량산 600개의 데크(deck) 계단으로 올라왔다는 얘기였다. 그들은 평소에는 늘 나보다 한식경(-食頃) 앞서서 산에 오르면서 밤새 촘촘하게 쳐 놓은 거미줄을 걷고 지나갔던 셈이었다. 그런데 오늘은 그들이 다른 길로 갔기 때문에 등산로의 초입에서부터 꼭대기까지 온몸으로 거미줄을 뚫고서 올라온 개척자였던가 보다. 때문에 내 몸에 휘감긴 거미줄의 양은 엄청 많지 싶다.

오늘따라 부당하게 통행세를 받아내려는 불한당들의 기세가 등등해 혼났다. 매년 여름철에 등산할라치면 불법으로 통행세를 내라고 행패를 부리는 떼거지들이 창궐해도 마땅한 묘책이 없어 끙끙 앓다가 가을이 되면 잊어버리게 마련이다. 일반적으로 세금은 유예기간을 정해 납부자에게 준비할 말미를 준다. 그런데 이들은 등산로 초입부터 하산할 때까지 호시탐탐 기회를 엿보다가 달려들어 현금이 아닌 현물(現物)로 통행세를 징수하려고 발광한다. 그것도 점잖게 고지서를 디밀고 세금을 받으며 영수증을 발급할 줄 모르는 몰염치한 패거리들이다. 조금 우물쭈물하면 다짜고짜 피부에 빨대를 꽂고 피를 탈취해 가는 만행을 저지르고도 눈 하나 깜짝하지 않은 그들이 얄미워도 산행을 멈출 수 없는 나는 정녕 호구인가.

장맛비가 내릴 무렵의 등산에서 흔히 조우하는 두꺼비이다. 어른 주먹보다 큰 것을 여러 마리 조우하는 날이 숱하다. 하지만 장마가 지난 요즘은 쉬 눈에 띄지 않는다. 오늘 건전지를 교체한 손전등의 불빛이 유난히 밝은 때문이었을까. 깜깜한 등산로를 밝히고 무심코 터덜터덜 걷는데 평소에 없었던 큰 돌이 길바닥 가운데 놓여 있었다. 가까이 다가갔더니 돌이 아니라 엄청나게 큰 두꺼비였다. 심심하던 차에 잘 됐다 싶어 다가가 쭈그리고 앉아 두꺼비에게 손전등을 이리저리 비추며 숱한 말을 걸어 봐도 묵묵부답이고 요지부동이라서 심드렁해졌다. 속으로 '에잇~'하면서 실없이 "두 선생! 다음에 또 봅시다"라는 인사를 남기고 길을 재촉했다.

참으로 모를 일이다. 며칠 전부터 내가 다니는 청량산 정상의 청량정(淸凉亭)에 산토끼 한 마리가 살고 있다. 어떤 연유로 거기에 기거(起居)하게 되었는지 모르지만 벌써 여러 날째 그곳

지킴이 노릇을 하고 있다. 분명히 산토끼인데 어려서 누군가가 기르다가 그곳으로 데려와서 방사(放飼)했지 싶다. 잘은 모르지만 청량정 데크 마루 밑의 넓은 공간에 숨어 있다가 인기척이 나면 나타나는 게 애완견이 혼자서 집을 지키다가 주인이 돌아오면 꼬리를 흔들며 재롱을 떠는 모습과 흡사하다. 아마도 그런 행동은 집에서 사육될 때 사람이 다가와서 먹이를 주던 버릇에 길든 결과가 아닐까. 사람들은 자기들을 따르는 게 신기하고 사랑스러웠을까. 매일 등산하는 이들이 산에 오르다가 칡덩굴을 보면 한 주먹씩 뜯어다 줘 꽤 많이 쌓여 있다.

평소 다니던 등산로를 벗어나 다른 길로 나보다 한발 앞서 정상에 도착한 그룹이 운동하는데 은신처를 뛰어나온 토끼가 어슬렁어슬렁 여기저기를 기웃거리더니 다시 제 자리로 들어갔다고 했다. '그래도 토 선생의 안부를 직접 확인하고 싶었다' 토끼의 은신처로 다가가서 조용히 쭈그리고 앉았다. 손을 뻗으면 닿을 거리에 앉아 있던 토끼가 내 뜻을 헤아렸는지 밖으로 나와 바로 내 코앞에 놓여 있던 칡잎을 천연덕스럽게 갉아먹었다. 내게는 토끼가 먹이(칡잎) 먹는 소리가 또렷이 들렸다. 그런가 하면 토끼에게는 분명히 내 숨소리가 온새미로 들렸을 것임에도 태연자약한 모습을 어떻게 받아들여야 할까. 언제까지라도 평화롭게 지내다가 아무 탈 없이 자연에 동화되었으면 하는 바람이다. 내일 새벽엔 생수라도 한 병 가지고 가서 그릇에 따라 줄 참이다. 거기엔 옹달샘이나 물이 흐르는 실개천이 전혀 없기 때문이다.

새벽 7시 무렵에 아파트 경내로 돌아왔다. 아파트 내의 둘레길로 길머리를 틀었다. 무심코 걷다 보니 정원 여기저기에 누구에게도 환영받지 못하는 '망초'가 제법 많이 자라고 있었다. 관리하는 분들이 따로 있을지라도 손이 닿는 데까지는 뽑아 버리고 싶었다. 얼추 몇 분 동안 뽑았을 게다. 몇 주먹 뽑아 버리고 다시 몇 개를 뽑아 든 채 허리를 펼 무렵이었다. 마침 아침 산책을 나온 아주머니 한 분이 지나가다가 발걸음을 멈추고 풀을 뽑는 순간 풍기는 싱그러운 풀냄새는 어릴 적 시골의 추억이 살아난다는 얘기였다. 하기야 도시에서 나고 자란 이들은 그런 냄새를 도통 이해할 수 없을 게다. 아주머니 말에 "그러게 말입니다. 저도 이런 풋풋한 풀냄새를 무척 즐기거든요"라고 대답하면서 아쉽게도 이 말을 못 하고 그냥 지나쳤다. 그런 소녀의 감성을 아직도 지니셨다면 '글을 썼으면 좋았겠다'고 말이다.

2022년 7월 30일 토요일

오늘도 불쑥 나선 길

오늘도 예와 다름없이 불쑥 나선 길
무료하고 잡다한 일상의 옥죔에서 벗어나고파
맘 길 따라 휘적휘적 내딛는 발걸음 결코 가볍지 않다

오늘도 예와 다름없이 불쑥 나선 길
무언가 찾고픈 목마름에 나선 탐욕 때문인지
방향도 잃은 채 돌고 돌다가 멈춘 제자리걸음이었다

오늘도 예와 다름없이 불쑥 나선 길
나 홀로 정처 없이 터덜터덜 걸었던 외로운 몸부림
외톨이 되어 처연한 마음의 나그네 설움을 곱씹는다

오늘도 예와 다름없이 불쑥 나선 길

예나 지금이나 생의 길은 늘 너무도 생소하고 낯설어
백수(白叟)*인 터수에 궁싯궁싯 길에서 길을 묻는다

=====

* 백수(白叟) : 나이가 들어 늙은 사람

2022년 5월 11일 수요일

Ⅲ. 수필가가 되고픈 수필가

글을 쓰지 마라

내가 글을 쓰는 것은 삶의 단면이다. 올해로 일터에서 물러 난지 12해째이다. 자유인이 되어 해가 거듭될수록 사회적 활동이 기하급수적으로 축소될 뿐 아니라 교류하는 사람의 수가 줄어들면서 폭도 상대적으로 좁아지고 있다. 그런데다가 어느덧 3해째에 접어든 신종 코로나바이러스 감염증(코로나19)이 기승을 부려 마음 놓고 외출할 수 없어 집안에 갇힌 꼴로 지내면서 멀리 타지에 출타를 극도로 망설이게 한다. 이래저래 심란해진 이즈음 매일 몇 시간 등산하고 돌아오면 컴퓨터 앞에 쭈그리고 앉아 온라인상으로 펼쳐진 세상과 마주하며 시간을 보내는 일상의 반복이다. 사정이 이렇다 보니 매일 일정 시간 이런저런 글을 읽거나 글을 쓰는 게 생활의 한 부분이 되었다. 이렇게 탄생한 글들은 진솔한 생활의 단면이며 사유의 세계에서 일궈낸 진면목의 실체이다.

그저께(2022년 2월 8일) 저녁 땅거미가 내려앉아 사방이 어둑어둑해질 무렵 전화벨이 요란하게 울려댔다. 폴더를 열었더니 고등학교 동창 P였다. 내가 보낸 책(그래도 걸어야 한다)을 받았다며 새해 덕담을 겸해서 격려를 해줬다. 그러면서 하는 말의 요지는 이런 취지였다. "책 집필하며 신경 쓰다가 건강 해치지 말고 이제는 다른 사람이 쓴 책을 읽으며 쉬면서 한가로운 노년을 즐기라는 조언을 했다." 진지하게 이런저런 예를 들며 조곤조곤 들려주는 얘기 중에 "얼마 전까지 여기저기 글을 발표하고 칼럼을 쓰던 친구가 하나 있는데, 최근 글을 쓰는 과정에서 지나치게 몰두하다가 치명적인 건강 문제가 돌발하여 지금 위태로운 지경에 이르렀다"라고도 했다. 물론 그런 우려에 대해 전적으로 공감하면서도 글쓰기마저 중단한다면 삶이 더욱 삭막하고 무의미해질 것 같아 많은 생각이 겹쳐 혼란스러웠다.

신생 학문을 공부했던 때문에 대학에 갓 발을 붙였을 때부터 책을 집필할 길이 활짝 열렸던 때문일 게다. 이립(而立)의 중반부터 전공 서적의 집필을 시작해 정년을 맞아 물러날 때까지 대충 30여 권을 집필했다. 그중에 상당한 책들이 꽤나 널리 사랑을 받는 보람을 맛보기도 했다. 아마도 지천명(知天命)의 중반이었지 싶다. 퇴임 후에는 다른 길을 걷고 싶어 수필에 관심을 두고 파고들어 수련을 쌓고 나서 전문지의 신인상에 도전하여 글쟁이의 필요 충족조건을 갖췄다. 그 후 꾸준히 글쓰기에 매달려 올해 정초까지 수필집 17권을 펴냈다. 양적인 관점에서 전공 서적을 비롯해 수필집을 적지 않게 집필했다. 그렇지만 질적인 측면에서 엄격히 따져 볼 때 함량 미달의 출판을 남발하여 애먼 대추나무나 배나무에 재앙을 입히는 화조재리(禍棗災梨)는 아니었는지 맹성이 필요하지 싶다.

지금까지 여기저기에 얼굴을 내밀었던 글 중에 어느 하나도 어연번듯하게 내세우고 자랑할 변변한 작품이 없다. 비록 그럴지라도 그들 하나하나는 나름 산고를 겪으며 밝은 세상에 얼굴을 내밀었다. '못났기 때문에 남 앞에 드러내 놓고 자랑할 계제가 못될지라도 눈에 넣어도 아프지 않을 자식이듯이' 말이다. 글감을 찾고 얼개와 뼈대를 구성하여 체제를 갖추고 문장으로 풀어내는 과정이 결코 녹록지 않다. 게다가 문학적 의미를 부여하여 생명력을 불어넣으려는 과정이 내게는 무척 힘겨운 작업의 연속이었다. 그렇게 좌절하며 때로는 글을 쓰다 말고 몇 날 며칠 붓방아를 찧으며 나 자신의 한계를 절감했던 적이 숱했다. 그럼에도 붓을 놓지 못하고 글쓰기에 연연함은 내 삶의 한 단면을 송두리째 포기할 수 없다는 이유 때문이다.

완벽한 글은 불가능한 걸까. 매번 글을 쓰고 책을 펴내는 과정에서 논리적 오류나 오자(誤字)나 탈자(脫字)를 비롯해 표기법이 틀린 것이라도 제대로 잡아내려고 퇴고에 진력한다. 주지하는 바와 같이 퇴고는 다음과 같은 몇 가지 목적을 갖는다. 첫째로 글의 부족한 부분을 채우는 첨가(添加), 둘째로 주제와 다르거나 중심소재와 불일치하는 소재나 군더더기 같은 수식어를 없애는 삭제

(削除), 셋째로 문장을 이동시켜 내용과 내용이나 문장과 문장을 비롯해서 내용과 문장 사이의 상관성을 제고시키는 이동(移動), 넷째로 전달 효과를 제고시키기 위해 더더욱 적절한 어휘나 표현으로 바꾸는 대체(代替), 다섯째로 퇴고와 퇴고 사이에 충분한 시간적 간격을 두고 수정해야 효과적이라는 휴지(休止), 여섯째로 매번 퇴고할 때는 특정한 한 가지 종류만 선택해 집중적으로 검토해야 효과적이라는 일회일사(一回一事) 원칙 등으로 갈래지을 수 있다. 이상과 같은 원칙을 머리로 꿰고 정성을 다하는 척 시늉을 했었다. 하지만 매번 발표하는 글이나 펴내는 책에서 지뢰처럼 숨겨져 있는 기초적인 오류들을 대할 용기가 없었다. 그래서 외면하고 지내는 뻰뻰함을 들키지 않으려고 표정 관리를 했다.

친구가 건강을 위해 '글을 쓰지 말라'는 충심 어린 조언을 거듭했다. 그 참뜻이 엄청 고마울지라도 아직 받아들일 준비가 전혀 되지 않았다. 이 시점에서 붓을 꺾고 절필(絶筆)한다는 것은 내 삶의 상당한 부분을 포기하는 것과 다를 바 없기 때문이다. 그러므로 마땅한 대체 방안을 찾을 때까지는 계속할 요량이다. 아직은 눈이 침침하고 오랜 시간 컴퓨터 앞에 쭈그리고 앉아 있는 정신노동이 건강에 해롭다 해도 손을 털고 일어설 수 없다. 무턱대고 글쓰기를 접는다면 나의 존재 이유를 잃는 상실감을 견뎌낼 수 없으리라. 이런 오기로 단호하게 결기를 다지고 또 다지지만 언젠가 툴툴 털고 나서 미련 없이 돌아서는 날 진정 다른 무엇을 할 수 있을까.

2022년 2월 10일 목요일

안티 사이트에 다가가기

온라인상의 가상세계에서 흠이나 모순을 낱낱이 까발리기를 전문으로 하는 안티 사이트(anti site) 얘기이다. 현실 세계에서 잡다한 흠결이나 잘못이 발견되면 합당한 충고를 하거나 도움의 손길을 뻗치는 게 도리이다. 그런 정서임에도 불구하고 안티 사이트에서는 관련 인사나 기업 또는 핫이슈(hot issue)에 대해 쾌도난마 식으로 날 선 비판과 비하로 칠갑할 가능성이 크다. 이처럼 현실의 정서와 정면으로 상충되기 때문에 사회적 통념상의 상궤(常軌)를 벗어나 다툼이나 논쟁의 소지가 될 개연성이 상존한다. 그래서 일 게다. 인정사정없는 고발이나 사이다처럼 시원한 독설에 결을 같이하는 이들이 열광하기도 한다. 한편 반대 입장인 측에서는 지나치게 과도하거나 사실과 다르게 부풀리는 왜곡이라고 질타를 하며 아우성을 치기도 하는 현실이다.

원래 안티(anti)는 그리스어로서 '반대의 뜻'이나 '대립되는 의견'을 뜻하는 안티테제(antithese)의 약자이다. 아울러 사전에서 안티 사이트는 '특정인이나 특정 단체의 가치관, 활동, 행적 따위에 대한 문제점과 비판점을 타인에게 알리는 사이트'라고 정의하고 있다. 이 같은 관점에서 고려할 때 사회적 관심사에 대한 공론 과정에서 자기 의사나 주장을 반영할 기회가 없는 보통 시민들의 의견 개진 창구가 안티 사이트이다. 따라서 사회 권력에 대한 감시와 통제의 시스템이 뒷받침되어야 한다. 이러한 역할을 담당하는 참 기능을 가진다고 할 것이다.

안티 사이트의 대상은 무한하다. 한편 여기서는 대중 매체에서 상대적으로 소홀한 정보를 다루며 나름 건전한 비판을 통해 야무진 해결 방안을 제시한다는 긍정적인 평가를 할 수 있다. 현재 활발한 활동을 하는 영역은 대체로 다음과 같은 분야이다. 첫째로 연예인이나 정치인 등의 특정한 인물에 대한 불만을 쏟아내는 역할, 둘째로 기업의 전략이나 방침을 위시해서 특정 제품에 대한 하자(瑕疵)나 불만을 고발하는 소비자 운동 성격의 역할, 셋째로 그때그때 발생하는 사회적으로 매우 민감한 이슈에 공감하는 네티즌들이 동참하여 의견을 개진하고 대안을 제시하는 역할이 있다. 이 유형은 그 목적이 달성되면 자동으로 사이트가 폐기되고 참여했던 사람들이 일상으로 돌아간다는 관점에서 앞의 두 유형과 사뭇 다르며 오프라인 세계(현실 세계)에서 벼락치기 모임인 플래시 몹(flash mob)*과 유사하다.

안티 사이트에 대한 긍정적인 측면을 생각한다. 특정인의 언행이나 가치관이 도덕률이나 사회적 합의에 반하거나 용인될 수 없을 때 그에 대해 서릿발 같은 질타를 사실대로 생생하게 표출함으로써 들끓는 여론을 곧이곧대로 반영할 수 있다. 여기에 다다르면 당사자는 뼈저린 반성과 성찰을 거쳐 합당한 사죄를 하고, 그를 반면교사로 삼아 거듭 태어나는 순기능의 강점이 있다. 한편 기업의 철학이나 운영 방침이 사회적 가치관에 반하거나 특정 제품에 하자가 많을 경우 다양한 소비자가 불만이나 문제점을 곧이곧대로 지적해 주는 역할이다. 이를 토대로 기업에서는 원성의 대상이 되는 문제점이나 하자의 원인을 제거하거나 부실한 제품의 질을 개선한다면 기업과 소비자가 슬기롭게 공존하는 윈윈(winwin) 전략에 해당된다. 이는 '누이 좋고 매부 좋은' 모양새이다. 또한 그때그때 제기되는 핫이슈에 대한 의견을 수렴해서 한목소리를 내는 방안으로서 사이트 기능이다. 이를 통해 이름 없는 민중의 진솔한 바람이나 천심(天心)을 더덜이 없이 해당 기관이나 당국에서 적극적으로 수용하는 열린 적극적인 자세가 필요하다.

세상에 완전한 존재는 없는 걸까. 긍정적인 관점에서 안티 사이트는 나무랄 바 없어 보인다. '옥에도 티가 있듯'이 현실적으로 이들 사이트에도 적지 않은 문제점이 엿보여 가슴앓이하고 있다. 가상세계는 자기의 정체가 쉬 드러나지 않는다는 익명성(匿名性) 때문일까. 평소 점잖은 사람이 운전대 앞에 앉으면 거친 운전을 하며 주위의 운전자에게 거리낌 없이 욕설을 퍼붓는 폭력성을 고스란히 드러내는 모습을 어렵지 않게 볼 수 있다. 이와 비슷하게 온라인 가상세계에서도 비정상적인 행동 양태를 보일 때가 숱하게 많다. 호오(好惡) 관계없이 온라인상의 여기저기에 댓글을 남기거나 안티 사이트에 자기의 의견을 개진해야 할 기회가 더러 있다. 이 과정에서 입에 담기 어려운 욕설, 상상하기 어려운 왜곡, 새빨간 거짓의 유포와 비방 따위는 반드시 극복해야 할 심각한 병폐이다. 가상공간도 사람 사는 세상이기에 도덕률이나 가치관의 기본이 같아야 한다. 그래야 공존할 수 있기 때문에 기울어진 운동장으로 방치해 둘 수 없다. 물론 이런 부작용에 대처하기 위해 '정보통신망이용촉진 및 정보보호에 관한 법률을 제정(2001년)하여 법적 규제안'을 만들었다. 그렇지만 이 문제는 법 이전의 윤리 도덕의 구현을 위한 선결충족조건이다.

온라인상의 다양한 사이트에 남겨진 댓글이나 안티 사이트에 남겨진 흔적에서 섞여 있는 욕설과 비방, 허위 유포와 왜곡이나 부풀리기 등을 어렵지 않게 목도하게 마련이다. 이를 대할 때마다 현실 세계와 가상세계가 완전히 별개인 세상을 살고 있는 게 아닌가 하는 의구심이 들기도 했다. 그렇지 않다. 둘 다 우리가 살아가는 하나의 세상이다. 따라서 가치관과 도덕률은 같아야 하며 잘못된 부분을 바로잡아야 할 소명은 우리에게 주어진 짐이 분명하다. 이런 심란한 현실이 혼란스러워 지동지서 하던 중에 불현듯 석가여래가 열반 시(詩)로 남겼다는 글귀가 떠올랐다. '다른 사람을 대할 때는 봄바람처럼 부드럽게 하고, 자신에 대해서는 가을 서리처럼 엄격하게 하라'는 '대인이춘풍, 지기이추상(待人以春風, 持己以秋霜)'*을 말한다. 이를 줄여서 춘풍추상(春風秋霜)으로 통용되고 있다. 부질없는 사족은 아예 생략하기로 하고 오늘을 사는 누구든 한 번쯤 되새겨 볼 진솔한 화두가 아닐까.

=====

* 플래시 몹(flash mob) : 특정 웹사이트에 갑자기 사람들이 몰리는 현상을 뜻하는 플래시 크라우드(flash crowd)와 동일한 생각을 가지고 행동하는 집단인 스마트 몹(smart mob)의 합성어이다. 서로 모르는 불특정 다수가 다양한 방법으로 연락하여 약속된 시간에, 약속된 장소에 모여, 계획했던 놀이나 행동을 하고 곧바로 각자의 일상으로 되돌아가는 모임을 뜻한다.

* 석가가 남긴 이 내용을 대략 2천 년 뒤인 명말(明末)에 홍자성(洪自誠)도 채근담(菜根譚)에서 똑같은 '대인춘풍 지기추상(待人春風 持己秋霜)'이라는 말을 남겼다.

2022년 2월 14일 월요일

야생짐승에게 장벽 같은 괴물

야생짐승들에게 다양한 길(도로와 철도)이나 댐을 비롯한 수중보(水中洑)와 하구언(河口堰) 등은 끔찍한 괴물 같은 두려움의 대상일 게다. 이제까지 인간의 욕심에 따라 온 나라에 종횡즉 동서남북 사통팔달로 뚫리는 고속도로와 국도를 비롯해 지방도로나 철도에 둘러싸여 무수한 인공섬이 생겨났다. 이를 다른 관점에서 생각하면 전국의 땅덩어리가 부지기수의 조각으로 쪼개진 교통섬(traffic island)이 만들어진 꼴이다. 이들 시설은 우리에게는 다양한 편의를 제공함으로써 삶의 질을 높이고 나라 발전에 크게 기여했다. 하지만 야생짐승들의 서식환경에는 커다란 재앙의 단초를 제공하는 원흉이 틀림없다.

야수(野獸)들에게는 재앙이 내린 격이다. 동물들은 사회적 인프라(infrastructure) 구축 결과인 다양한 도로로 인해서 생겨난 교통섬에 갇혀 사는 모양새이다. 그들이 또 다른 교통섬에 서식하는 이웃 친구들을 만나거나 헤어진 가족과 합쳐서 생활하려면 때로는 목숨을 거는 위험을 감수해야 하는 환경으로 바뀌어 버렸다. 물론 사람들은 그렇게 갈기갈기 찢긴 교통섬에 갇혀 서식하는 야생짐승들을 위해 생태통로(echo-corridor)를 지형의 특성을 고려하여 선형(線型), 육교 형, 터널형으로 만들어 자유롭게 이동할 수 있도록 조치했다고 항변하기도 한다. 하지만 그 어느 경우도 자연 그대로처럼 완벽할 수 있겠는가.

우리에게 거주이전(居住移轉)의 자유가 있다고 말한다. 하지만 그들은 그런 주장을 할 수 없다. 어쩌면 이에 대해 완전한 자유는 인간보다 야생짐승들이 누려야 할 천부적인 권리가 아닐까. 인간의 탐욕에 따라 발전이라는 미명하에 만들어진 교통섬(인공섬)에 갇혀 살게 만듦으로써 회복 불가능한 폐해를 끼칠 개연성을 도외시할 수 없는 게 작금의 실정이다. 하늘의 이치나 자연의 섭리를 생각할 때 하찮은 미물일지라도 동식물과 어우러져 공존해야 한다. 이런 이유에서 어떻게 대응해 나가야 할지 지혜를 모아 슬기로운 접근 방법을 진지하게 모색해 볼 필요가 있지 싶다.

야생동물은 인간의 도로교통법엔 까막눈이다. 그에 비해 우리는 길을 걷거나 건널 때도 교통법규를 준수하도록 규정하고 있기 때문에 어떤 길에 나서도 운전 규칙과 정해진 신호를 정확히 지킨다. 만에 하나라도 이들을 어긴다면 치명적인 사고로 이어질 위험 때문에 누구도 등한시하는 법이 없다. 도로교통법이나 자질구레한 운전 법규는 오로지 사람끼리 약속일 따름이다. 야생짐승들은 그런 법규나 약속을 알 턱이 없다. 그런 상태에서 움직이고픈 본능이 시키는 대로 움직이다가 우연히 자동차 길에 들어서 위험을 감지하지도 못한 채 참혹하게 비명횡사하는 로드 킬(road kill)이 끊임없이 빈발한다. 흔히 결자해지(結者解之)라는 말을 자주 한다. 멀쩡한 땅 위에 일방적으로 각종 길을 뚫고, 댐을 만들며, 수중보나 하구언 같은 괴물을 만든 것은 인간이다. 이 때문에 유발될 위험이나 사고 방지책의 책임은 원인 제공자의 몫이 틀림없다. 그럼에도 현재 상당 부분을 외면한 채 방기하고 있음을 어떻게 합리화시켜 설명해야 할까.

우리의 길을 생각한다. 현재 우리나라의 철길과 자동차 길은 질과 양적인 관점에서 지구촌 어느 나라에 비해서 많이 앞선 때문에 지난날의 사정에 견주면 상전벽해의 변화를 절감한다. 이로 인해 야생동물들은 수 없는 조각으로 나뉜 형국의 인공섬(교통섬)에 갇힌 모양새로 열악한 환경에서 어렵사리 목숨을 연명하는 현실이다. 우리의 눈에는 아무렇지도 않아 보일지 모른다. 그러나 엄밀한 의미에서 볼 때 서식환경의 파괴와 훼손, 이동의 제한, 먹이사슬 파괴, 생태계 교란, 짝짓기 어려움과 근친교배 따위의 문제가 매우 심각하다. 이런 까닭에 종(種)의 유지에 심각한 문제가 대두되어 생태계 혼란과 멸종 등을 심각하게 고민해야 할 지경이 이르렀다.

인간 사회에서도 특정한 제도의 도입이나 시설이 일부에게는 복음 같은 축복이며 내일을 기약하는 희망의 불빛이 되기도 한다. 그럴지라도 반대 처지에 처한 이들에게는 재앙의 단초로 비극의 씨앗이 되는 경우도 숱하다. 지구촌 모두가 함께 공존해야 한다고 목소리를 높여도 그 가치관은 거의 민족이나 국가라는 울타리를 넘기 무섭게 공염불이 되는 경우를 수없이 목도해왔다. 이런 측면에서 대의를 내세우며 탐욕에 집착하면서도 짐짓 그렇지 않은 척하고 자신만을 생각하고도 공존을 고민한 척 행동했던 게 아닐까. 속 좁게 목전의 사적인 이(利)를 취하려고 목을 맸으면서도 겉으로는 공공의 이익을 위해 최선을 다한 협객처럼 비치기를 바랐던 게 숨겨진 민낯이 아닐까. 이 같은 기막힌 처세에 시나브로 길들여진 터수에 야생짐승이 밀착 돌봄의 대상이 되어 기득권의 상당 부분을 통 크게 내려놓거나 많은 것을 잃어야 한다면 어떻게 대응할지 자못 궁금하다.

2022년 2월 16일 수요일

2G 폰의 비애

입때까지 2G 폴더폰(2nd generation folder phone)을 사용하고 있다. 주위에서 이를 사용하는 사람이 거의 없다. 그럼에도 전화기란 음성으로 정보를 주고받는 기기(機器)라는 고전적인 생각의 틀에 갇힌 연유인지 별로 불편을 느끼지 않는다. 왜냐하면 필요시 언제든지 상대방에게 목소리 정보를 전하는 원초적 기능에다가 간단한 문자 정보까지 주고받는 기능을 지닌 구식 폰(phone)으로도 부족함이 없다고 여기기 때문이다. 그 외에 장문의 문자나 서류 따위는 컴퓨터로 주고받는 버릇이 굳어진 자연스러운 결과이리라. 하지만 일취월장을 거듭한 스마트폰(smartphone)이 기존의 컴퓨터 역할을 대신한다는 엄연한 현실을 꿰뚫으면서도 애써 외면하고 딴청을 부리는 꼴이다. 공연한 옹고집을 피우는 사이 부지불식간에 첨단문화 혜택에서 점점 소외계층으로 몰려 디지털 이주민(digital immigrant)으로 추락하며 한 세대 뒤진 삶에 갇혀 허우적거리는 모양새로 추락해 가고 있는 게 아닐까.

아내를 비롯해 주위의 모두가 스마트폰으로 바꾸라는 끊임없는 성화로 귀에 딱지가 앉을 지경이다. 그동안 공부를 계속하며 일했던 분야가 컴퓨터 쪽이다. 그래서 일상을 컴퓨터와 인터넷에 의존하는 까닭에 스마트폰이 절실하지 않아 관심을 두지 않고 무시해왔다. 게다가 기기가 저렴함은 물론이고 유선 전화와 인터넷을 위시해서 폰 요금까지 모두 합해 매월 2만 원 미만으로 엄청 저렴하다는 메리트(merit)가 있다. 이 외에도 사업을 한다거나 즉각적인 의사결정이 필수적인 지위가 아니라는 핑계로 심각하게 생각해 보지 않았다.

이때까지 정치나 사회운동과는 담을 쌓고 살아왔다. 그런 처지라서 사상이나 정치 분야의 어느 편에도 가담했던 적이 없어 누군가에게 척을 지거나 미운털이 박혔을 까닭이 없다. 그럼에도 남들과 다른 점이 있다면 유행 지난 폰을 사용하는 별종이라는 사실을 들 수 있겠다. 그래서일까. 내게는 당국에서 국민을 대상으로 발송하는 긴급재난정보(지진, 태풍, 호우나 폭설, 질병 관련 정보(코로나 발생 현황 및 대처요령))가 전송되지 않는다. 왜 그런지 따져보고 싶지만 어디로 연락해야 하는지 막막해서 포기했다. 참으로 신기하게도 '보이스피싱' 경고 문자는 꼬박꼬박 날아든다. 만일 '긴급재난정보' 알림 문자를 '2G 폰' 사용자는 제외하고 발송된다면, 이는 분명한 차별로 바로잡아야 할 것이다. 구닥다리 폰을 사용하면서 겪었던 사연 몇 가지이다.

여기저기서 청첩장(예식장 지도가 그려진)이나 각종 사진을 폰으로 전송해온다. 이 경우 폰의 화면이 작아 판독이 불가능할 뿐 아니라 축소 확대의 기능이 없어 한바탕 야단법석을 떨어야 한다. 발송자에게 직접 연락하여 아내의 전화번호(아내는 스마트 폰을 사용함)로 다시 전송해 달라고 부탁해서 확인하는 과정이 꽤나 번거롭고 까다롭다. 또한 많은 지인이 왜 카카오톡을 하지 않느냐고 물어온다. 그럴 때마다 폰에 문제가 있음을 시시콜콜 변명하기 싫어 구렁이 담 넘어가듯 얼버무리며 알 듯 모를 듯한 애매한 웃음으로 대신한다.

며칠 전에 발생했던 해프닝(happening)이다. 멀리 사는 L 수필가가 파리바게트 빵을 보냈다는 메시지가 왔다. 고맙다는 답신을 하고 내게 전송된 메시지를 아내의 폰으로 옮겨 확인하려했다. 한데, 특정한 앱을 설치하라는 메시지가 떴다. 몇 번 시도하다 실패하고 명시된 전화번호와 연결을 시도했다. 그러나 휴일이라서 불가능해 주말을 지나 통화했다. 본인의 폰이 아니면 수령이 불가능하므로 선물 보낸 사람에게 연락하여 취소시키라는 안내를 했다. 부랴부랴 서둘러 L 수필가에게 연락해 미주알고주알 사뢰고 취소시키는 부산을 떨었다. 공연한 아집으로 아날로그 시대(analog age)를 벗어나지 못한 채 디지털 시대

(digital age)로 밀려온 어정쩡한 이주민으로 전락한 게 아닌가 하는 웃픈 기분이 휩싸여 씁쓸했다.

가끔 다양한 연(緣)이 닿는 곳에서 여론조사나 혜택을 주겠다는 안내와 함께 특정한 사이트에 접속하라는 메시지가 심심치 않게 날아든다. 이럴 경우 꼭 필요하다 싶으면 아내 폰으로 옮겨서 확인하고 나서 필요할 경우 해당 사이트에 접속한다. 한데, 이런 유형의 메시지나 안내는 거의 소용없어 미련을 두지 않고 곧장 삭제해 버린다.

나처럼 한물간 폰을 사용하는 사람을 만나면 왠지 반갑기도 하다. 동병상련의 처지에 놓인 이들이 겪는 심정을 교환해 보고 싶어도 쉽지 않다. 내 주위에 부산의 M 스님도 나처럼 구닥다리 폰을 사용하신다. 어쩌면 나와 엇비슷한 마음일 터이지만 대세를 거스르면서 언제까지 독야청청할 수 있을까. 이제까지 경험했던 시대적 정신이나 문화적 추세는 도도한 물결처럼 밀려와 거역할 수 없는 경우가 숱하다. 마찬가지로 첨단기기나 대중문화에 무턱대고 역행하거나 배척하는 행위는 변혁에 제대로 대응하지 못해 원시인이나 별종 취급을 당하기에 십상이다. 게다가 통신사마다 머지않아 2G 폰 서비스를 종료할 것으로 알려지고 있다. 한편 남녀노소를 불문하고 시도 때도 없이 휴대폰에 매달리는 문화가 함축하는 진정한 의미를 되새기면서 변화의 물결에 선제적으로 대응하는 전향적인 자세가 현명할지 모른다.

이런 이유에서 아직도 함량 미달의 옛 폰을 고집함으로써 옹고집의 색채가 뚜렷한 나 자신부터 미래를 내다보는 혜안이 무엇보다 우선으로 요구되는 덕목일지 모른다. 이런 생각의 이면(裏面) 고백이다. 다수가 모인 자리에서 선뜻 폰을 꺼내 들기를 꺼린다. 폐기 직전의 폰이 눈에 띄는 순간 외계인 대하듯 표변하는 눈초리가 부담스러워 궁싯대는 요상한 버릇이다.

2022년 2월 28일 월요일

봄이 오는 길목에서

벌써 봄이 내 곁까지 파고들어 화들짝 놀랐다. 며칠 전까지 춥다고 웅크린 채 손이 시려 양손을 마주 잡고 비비며 등산길을 오르내렸다. 게다가 마음조차 꽁꽁 얼어붙어 계절의 봄은 아직이라고 여겼다. 그런데 어제 등산을 다녀오다가 아파트 경내의 외 돌아진 곳으로 길머리를 틀고 걷다가 깜짝 놀랐다. 언제 피었는지 매화와 산수유가 만개하여 봄바람에 하늘하늘 마냥 평화로웠다.

어제와 오늘 유난히 따스해 되레 햇볕이 부담스러웠다. 오가는 등산길에서 가능한 숲길을 찾아 숨어드는 자신이 어이없어 쓴웃음을 지으며 주위를 둘러봤다. 저 멀리엔 아지랑이가 일렁이는 듯한 착각이 들 정도였다. 사실 오늘이 제20대 대통령 선거 투표일이다. 신종 코로나바이러스 감염증(코로나19)을 우려해 미리 사전투표를 했던 때문에 신경 쓰지 않고 편안한 마음으로 등산을 나설 수 있었다.

봄기운이 완연했다. 그래도 아직 나뭇가지에 새잎이 피어나고 고목의 우듬지에 새순이 돋으려면 한동안 다소곳이 기다려야 할 분위기이었다. 비교적 일찍 새잎이 돋는 찔레꽃 덩굴도 겨울잠에서 깨어나지 않았는지 파릇한 모습을 찾기 어려운 지금이다. 또한 봄이 오면 어떤 나무 보다 서둘러 '고양이 꼬리 모양의 수꽃'을 피워 미상꽃차례(尾狀꽃次例) 즉 미상화서(尾狀花序)를 이루는 오리나무의 신기한 자태마저도 진득하게 뜸을 들여야 할 모양이었다. 보통 사람들이 미상화서라고 호칭하는데 전문용어로는 유이화서(葇荑花序)라고 부른단다. 이런 절기적인 특성 때문일까. 스무 해 남짓 오가던 등산로 초입의 진달래 군락지 역시 아직도 잠에 취했는지 부산한 낌새가 없었다.

봄은 분명 희망이고 축복이며 역동적인 생의 향연 시발점이다. 어김없이 꽃이 피고 새싹과 새순이 돋는가 하면 들짐승이나 새들이 짝짓고 새끼를 치는 사랑의 계절로 탄생의 고고한 함성이 넘쳐나는 계절이다. 이런 연유에서 높고 낮음이나 부자와 가난을 비롯해 알고 모름과 관계없이 자기의 자리와 위치에서 새로운 세상과 꿈을 그리는 희망의 시절이리라. 봄을 사람에 비유한다면 무한한 내일을 꿈꾸는 청소년에서부터 이제 막 사회생활에 첫발을 내디딘 풋풋하고 진취적인 청춘들이 아닐까.

언제 어디서 만나도 싱그러운 청소년이나 의 주역이 될 지성인들과 풋풋한 사회 초년생들의 아름답고 활기찬 모습이 더할 수 없이 믿음직하고 든든하다. 순진 발랄하고 청초한 초등생, 떠꺼머리총각 냄새가 물씬 풍기며 때로는 시큼 달콤해도 제 몫을 해내는 중고교생인 청소년, 젊은 지성을 대표하는 대학생, 내일을 이끌 재목으로 자리 잡을 사회 새내기 등이 그들이다. 밝고 맑으며 세속에 물들지 않은 청청한 그들에게서 장엄하게 솟아오르는 태양의 기상과 휘영청 밝은 보름달의 꽉 찬 모습이 엿보여 우리의 내일은 양양하지 싶다.

젊음을 봄이라면 노년은 겨울 언저리와 비견될 수 있지 않을까. 왠지 푸석푸석하고 생기를 잃은 처연함에 따른 생각이다. 장수 시대가 도래하면서 나이는 숫자에 불과하다는 덕담을 많이 한다. 그러나 설자리를 찾기 어려운 처지로 전락해 동정의 대상으로 추락한 게 아닐까 하는 자괴감을 떨치기 어렵다. 운이 좋은 축들은 노란 조끼를 걸치고 길거리 쓰레기를 줍거나 잡초를 뽑는 공공 일자리를 꿰차기도 한다. 그런 기회마저 얻지 못하는 경우 폐지나 재활용품 수집으로 날이 새고 저무는 서러운 이들도 부지기수이기에 불뚝대는 구시렁거림이다. 뚜렷한 묘책이 펼쳐지지 않는 한 노인은 우리 사회의 무거운 짐이라는 현실을 벗어나기 어려운 지금이다.

우리 동네 아파트 단지의 자투리땅에 조성된 조각공원 몇 군데가 있다. 사시사철 노인들이 삼삼오오 모여 우두커니 앉아 소일하는 장소이다. 그런 때문에 날씨가 추운 겨울이나 무더운 여름엔 무척 안쓰럽다. 늘 그렇게 생각하고 지나쳤는데 어제는 상당히 충격적인 장면을 목격했다. 완연한 봄날이라고 하지만 야외에 홀로 앉아 식사할 날씨가 아니었다. 그런데 등산을 마치고 돌아오다가 아무도 없는 텅 빈 조각공원의 긴 의자에 웬 할머니 한 분이 혼자 앉아서 점심을 들고 계셨다. 집에 혼자 갇혀있는 게 답답해서 손수 점심 도시락을 가지고 나오셨을까 아니면 누군가가 외출하도록 부추기지는 않았을까. 믿기지 않아 멀찍이서 숨을 죽이고 지켜보다가 대응책이 마땅찮아 발길을 재촉해 집으로 향했는데 여태까지도 마음이 무겁다. 따스한 봄이 오는 계절이다. 그렇지만 그런 할머니들에게도 진정 따스한 봄이 곁으로 다가올까.

봄이 오는 길목에서 내일이면 누군가가 새로운 대통령으로 탄생한다. 여야를 막론하고 마구 쏟아냈던 선심성 공약이었을지라도 꼭 지켜 약자든 강자든, 배움이 많고 적든, 재산이 많고 적든, 나이가 적든 많든, 서(西)든 동(東)이든, 여든 야든 상관하지 않고 모두에게 공평한 정치를 펼쳐 태평성대를 이루기를 소망한다. 일찍이 예기(禮記)의 공자한거편(孔子閒居篇)에서 이르는 삼무사(三無私)가 불현듯 떠올랐다. '하늘은 사사로이 덮어줌이 없고(天無私覆), 땅은 사사로이 실어줌이 없고(地無私載), 해와 달은 사사로이 비춰줌이 없고(日月無私照)'를 일컫는다. 곱씹고 또 곱씹어 봐야 할 일깨움을 다 함께 되새겨 보면 어떨까.

현대작가, 제12호, 2022년 6월 25일
(2022년 3월 9일 수요일 오후 3시 55분)

수필가가 되고픈 수필가

글을 쓴답시고 컴퓨터 앞에 쪼그리고 앉아 자판 두드리기를 즐긴다. 하지만 글로 밥을 버는 전업 작가와는 격과 결이 사뭇 다른 이름 없는 장삼이사의 충수꾼으로서 글 농사를 짓는 시늉은 내지만 엄밀히 말하면 어정잡이일 따름이다. 애초부터 다부진 결기를 다짐하며 매달렸음에도 재능이 부족한 데다가 게으른 천성 때문에 적지 않은 세월이 지났어도 글 동네의 변방 언저리를 겉돌지라도 서럽다거나 포기하지 않는다. 왜냐하면 생의 후작(後作)으로 택한 일에서 폐농(廢農)일지라도 도전하고 싶고 잘할 수 있으며 걷고 싶은 길을 가는 기꺼운 여정이기 때문이다.

수필을 겨냥해 넌지시 넘겨다보며 문학지의 신인상에 공모에 참여했던 게 벌써 스무 해째에 접어들었다. 지천명(知天命)의 중반 무렵 정년 이후에 수필과 연분이 나서 눈에 띄는 문예지

두 곳에 신인상 공모하여 당선이라는 절차를 거쳐 글쟁이의 외형적인 자격을 갖추는 요식절차를 마무리했다. 그 후 애정을 가지고 천착(穿鑿)을 거듭해왔지만 타고난 재능이 따라주지 못하고 절절한 노력이 턱없이 모자랐나 보다. 그 때문일까. 여태까지 어연번듯한 결실 하나 없이 빈 쭉정이만 손에 움켜쥔 채 세월만 갉아먹은 모양새이다. 그런 까닭에 누구나 즐겨 읽을 반듯한 작품의 기대는 백년하청으로 허황한 꿈의 노예로 전락하는 것은 아닌지 영 자신이 없다.

민족상잔의 전쟁이라는 6·25를 겪던 질곡의 세월에 성장하며 배움을 지속했던 불행한 세대로서 문학에 관심을 가질 여력이 거의 없었다. 그런 때문에 중고교에서 배운 내용이 지금도 뇌리에 강렬하게 각인되었다. 그 시절 교과서나 주위에서 접했던 수필 중에 김진섭의 백설부, 이양하의 신록 예찬, 피천득의 인연, 민태원의 청춘 예찬 등이 언뜻 떠오른다. 아울러 안톤슈낙(Anton Schnack)의 '우리를 슬프게 하는 것들'도 생각난다. 언제부터인지 모르지만 수필은 누구나 자기의 생각이나 삶을 형식에 얽매이지 않고 풀어낼 수 있다는 점에 매료되어 지속으로 가까이 접해왔던 까닭에 친근해져 이 세계에 발을 내디뎠다.

온갖 궁리를 해봐도 현재 가장 잘할 수 있으며 즐겁고 보람된 일이 글쓰기이다. 여기에 몰입하면 잡다한 일상을 잊어 평화롭고 이런저런 제약이나 간섭이 없으며 사념의 세계에 푹 빠질 수 있다는 안도감에 더더욱 정이 간다. 이런 이유에서 일터에서 내려선 뒤에 거의 매일 매달리는 일 두 가지가 있다. 그 하나는 동네 뒷산으로 왕복 10km 남짓한 노정의 등산이다. 이에 버금가는 즐거움이 글을 쓰려고 컴퓨터 앞에 앉아 있는 일이다. 이들 둘 중에 어느 하나도 포기할 수 없는 낙(樂)이고 보람으로 요즘을 사는 이유이기도 하다. 이에 대한 외형적인 얻음일까. 육체적이나 정신적으로 건강을 지킬 수 있었다. 한편 그동안 썼던 글을 모아 펴낸 수필집이 여러 권이다. 하지만 냉철하게 따져보면 겉으로 풍성하게 비치지만 한 꺼풀 벗겨보면 텅 빈 상태로 외화내빈을 면치 못하고 있다. 조금만 파고들면 제대로 된 글이 하나도 없는 부끄러운 상태로 너무 부실해 남의 눈에 띄지 않도록 꼭꼭 숨겨두고 싶다.

같은 책을 출판하는 데도 사정은 완전히 반대였다. 대학에서 전공 서적을 30여 권 집필했었다. 그때 원고를 출판사에 넘기면 원고료와 함께 출판한 뒤에 판매 부수(部數)에 따라 매년 꼬박꼬박 인세를 통장으로 입금해 줘서 그 수입이 쏠쏠했다. 그런 까닭에 출판비를 신경 쓸 필요가 없었다. 그런데 이름이 알려지지 않은 무명의 글쟁이가 허접한 수필집을 발간할 때마다 출판비 부담은 상당한 골칫거리였다. 그것도 한두 권이 아니고 무려 17권에 대한 출판비 조달 문제는 녹록지 않았다. 연금으로 삶을 꾸려가는 퇴직자이기에 책이 출간될 때마다 출판사 사장과 아내의 눈치를 봐야 하는 고약한 처지로 전락한 게 맹랑했다. 하늘이 무너져도 솟아날 구멍이 있게 마련이던가. 고맙게도 지금까지 아내는 꼬치꼬치 따지지 않고 무언의 응원을 보내주며 모르는 척 넘겨줬다. 앞으로도 몇 권의 책을 더 출간할지 몰라 편치 않다.

글 동네에서 마주했던 낯설고 어색했던 문화의 단면이다. 소위 등단 이후에 거의 활동이 없어 변변한 작품 한편도 없는 처지에 연조(年祚)가 오래되었다는 이유 하나로 원로 대접을 받으려 드는 이상한 문화가 무척 낯설고 동의하기 어려웠다. 물론 연장자로서 대접은 별개이다. 한편 다른 분야에서 성공을 거두었던 이들이 뒤늦게 문단에 발을 들이민 신출내기 주제에 대가(大家)인체 거드름을 피우며 군림하려 드는 몰염치는 어불성설로 도저히 받아들이기 어려웠다. 이런 이유에서 작가란 나이의 적고 많음에 관계없이 작품으로 평가받아 존경의 대상이 되는 게 합당하다는 평범한 진리가 빨리 상식으로 똬리를 틀기를 염원한다.

등단 이후에 적지 않은 책을 출간해냈음에도 제대로 된 글 하나 쓰지 못했기 때문에 적당한 선에서 터무니없는 꿈을 접고 다른 길을 모색하는 게 현명한 대응이고 정답이리라. 머리로는 그렇게 생각하는데 마음이 따르지 않아 미련곰탱이처럼 오늘도 글에 목을 매고 컴퓨터와 씨름을 거듭하는 내가 정상일까. 그런데 이름 없이 어정잡이 글쟁이로 살아왔건만 가는 세월의 쌓임에 연유하는지 모르겠다. 이따금 이런저런 문연(文緣)으로 이어진 이들이 어떤 단체나 개인의 지지에 대한 연대 서명이라든가 특정한 이슈나 사안에 대해 견해를 피력하는 합동성명을 낼 요량인데 동참해 달라는 연락이 온다. 그럴 때면 정중히 거절한다. 왜냐하면 글 동네에 겨우 발붙이고 있는 터수에 어림도 없는 같잖은 행동이라는 믿음을 지키기 위함이다. 제대로 성숙하지 않은 상태에서 경거망동은 자멸의 길이며 사람의 도리가 아니라는 판단에서 단호히 내치려 든다. 이럴 경우에 처하면 봄꽃의 우두머리라고 하여 화괴(花魁)로 불리는 매화를 예찬한 말이 생생하게 떠오른다. 예로부터 '매화는 일생을 춥게 살아도 향을 팔지 않는다'라는 의미에서 매일생한불매향(梅一生寒不賣香)라고 이르며 참다운 자성을 일깨웠다.

흔히들 어제의 꿈은 오늘의 희망이고 내일의 현실이라고 얘기한다. 이런 마음가짐에서 앞으로 맞을 10년쯤까지 도를 닦는 심정으로 절실하게 매달리다 보면 해탈의 경지에 이르러 올곧은 수필 한 편이라도 건지는 행운을 누릴지도 모르는 일이다. 그리 되려면 언필칭 수필가가 아니라 '수필가 다운 수필가'로 거듭나는 각고의 노력이 뒷받침되어야 할 터인데 그런 열정과 끈기와 재능이 남아있는지 모르겠다. 어찌 되었든 황혼의 세월에 갈 수 있는 단 하나뿐인 외길이기에 호불호와 관계없이 걸어야 할 운명이기도 하다.

현대작가, 제13호, 2022년 9월 23일
(2022년 3월 23일 수요일)

이등병의 편지라는 노래를 듣다가

이등병의 편지(김광석)라는 노래가 TV에서 읊조리듯 흘러나왔다. 나와 직접적인 관련이 없다고 생각했는데 오묘한 흡인력이 가슴 깊이 갈무리된 채 잠에 빠졌던 50여 년 전의 추억을 소환해 냈다. 대학을 졸업하던 해(1969) 초여름 어느 날 훈련소로 향했다. 뒤늦은 입영인 때문에 떠벌릴 계제가 아니라서 입영통지서를 받고도 발설하지 않고 꼭꼭 숨겼다가 입대 전날 부모님께 대충 열흘에 걸쳐 여러 도시에 사는 친구들을 두루 만나고 오겠다는 말씀을 드리고 청주에 가서 고교 동창 몇을 만난 이튿날 증평에 자리했던 향토사단의 신병교육대에 곧바로 입소해 군번(64007778)을 받고 군인이 되었다.

육 남매 중에 외아들로 태어나 누구보다 부모님 사랑을 듬뿍 받았던 과도한 사랑이 되레 부담되었다. 그런 처지라서 걱정을 많이 하실 것 같다는 핑계를 대고 은근슬쩍 집을 나와 그다음 날 곧바로 군에 입대했다. 친구들을 만나고 돌아오겠다고 했는데 연락이 없어 궁금하던 차에 '집을 떠날 때 입었던 옷과 신발'이 군(軍)으로부터 보내와 입대 사실을 비로소 아셨던 것이다. 내 깜냥에는 가당찮게 소란을 떨고 싶지 않았을 뿐 아니라 당면한 문제를 자력으로 해결하겠다는 궁리에 따라 다분히 계산된 행동이었다. 그런 판단의 연장선상에서 부모님을 비롯한 자매 누구도 군 생활을 하는 동안에는 면회를 오지 못하도록 했다. 그뿐 아니다. 또한 그 시절에는 단 한 번도 부모님께 용돈을 보태 달라고 손을 내밀었던 적이 없다. 게다가 두 번의 정기휴가 기간에도 역시 마찬가지였다.

북에서 남파되었던 김신조 일당 때문에 자그마치 3년의 군 복무를 했다. 하루도 모자라거나 남지도 않게 아귀를 맞춰서 정확히 3년을 꽉 채우던 날 가까스로 제대했다. 신병훈련소를 거쳐 김해 공병학교에서 주특기 교육(콤푸레셔)을 수료하고 부산의 부대에 배치되었다가 만기 제대했다. 내세워 자랑할 처지가 아닌 주제라서 부모 형제의 면회는 천부당만부당한 일이라고 판단되어 몽니 부리듯 단호하게 거절했다. 부모 형제와 달리 친구들은 부산을 방문할 때마다 잊지 않고 찾아와서 힘겨워 쩔쩔매는 내게 격려와 용기를 북돋아 주곤 했다. 비록 졸병이었을지라도 운신의 폭이 비교적 넓고 선택의 여지가 컸던 때문에 그렇게 행동할 수 있었으리라. 한편 남들은 군대 시절 얘기라면 밤을 꼬박 새워도 모자란다지만 내 경우는 얘깃거리가 궁해 평소에는 그쪽 얘기라면 아에 입을 꼭 닫고 지내는 편이다.

지금 불혹(不惑)의 중반에 접어드는 작은 아이가 입대했을 때를 회상만 해도 끔찍하다. 훈련소에서부터 적응하기 어렵다며 징징대더니 자대 배치를 받고는 부대는 물론 맡은 바 임무가 적성에 맞지 않을 뿐 아니라 몇몇 선임병의 처사가 부당하다는 불만을 툭하면 마구 쏟아내기 일쑤였다. 사사로운 불만이나 어려움을 들어줄 방법도 능력도 없는 처지에 가슴이 아파 막막할 따름이었다. 그럴 경우 기껏 해줄 수 있는 게 "참고 견디다 보면 고참이 될 것이며 그리 위치가 변하면 지금보다 훨씬 적응하기 쉬울 것이라"라고 위로와 함께 안정을 얻을 수 있도록 조언할 수밖에 뾰족한 묘방이나 대책이 없었다. 참으로 안타까운 일로서 몹시 불안할 따름이었다. 그렇지만 엄밀하게 따지고 보면 그 상당 부분은 진득하게 기다리면 물이 흐르듯 해결될 골칫거리였다. 아이는 그런 지혜와 인내력이 턱없이 부족했다. 지난날 내가 겪었던 군 생활에서는 그보다 훨씬 어렵고 힘들어도 겉으로 드러내지 못한 채 속으로 끙끙 앓으며 끌탕을 치다 보면 세월의 흐름과 함께 해결되었다.

까마득한 어린 시절 지켜봤던 기억의 단면이다. 6·25 전쟁이 휴전으로 기울 무렵 군에 입대하려 집을 떠날 장정(壯丁)의 주위에 동네 사람들이 모여 태극기를 흔들면서 전장(戰場)으로 떠나는 이의 무운을 빌며 만세를 부르거나 격려하고 용기를 북돋아 주기도 했다. 그에 비해 정작 부모나 가족은 눈물 콧물을 흘리며 통곡하는 경우가 다반사였다. 전장에서 목숨을 잃는 불상사가 허다했기 때문이다. 지금은 휴전 상태가 튼실하게 자리 잡아 태평성대로 의무복무 기간이 정해져 때가 되면 제대가 된다. 하지만 그 시절에는 의무복무 기간이 유명무실해 몇 년 동안 전장을 떠돌아야 할지 기약할 수 없는 암울한 전시(戰時)이었기에 기를 쓰고 입대를 기피하려고 발버둥 쳤지 싶다.

세월 따라 가치관이나 의식이 몰라보게 달라짐으로써 자칫 잘못 언행을 했다가는 꼰대 짓으로 매도되어 지탄의 대상으로 몰릴 개연성이 높다. 아무리 그렇다 해도 같은 시대 같은 세상을 공존하는 처지임에도 젊은이들이 추구하는 바나 생각이 너무도 많이 달라 완전하게 동화되기 어렵다. 구구절절한 노랫말에 전적으로 공감하다가도 이따금 정제되지 거친 언행을 스스럼없이 쏟아내는 모습이 낯설어 허둥대는 게 전형적인 꼰대질의 본보기가 아닌지 내심 뜨끔하기도 하다.

참으로 좋은 노랫말이다. '집 떠나와 열차 타고 훈련소로 가는 날 / 부모님께 큰절하고 대문 밖을 나설 때 / 가슴속엔 무엇인가 아쉬움이 남지만 / 풀 한 포기 친구 얼굴 모든 것이 새롭다 / 이제 다시 시작이다 젊은 날의 생이여 / ……' 이런 노래의 정서와 함께 젊음을 구가했던 내 아들의 아들인 손주가 군에 입대할 무렵이 되면 어떻게 변할지 자못 궁금하다. 그 손주가 올해 중학교 3학년이기 때문에 불과 몇 해 뒤에는 징집 대상자가 될 터인데. 하기야 예전에 비해 많이 달라진 군의 현재 환경에 대해서 또다시 대폭적인 개혁대책이 추진될 예정인 데다가 의무복무 기간도 더욱 짧아질 전망이란다. 게다가 급여를 비롯한 대우도 놀랄 만큼 개선될 것으로 알려졌다. 그런 세월이 도래할지라도 군이라는 특수성 때문에 '이등병의 편지' 같은 노래는 지금처럼 젊은 이들의 가슴속 깊이 똬리를 틀고 열렬한 지지를 받으며 널리 불리는 문화는 중단 없이 지속될 게다. 불후의 명곡처럼 말이다.

2022년 3월 25일 금요일

술에 대한 여담

세상에 술처럼 다양한 모습과 천(千)의 얼굴을 가진 기호식품이 또 있을까. 게다가 일반적인 기호식품은 희로애락의 특정한 상황에 한정해서 어울린다. 이에 비해 술은 상황을 가리지 않고 모든 경우에 찰떡궁합을 자랑한다. 그 오묘한 세계와 만남이다.

술은 마시고 나타내는 행태나 사람의 꼴을 곱지 않은 시각의 호칭 몇 가지이다. 흔히들 '술을 잘 마시는 사람'을 주호(酒豪), 술꾼, 음호(飮豪), 주선(酒仙)이라고 한다. 한편 '술을 늘 대중없이 많이 마시는 사람을 놀림조로 이르는 말'이 모주망태이다. 또한 '술에 몹시 취해 정신을 가누지 못하는 상태 또는 그런 사람'을 고주망태라고 한다. 그런가 하면 '술을 아주 많이 마시는 사람을 비유적으로 이르는 말'이 술 포대, 술고래, 고래, 모주망태, 술꾼이다. 이 외에 '한량없이 많은 술 또는 그만한 술을 마신 상태나 그만한 주량'을 억병이나 억백이라고 호칭한다. 아울러 '술이나 잠에 몹시 취해 정신을 차리지 못한 채 몸을 못 가누는 모양'을 곤드레만드레 혹은 곤드레라고 얘기한다.

지구촌에 존재하는 술은 헤아리기 어려울 정도일 게다. 하지만 이들을 크게 갈래지을 때 양조주(막걸리, 약주, 청주, 맥주, 포도주), 증류주(위스키, 보드카. 럼, 브랜디, 데킬라), 혼성주(진, 인삼주, 매실주, 오가피주, 각종 칵테일 주)로 가름할 수 있다. 그런데 술의 성격에 따라 '축하하는 뜻을 나타내기 위해 함께 마시는 술'을 축하주 또는 축주(祝酒)라고 하며, '벌로 먹이는 술'이 벌주, 벌술, 벌배, 벌작(罰酌)이다. 그런가 하면 '윗사람이 아랫사람에게 주는 술'이 하사주(下賜酒)이다. 또한 '매우 독한 술 또는 독약을 탄 술'을 독주(毒酒) 혹은 독배(毒杯)라고 한다. 한편 술을 혼자 마시는가 혹은 누군가와 함께 마시는가에 따라 이렇게 구분하고 있다. 요즘 신조어인 혼술처럼 '따라 주거나 권하는 상대가 없이 혼자서 술을 마심'을 독배(獨杯)나 독작(獨酌) 혹은 자작(自酌)이라고 하고, '마주 대하고 술을 마심'을 대작(對酌)이나 대음(對飮)이라고 한다. 또한 폭음(暴飮)은 '술을 한꺼번에 많이 마심'을 뜻하고, 폭주(暴酒)는 '가리지 않고 아무것이나 마구 마심'을 의미한다. 아울러 제조 방법에 따라 섞어서 마시는 폭탄주(爆彈酒)도 있다.

인류의 역사와 함께 해온 술에 대한 예찬이나 경계했던 예는 부지기수이리라. 고대 중국에서는 '술을 좋아하는 사람'을 주인(酒人)이라 부르며 삼등구품(三等九品)으로 그 품격을 갈래지었다. 먼저 상등(上等), 중등(中等), 하등(下等)의 삼등(三等)으로 나뉜다. 그리고 삼등을 각각 3가지로 구분해서 구품으로 나눴다. 결국 가장 상위인 상등은 주성(酒聖), 주선(酒仙), 주현(酒賢) 등 셋으로 세분하고 있다. 한편 가운데인 중등을 다시 주치(酒痴), 주광(酒狂), 주황(酒荒) 등 셋으로, 가장 아래인 하등을 주도(酒徒), 주풍(酒瘋), 주적(酒賊) 등으로 세분하여 구품(九品)으로 정의하고 있다. 한편 우리나라의 경우 청록파(青鹿派) 시인이었던 조지훈은 바둑처럼 '술의 격을 구분해 급(級)과 단(段)으로 구분'하기도 했다. 초급부터 9급(학주(學酒), 반주(飯酒), 수주(睡酒), 색주(色酒), 상주(商酒), 은주(隱酒), 민주(憫酒), 외주(畏酒), 불주(不酒))으로 구분했다. 그리고 단은 초단부터 9단(애주(愛酒), 기주(嗜酒), 탐주(耽酒), 폭주(暴酒), 장주(長酒), 석주(昔酒), 악주(樂酒), 관주(觀酒), 폐주(廢酒))으로 나누어 해학이 넘쳐나는 해설을 달아 뭇사람들의 눈길을 끌기도 했다.

과연 술을 어떻게 마셔야 할까. 동서고금을 막론하고 술에 대한 예찬은 수없이 등장하고 있다. 조선조 선조 때 예조판서를 지낸 송강 정철이 읊조렸던 장진주사(將進酒辭)가 그 하나의 예이리라. 그렇다고 무절제하고 무진장 마시도록 방치하지 않았던 것 같다. 그 옛날 중국의 제(齊)나라 환공(桓公)이 생전에 옆에 두고 과욕을 경계하려 사용했던 의기(儀器)나 조선 시대 도공(陶工) 우명옥(禹明玉)이 만들었던 계영배(戒盈杯)가 함축하듯이 절주를 권하는 문화가 지배했다. 그런 문화의 영향일까.

우리 사회에서는 술을 마시는데 이렇게 일러 왔다. 원래 짝수(偶數)를 기피하는 관습 때문에 술을 마셨다 하면 홀수로 마시는 게 기본 법도였다. 예전부터 술자리에서 함께한 사람 모두에게 한 잔씩 돌아가는 것을 순배(巡杯)라고 했다. 술자리에서 동참한 이들에게 골고루 한 순배가 돌고 두 순배를 거쳐 세 순배가 돌면 '훈훈하다'라고 했단다. 그리고 이어서 네 순배가 돌고 다섯 순배가 돌고 나면 '기분이 좋다'고 여겼단다. 그리고 여섯 순배를 거쳐 일곱 순배(결국 7잔)가 돌고 나면 '넉넉하다'라면서 더 이상 마시지 말라는 금도가 지배했다고 한다.

술자리에서 술을 권하는 예절엔 어떤 원칙이 통용되었을까. 술자리에 함께한 이에게 최소한 세 차례를 정중하게 권하는 게 도리라는 얘기이다. 첫 순배 즉 첫 잔을 상대방에게 권하는 행위를 예청(禮請)이라고 하며 그 청을 사양하는 것을 예사(禮辭)라고 한다. 그렇게 첫 순배에서 마시지 않겠다고 내쳤더라도 두 번째 순배(두 번째 잔)가 돌아갈 때도 상대방에게 정중하게 술을 들라고 청하는 것을 고청(固請)이라고 하고, 그 두 번째 잔도 거절하는 것을 고사(固辭)라고 한다. 한편 세 번째 순배(세 번째 잔)가 돌 때도 앞서 두 번째 순배까지 사양한 사람에게 다시 술을 들라고 청하는 것을 강청(強請)이라 하고, 세 번째 순배까지 사양하는 것을 종사(終辭)라고 한다. 이처럼 세 번째 순배까지 청했음에도 불구하고 끝내 내쳤던 경우는 그다음 순배부터는 권하지 않고 그냥 지나쳐도 결례가 되거나 주도에 어긋나는 게 아니라는 귀띔이다.

적당히 마시면 보약 같아 나무랄 데 없는 게 술이다. 하지만 무슨 원수라도 지은 것처럼 게걸스럽게 과음하고 취해서 '술 먹은 개' 같은 언행이나 주취폭력(酒醉暴力) 따위를 저질러 놓고 심신미약(心身微弱)을 들먹이며 법적 책임을 벗어나려 이죽거리는 책상물림이나 언필칭 사회 지도자 나부랭이들의 한심한 꼴은 언제나 이 땅에서 자취를 감출까. 적당히 마시는 술은 사람 사이의 유대를 돈독하게 만들어 주고 가슴을 뜨겁게 한다. 아주 오래전 달기(妲己)라는 영화에서 나왔던 대화 한 토막이다. 술을 나눌 때 첫째 잔은 '인사(人事) 잔'이고, 둘째 잔은 '사랑의 잔'이며, 셋째 잔은 '고백의 잔'이라던 말이 자꾸 머릿속에서 맴돈다.

한올문학, 2022년 05·06, Vol. 149·150, 2022년 6월 25일
(2022년 4월 3일 일요일)

맛깔스러운 산대(蒜薹)*장아찌를 꿈꾸며

산대는 우리 입에 자주 올리게 마련인 마늘종의 유의어이다. 뜻하지 않게 산대(마늘종) 한 다발을 선물로 받았다. 울력을 보태가며 수필 공부에 매진하는 도반들이 스승의 날을 맞아 보내온 다양한 선물과 함께 G 관장이 개인적으로 보내준 꾸러미 속에 들어있던 한 가지이다. 바로 반찬으로 만들어 먹기에는 과할 정도로 많아 잠시 망설였었다. 이를 어찌할 것인지 아내와 진지하게 숙의하다가 어린 시절 맛있게 먹었던 장아찌 쪽으로 가닥을 잡았다.

우리 부부는 태어나 성장한 지역이 다르고 음식문화나 가정환경도 상당한 차이가 있다. 그럼에도 어린 시절 각각의 어머니가 고추장에 담았던 산대장아찌를 맛있게 먹었던 기분 좋은 추억이라는 공통분모를 공유하고 있었다. 때문에 상당한 양의 산대를 앞에 두고 같은 용도를 떠올리며 어렵지 않게 의견을 모을 수 있었다.

왜일까. 무언가를 누군가와 공유하거나 선물하는데 무척 서툰 성격이다. 그런 내게 주위 지인들은 흘러넘칠 정도로 많은 것을 나눠주거나 보내온다. 소중한 마음과 정성을 담은 그들을 오래오래 기억하며 즐길 방법의 하나가 농산물일 경우 장아찌를 담거나 원액(청)으로 담는 대응이다. 이 같은 생각에서 지금까지 매실청, 마늘장아찌, 풋고추, 깻잎 따위의 담기를 여러 해째 수없이 되풀이했었다. 한편 이번엔 산대를 장아찌로 담는 생경한 경험을 하며 히죽이는 즐거움 또한 쏠쏠했다.

배움을 이유로 초등학교 이후 여태까지 타향살이다. 그 시절 아련한 추억 중의 하나이다. 어린 시절 어머니께서 산대를 깨끗이 씻어 물기를 완전히 말린 뒤에 된장이나 고추장 속에 박아 오랜 기간 숙성시켰다가 밑반찬으로 밥상에 올라오면 기막히게 맛이 있었다. 세월이 흘러 가물가물한 추억을 소환해 달뜬 마음에서 아내와 함께 소꿉장난하듯 산대장아찌를 담았다.

아내가 지인과 약속 때문에 외출한다고 했다. 집에 고추장 여분이 없어 돌아올 때 고추장을 사 오라고 하고 산대를 소쿠리에 펼쳐놓고 깔끔히 다듬었다. 흐르는 물에 하나하나 정성스레 씻으며 다듬었다. 제법 많기에 꽤 시간이 걸리면서 같잖게도 허리가 아프기도 했다. 물기를 말려 완전히 건조시키려 창문을 열고 바람이 잘 통하는 쪽에 산대가 담긴 소쿠리를 놓고 몇 시간 지나자 기분 좋을 정도로 보송보송해졌다.

아내는 전업주부로 칠순의 중반에 이르렀음에도 이런저런 장아찌를 담거나 날 채소를 손질하는 일에는 나보다 매우 서툴다. 그런 이유에서 이런 부류의 일을 할 때 아내는 구경꾼으로 비켜선 채 내가 주역을 맡는 게 불문율로 자리 잡았다. 마트에서 사온 고추장을 내게 넘긴 아내는 당연하다는 듯 한발 비켜서 자기 일을 했다. 그때 나는 산대를 용기에 담고 나서 고추장을 채우는 것으로 신나는 장아찌 담기 프로젝트는 가볍게 막을 내렸다.

G 관장의 늙으신 부모님이 비닐하우스에서 겨우내 가꿔 거둔 산대란다. 어른들의 정성을 담아 거둬들인 산대가 잘 숙성되어 맛있는 장아찌로 거듭 태어나길 간원한다. 예로부터 지성이면 감천이라 했거늘 우리 부부의 간절함도 한 줌 더 보탰기에 희망을 품어도 별 탈이 없을 것 같다. 모쪼록 어린 시절 어머님이 담았던 장아찌에 비해 뒤지지 않을 만큼 맛깔나게 익었으면 더할 수 없이 좋으련만 기대에 부응하는 결과로 보답할지 무척 궁금하고 기대된다.

=====

* 산대(蒜薹) : 마늘의 꽃줄기. 연한 것은 쪄먹거나 장아찌로 만들어 먹는다. 유의어가 '마늘종'이다.

2022년 5월 12일 목요일

방랑 시인 김삿갓의 단면

너무도 널리 알려진 김삿갓(1807~1863) 얘기이다. 안동 김씨로 본명은 병연(炳淵)이며 삿갓을 줄곧 쓰고 다녔다는 이유에서 김삿갓 또는 김립(金笠)이라고도 부른다. 게다가 '죽장에 삿갓 쓰고 방랑 삼천리……'라는 대중가요로 친숙해진 그의 일부 단편적인 흔적과 만남이다.

병연이 코흘리개 시절 그의 조부인 익순(益淳)이 선천부사(宣川府使)로 재임하던 시절 '홍경래가 주동했던 농민전쟁(1811)'이 발발했다. 이때 하위직인 가산(嘉山) 군수 정시(鄭蓍)는 목숨을 바쳐 대항했으나 선천부사였던 익순은 농민군에게 투항하고 부역(附逆)을 했다. 그 이후 농민전쟁이 평정되고 병연의 조부는 모반대역죄로 참형을 당하고 멸문지화의 순간을 맞았다. 그렇지만 다행스럽게도 형벌은 조부에게 국한되었다. 조상이 돌봤던지 가족 모두가 종으로 추락하는 절체절명의 위기를 가까스로 면했다. 어린 병연은 자신의 처지를 전혀 모른 채 어머니의 눈물겨운 보살핌 속에서 어렵게 성장하면서도 열심히 학문에 몰두하다가 스무 살에 이르렀을 무렵 과거에 응시하기로 마음을 굳혔다.

청운의 꿈을 이루고픈 욕망에서 마침내 향시(鄉試)에 응시했다. 그때 과장(科場)에 내걸린 시제(試題)가 '가산 군수 정시의 충절 어린 죽음을 논하고, 김익순의 죄가 하늘에 이를 정도였음을 통탄하라'이었다. 시제를 지그시 응시하며 생각에 잠겼다가 곧바로 신들린 듯 일필휘지로 도도한 강물처럼 막힘없이 써 내려갔다. 그 시작에서부터 이어지는 8개 문구이다. 한자로 표기된 원문과 한글로 번역된 내용이다.

一爾世臣金益淳(일이세신김익순)
鄭公不過卿大夫(정공불과경대부)
將軍桃李隴西落(장군도리농석락)
烈士功名圖末高(열사공명도말고)
詩人到此亦慷慨(시인도차역강개)
撫劍悲歌秋水溪(무검비가추수계)
宣川自古大將邑(선천자고대장읍)
比諸嘉山先守義(비저가산선수의)

대대로 임금을 섬겼던 신하 김익순은 듣거라
정공(鄭蓍)은 경대부에 불과했다
그런데 당신은 이릉이 오랑캐에게 항복한 꼴이 되었구려
정공의 공명은 충신열사 중에서도 서열이 으뜸이 되었느니라
시인은 이런 일에 분개하지 않을 수 없기에
칼을 어루만지며 가을 물가에서 슬픈 노래를 부르노라
선천(宣川)은 자고로 대장이 지켜온 큰 고을이었는데
가산보다 앞서 의(義)로 지켜야 할 곳이 아니었던가

이런 도도한 흐름과 매서운 꾸짖음으로 시작해 끝맺었다. 당연히 장원 급제했다. 집에 가서 어머니에게 자랑스럽게 그 사실을 알려드렸다. 어머니는 그제야 숨어 살아야 했던 아픈 가족사를 들려줬다. 그 순간부터 갈등과 번민을 거듭하다가 끝내 가족과 이별하면서 모든 걸 내려놓고 죽장망혜(竹杖芒鞋)에 걸망 하나 짊어지고 세상을 떠돌며 동가식서가숙(東家食西家宿)하는 떠돌이인 김삿갓 즉 김립의 길을 걸었다.

단순히 삿갓 쓰고 주유천하 하던 천재 시인 혹은 대기인(大奇人) 정도로 인식하기 쉽다. 하지만 자기 할아버지를 대역 죄인으로 조롱하고 질타했던 자신을 용서할 수 없어 세상을 등진 채 떠돌아야 했던 쉽고 애통한 삶이었다. 정처 없는 방랑자로서 세상을 기웃대다가 때로는 절경이나 아름다움을 때로는 역겨운 세상사를 맘껏 비틀고 조롱하며 풍자와 해학이 넘쳐나는 시를

남긴 미치광이 같은 기행(奇行)이 그의 전부가 아니었다. 그의 시를 음미할수록 걸출한 문학성에 가려진 인간적인 고뇌와 아픔이 절절하게 마음속 깊이 파고들어 생각에 생각을 거듭하게 만드는 마력에 무척 놀랐다.

세상 모두를 멀리하고 그림자처럼 온 나라 구석구석을 떠돌았던 때문에 오욕칠정(五慾七情)*에 초탈했을지라도 그 역시 보통 사람과 다를 바 없는 인간이었던가 보다. 허접한 인연에 연연하는 필부들이나 범했을 법한 흔적이 눈에 띄어 신기하고 도저히 믿기지 않았다. 그 시절 노류장화(路柳墻花)*가 암묵적으로 용인되던 사회로 그도 이런 문화를 비껴가지 못했던가 보다. 색주가의 여인이었을 법한 가련이라는 여인과 첫날밤에 운우(雲雨)의 정을 나누며 주고받은 것으로 유추되는 초야(初夜)라는 시가 그 증좌이다. 김삿갓이 처녀성을 의심하는 투의 음담패설에 가까운 말장난에 옴짝달싹 못 하게 대거리한 가련의 응대가 백미이며 압권처럼 여겨짐은 음흉스러운 심리의 발로일까.

초야에서 김삿갓이 흥얼흥얼 읊어댄 시구(詩句)이다.

털이 깊고 속이 넓은 것을 보니(毛深內闊)
필시 딴 사람이 먼저 지나갔도다(心必他人)

그에 즉각적으로 응답한 가련의 기지가 번뜩이는 대구(對句)

이다.

> 개울가 버들은 비가 오지 않아도 길게 자라고(溪邊楊柳不雨長)
> 뒷마당 알밤은 벌이 쏘지 않아도 벌어지네(後園黃栗不蜂坼)

김삿갓이 남긴 수많은 시는 어두운 밤하늘에 반짝반짝 빛나는 샛별 같기도 하고 힘들고 지친 삶에서 정갈한 석간수 한 모금 마시는 청량감을 주기도 한다. 이런 빼어난 시인이 험난한 인생길에서 풍자와 해학이 넘쳐나는 작품이 아닌 정통적인 문학에 몰두했다면 어떤 족적을 남겼을지 모르겠다. 한편 성현 군자이거나 대덕 고승이 아니면 누구도 본성에서 자유롭지 못했으리라는 생각을 그의 '초야'라는 시에서 넌지시 엿볼 수 있지 않을까 싶다.

=====

* 오욕칠정(五慾七情) : 불교 용어로서 사람의 다섯 가지 욕망과 일곱 가지 감정을 의미한다. 여기서 오욕은 눈, 코, 귀, 혀, 몸의 다섯 가지 감각 기관 오관(五根)이 각각 빛(色), 냄새(香), 소리(聲), 맛(味), 만지는 느낌(觸)의 오경(五境)에 집착하여 야기되는 다섯 가지의 욕망으로써 재물욕(財物慾), 명예욕(名譽慾), 식욕(食慾), 수면욕(睡眠慾), 색욕(色慾) 등을 이른다. 한편 칠정은 사람의 오관을 통해 일어나는 일곱 가지의 감정인 희(喜 :기쁨(정신적)), 노(怒 : 노여움), 애(哀 : 슬픔), 낙(樂 : 즐거움(육체적)), 애(愛 : 사랑), 오(惡 : 미움), 욕(欲 : 욕망)을 뜻한다.

* 노류장화(路柳墻花) : 아무나 쉽게 꺾을 수 있는 길가의 버들이나 담 밑의 꽃이라는 뜻으로서 창녀나 기생을 비유적으로 이르는 말이다. 유의어로 기생이나 창녀가 쓰인다.

2022년 6월 9일 수요일

가슴 먹먹한 삶의 흔적을 넘겨다보다가

불과 몇 분의 서평(書評)을 위해 멀고 먼 남양주까지 다녀왔다. K 여사의 자전적 에세이 '무궁화 꽃이 피면'의 출판기념회가 열리는 남양주 수동까지는 자그마치 여덟 시간 가까이 걸려 행사 하루 전날 저녁에 도착했다. 일면식도 없는 처지로서 여사가 '출판과 문학'의 수필 신인상에 공모했을 때 심사평을 썼던 인연 때문이었다. 두세 해 전 신인상에 당선했으나 신종 코로나바이러스 감염증(코로나19) 때문에 수상식마저도 취소되었다. 그런 상황에서 시간이 흘러 책을 펴내고 출판기념식을 개최한다는 전언이었다. 그 식장에서 서평을 부탁한다는 해드림출판사 L 사장의 간곡한 청을 내치기 어려워 성사된 나들이였다.

서평을 맡겠다는 약속을 한 뒤 책을 꼼꼼히 살피며 행간에 도도히 흐르는 메시지를 제대로 짚으려고 거듭 두 차례 정독했다.

책을 대하다가 문득 이런 생각이 들었다. 여태까지 크나큰 풍파 없이 평범한 삶을 누리고 있다고 생각해왔다. 그럴지라도 엇비슷한 연배로 같은 시대를 살면서 '여사에 비하면 나는 많은 것을 누렸구나'라고 생각하며 많은 반성을 했다. 여사가 걸어왔던 가슴 먹먹한 삶을 정리한 대강의 간추림은 아래와 같으며 험난한 질곡의 세월에 삶이 너무도 가혹한 시련의 연속이라고 여겨져 차라리 외면하고 눈을 감고 싶었다.

네댓 살의 코흘리개 시절 "무궁화 꽃이 피면 돌아오겠다!"라는 말을 남기고 개가(改嫁)했던 엄마의 지켜질 수 없는 약속이 지금도 쉬지 못하게 일하도록 내모는 게 아닐까. 그때의 정신적 허기를 채우고파서 고희를 넘긴 여태까지 왕성한 사회 활동을 계속하는 게 아닐까 하는 생각이 들기도 했다.

천지 분간을 제대로 못 하는 어린 딸을 궁핍한 친정에 맡겨놓고 재가(再嫁)를 해야 했던 엄마도 어쩔 도리가 없는 운명 같은 선택이었을 것이다. 외할머니 역시 과수댁으로 5남매 기르는 곤궁한 처지인데 거기에 외손녀가 밀고 들어왔으니 미운 오리 새끼 취급을 면할 수 없었으리라. 외할머니 댁에 머문 지 한두 해 뒤 엎친 데 덮친 격으로 같은 처지의 이종사촌 남동생까지 함께 기거하게 됨으로써 상황은 점점 악화되었을 것이다. 그렇게 모진 운명에 순응하면서 초등학교(국민학교)도 보낼 형편이 못되었던 외할머니 댁과 재가한 어머니 집을 오가며 끝없는 갈등과 방황을 했던 시절의 얘기는 가슴이 먹먹하고 아려서 차라리 꿈이었으면 좋겠다.

엄마 품에 안겨 재롱이나 떨 나이에 강원도 도계의 어느 집 어린이를 건사하며 허드렛일을 하러 갔다가 우여곡절 끝에 엄마 집으로 돌아왔던 일, 어린 시절 옴(scabies)이 옮았을 때 황가루를 발라주던 어머니, 5~6살 때 칠흑같이 어두운 방에서 요강 아닌 팥 그릇에 소변을 봤던 일화, 의붓아버지의 밥상 내던진 이야기, 할머니 광목 저고리를 훔친 혐의 받던 일, 겨울에 외할머니에게 쫓겨나 볏짚 속에서 잠을 잤던 회상, 호적이 두 개였던 아픈 사연 고백 등은 얼마나 서럽고 힘겨운 어린 시절을 보냈었는지 웅변하는 징표들이다.

배운 것 없고 가진 돈도 없기에 생존을 위해 행상, 노점상, 무속 생활, 식당 설거지, 침술원 개설, 부동산 투기 등 돈이 되는 일은 다 했다는 회고이다. 그중에도 논산의 나환자촌인 성광원을 대상으로 하던 행상, 담양에서 소쿠리를 떼어다가 팔았던 행상, 만화방 운영, 기도원 운영 등에서 혹독한 삶의 흔적 등은 많은 생각을 불러일으켰다.

서러운 생에 대한 정신적 상실감을 보상하는 심정으로 어려운 사람들을 도와주었을까. 정작 자신의 처지도 어려운데 불구하고 마산 출신의 가출한 새댁을 거둔 사연, 논산의 운천옥 최양을 거둔 사연, 딸 친구 고아를 2년이나 거둔 사연, 논산 정연이 사연, 재명이 사연 등을 알아가면서 나와 견줄 수 없이 그릇이 크고 사고의 폭과 깊이가 깊다는 생각에 고개가 절로 숙어졌다.

20살에 결혼하여 소박을 맞았다가 재결합하고 얻은 4남매를 키우며 가난 때문에 겪어야 했던 딸의 실명 위기, 또 다른 딸의 부어오른 편도선을 집게로 찍어 터트려야 했던 눈물겨운 사연들은 풍요로운 오늘을 사는 모두에게 많은 것을 시사하고 있다.

닥치는 대로 일을 하며 어느 정도 안정을 기해도 될 초로(初老)에 접어들었을 즈음의 일이다. 대학의 요양보호사 자격 양성 과정에 입학해 결국 뜻을 이루고 드디어 2008년 4월 요양원을 개설하는 쾌거를 이룩했다. 언제나 모든 게 힘차고 푸르렀으면 하는 마음에서 당신이 설립한 시설의 이름 앞부분에 '늘푸른'이라는 말을 넣어 작명했었단다. 한편 세상에서 가장 싫어하는 말이 "버스는 떠났다"라는 얘기라고 단정하고 있다. 이번 버스를 놓쳤으면 다음 버스가 아니면 내일에 떠날 버스를 타면 조금 늦을지라도 꿈을 이룰 수 있다는 신념 때문이라는 얘기이다.

슬하에 1남 3녀를 거느린 할머니로서 자녀들과 편안히 여생을 즐겨도 부족함이 없다. 그럼에도 어렵고 힘든 노인 요양 시설에 집착해 생의 마지막을 불태움은 가히 누구도 흉내 내기 어려운 여장부의 활달한 모습은 희생과 봉사의 본보기이다. 어린 시절 겪었던 뼈저린 고생을 거울삼아 소외된 노인에게 베풂의 삶을 살려는 고매한 정신에 감히 격려와 응원을 보낸다. 예로부터 100세를 상수(上壽), 111세를 황제의 수라고 해서 황수(皇壽), 120세를 천수(天壽)라고 했다. 요즈음 장수 시대가 활짝 열렸으니 120세인 천수(天壽)까지 누리면서 원하는 일 원 없이 하도록 응원하고 싶다.

이상과 같은 내용을 K 여사는 담담하게 들려주고 있다. 만일 내가 이러한 삶의 주인공으로서 자서전을 쓴다면 여사가 조곤조곤 얘기했던 내용의 절반 이상을 애초부터 숨기며 다른 내용으로 바꾸고 미화시키려 기를 썼지 싶다. 그럼에도 여사는 부끄럽거나 꼭꼭 숨기고 싶었을 내용까지도 당당하게 밖으로 드러내는 솔직함과 대담함은 헙헙한 풍모를 드러낸 증좌이다. 아무리 자전적 에세이라도 자신을 온새미로 드러내는 것은 대단한 용기가 필요하다. 그런 까닭에 삭제하거나 고쳐 줄 수 있다면 상당한 부분을 그리하고픈 마음이다.

집을 나서며 서평이나 탈 없이 마치고 오리라는 다짐을 했다. 그런데 출판기념식이 시작되기 2시간 전에 해드림출판사 L 사장이 다가와 잔뜩 긴장한 채 조심스레 운을 뗐다. 오늘 세 사람이 축사를 해주기로 했었단다. 그런데 하나는 가족 와병, 또 하나는 가족의 상(喪), 다른 하나는 코로나 확진 판정으로 불참한 때문에 축사까지 해 달라는 강청이었다. 달리 묘책이 없어서 아닌 밤중에 홍두깨 격으로 꿈에도 생각해 보지 않았던 축사와 서평에다가 신인상 당선 패(牌)까지 K 여사에게 전달하는 등의 덤터기를 몽땅 뒤집어쓴 꼴이었다. 단순히 서평을 한답시고 나섰다가 곤혹스러운 대타(땜빵) 역할까지 한 뒤에 대충 점심을 들고 서울의 강남 고속버스 터미널로 달려와 해드림출판사 임 부장이 끊어 준 버스표를 거머쥐고 마산행 버스에 승차한 시간은 7월 9일 16시 정각이었다.

2022년 7월 10일 일요일

늙음에 대한 성찰

아무도 없는 텅 빈 산속에도 꽃이 피고 물이 흐르듯
때가 되면 세상 문리를 터득하고 철이 들면 좋으련만
미욱함 때문에 여태까지 자연의 이치에 깜깜해 답답하다

꽃이 피면 벌 나비가 모여듦은 자연스러운 축복일 터
청춘들의 과감한 언행이 마뜩잖아 붉으락푸르락 대는 내 모습
"라떼는 말이야"식의 꼰대 짓에 익숙한 게 숨겨진 진면목이다

가난과 맞서며 젊음을 담보했던 서러운 세대의 야망과 한(恨)
숨 한 번 제대로 쉬지 못한 채 내달렸던 날들이 섧기만 하고
여유를 가질 무렵 뒷전으로 내몰린 우울한 군상일 뿐이다

서산마루에 걸린 해 뉘엿뉘엿 지면 하루가 저문다는 증좌

일터에서 물러나 등산길에 나서며 어깨동무한 노령임에도
밀려난 현실 오기로 뻗댈지라도 야무진 내일을 꿈꾼다

2022년 5월 11일 수요일

Ⅳ. 사악함이 없다

사궤장 얘기

사궤장(賜几杖) 얘기다. 이는 그 옛날 호호백발이 되어서도 벼슬살이를 하던 뛰어난 대신이나 중신에게 임금이 안석(安席) 즉 의자(几)와 지팡이(杖)를 하사하던 일을 말한다. 여기서 의자는 접이식으로 만들어져 평소엔 접어놓았다가 앉을 때 펼치도록 만들었다. 나라와 임금을 위해 일생을 헌신하던 늙은 충신에게 의자와 지팡이에 기댈지라도 곁을 지켜달라는 진솔한 군왕의 뜻을 담았기에 신하로서는 최고의 광영이 틀림없다.

조선 시대는 연세가 드신 어른 대접을 위해 지팡이가 널리 보급되었으며 효를 바탕으로 무병장수를 기원하는 상징이었다. 이 시절 부모의 연세가 지천명(50세)이 되면 자식들이 만들어 드리며 가장(家杖)이라고 불렀다. 그리고 이순(60세)에 이르면 동네 사람들이 장만해 드리며 향장(鄕杖)이라 했다. 아울러 고희(70세)가 되면 나라에서 내린 게 국장(國杖)이다. 한편 산수(80세)에 이르면 임금이 하사하고 이를 조장(朝杖)이라고 호칭했다.

사궤장의 유래이다. 중국 예기(禮記)의 곡례편(曲禮篇)에 따르면 '대부가 된 자로서 70에 이르러 벼슬에서 물러나고자 하나 허락되지 않을 경우 반드시 궤장을 하사한다(大夫七十而致仕 若不得謝 則必賜之几杖)'고 했다. 이는 임금이 늙은 신하를 지극히 신뢰하여 하사하는 것으로서 의자(几)는 노구를 떠받치기(扶己)라는 뜻이고, 지팡이(杖)는 몸을 의지하라(策身)는 의미로서 늙어 힘들면 의자에 앉거나 지팡이에 기대서라도 곁에서 보필해달라는 무한한 사랑과 끝없는 신뢰의 마음이 담겼다. 신라에서도 사궤장 제도가 있었으며 김유신에 얽힌 일화로서 664년 정월의 일로 알려진 내용이다. '김유신이 정월 봄에 늙음을 이유로 하직을 청하니 왕이 윤허하지 않고 궤장을 하사했다(春正月金庾信請退老 不允 賜几杖)'라는 기록이 전해지고 있다.

장수하라는 뜻으로 임금이 하사했던 지팡이가 구장(鳩杖)이다. 이 지팡이는 길이가 일곱 자(尺) 다섯 치(寸)이며, 죽장(竹杖)같이 9절(節)이고, 홍칠을 했으며, 상단엔 목각 비둘기(鳩) 형상으로 장식을 했는데 이처럼 비둘기를 형상으로 장식을 했다는 의미에서 구장(鳩杖)이라고 했나 보다. 여기에 새긴 비둘기에 대해 전해지는 일화이다.

“중국의 한고조가 항우와 전쟁 중에 패퇴하다가 숲속에 몰래 숨었었다. 그 순간 한고조가 은신했던 주위를 항우가 수색할 때 마침 비둘기 한 마리가 날아와서 나무 위에서 ‘구~구~구~’ 울어댔다. 비둘기가 운다는 것은 부근에 사람이 없음을 말하는 것으로 판단한 항우가 다른 곳으로 옮겨갔다. 그런 절체절명의 순간에 비둘기의 은덕을 입고 위험한 순간을 넘기며 가까스로 목숨을 보전했다. 그 후 왕이 된 한고조는 비둘기를 기이하게 여겨 구장을 만들었다는 전언이다. 한편 왕이 하사하던 지팡이 상단에 붓의 형상이 조각된 경우는 문(文)을 상징하는 것으로 해석되고 있다. 궤장(几杖)을 하사받았던 대표적인 예는 앞에서 예를 들었던 신라의 김유신, 고려의 위수여(韋壽餘)와 손홍량(孫洪亮)을 비롯한 10여 명이 있다. 아울러 조선에서는 황희(黃喜) 정승을 위시하여 여러 충신이 있다.

구체적으로 사궤장은 어떤 충신에게 하사되었을까. 경국대전(經國大典)의 예전편(禮典篇) 혜휼(惠恤) 조에 따르면 ‘관직이 1품에 이르고, 나이가 70세 이상이 되었지만, 국가에 중대한 영향을 줄 수 있어 은퇴시킬 수 없는 자에게는 예조판서가 왕에게 계문(啓聞)하여 귀장을 하사한다(惠恤原 官至一品七十以上係國家重輕不得致仕者 本曹啓聞 賜几杖)’라고 명시되어 있다. 다시 말하면 궤장을 하사받을 대상자는 첫째로 정1품 찬성으로부터 대광보국숭록대부(大匡輔國崇祿大夫)에 이르러야 하고, 둘째로 나이가 70세 이상이어야 하며, 셋째로 국가의 중경사(重輕

事)에 관계되어 은퇴가 불가능한 경우나 공훈이 뚜렷해야 한다. 이상의 세 가지 조건을 모두 갖춘 신하에게 궤장을 하사했다. 그리고 이들 조건을 갖춘 경우를 삼망자(三望者)라고도 호칭했다. 요즘 우리 공직사회에 이런 하늘이 낸 인재가 몇이나 될까.

단명하던 시절(신라 시대 남자 평균 수명이 35세였다고 함)에 70세 이상은 요즈음으로 치면 100세를 훌쩍 넘긴 셈으로 그 나이에 벼슬살이한다는 것은 매우 드물었다. 그같이 아득한 옛날 임금과 나라를 위해 공복으로서 일하며 국정(國政)을 물이 흐르듯 순리대로 펼치던 지혜로움과 고위직으로서 관료사회를 덕으로 아우르고 이끌며 나라와 주군께 봉사했던 이들에게 내리는 하늘의 축복이 사궤장이 아닐까.

2022년 4월 24일 일요일

사악함이 없다

사무사(思無邪)라는 경구(警句)가 등산로 옹벽에 새겨져 있다. 기억도 가물가물한 지난 언젠가 얼렁뚱땅 익혔던 글귀이다. 그런데 며칠 전 등산로 입구의 이끼가 덕지덕지 낀 시멘트 옹벽에 달필로 새겨진 것을 보면서 그 뜻을 새삼스레 되뇌어봤다. 여태까지 '삶에서 생각에 간사함이 없고 마음이 반듯하며 그릇됨이 없이 순정(純正)한 마음을 지니고 행동했던 적'이 과연 얼마나 있었을지 모르겠다. 녹록지 않은 세파의 격랑을 헤쳐나간다는 그럴듯한 명분을 앞세워 남을 미워하고 시기하면서 인간의 도리를 저버리지 않았었는지 맹성이 필요하지 싶다.

원래 사무사는 공자가 논어(論語)의 위정편(爲政篇)에서 다음과 같이 이른 말에서 비롯되었다. "시 삼백편(三百篇)을 한마디로 말한다면 '사무사' 즉 사악(邪惡)함이 없는 것이다(詩三百

一言以蔽之 曰 思無邪)"라고 일갈했다. 이 말은 시를 사무사라고 정의한 천명인 셈이다. 왜 그렇게 판단했을까. 그가 교육적 목적을 겨냥해 시경을 편찬해 내면서 거기에 담긴 뜻을 단 한마디 말인 '사무사'로 함축하고픈 생각 때문이었으리라. 한편 이는 '사특(邪慝)함이 없을 뿐 아니라 그릇됨도 없다'라는 뜻이다. 그렇다면 왜 이런 단정을 했을까, 그 연유의 유추이다. 원래 시(詩)는 '정서나 사상 따위를 운율을 지닌 함축적 언어로 표현한 문학의 한 갈래'이다. 결국 살아가면서 느끼는 다양한 정서나 생각을 순수하게 문학적으로 승화시켜 노래한 것이 시이다. 이 같은 맥락에서 진솔한 표현의 산물인 시에는 사악이 포함되지 않고 순정하다고 일갈하지 않을까 싶다.

시경(詩經)은 유교의 오경(五經)* 중의 하나로서 공자가 은(殷)나라 시대부터 춘추(春秋) 시대까지 전해오는 수많은 시 중에서 305편을 골라서 편찬해 낸 시가집(詩歌集)이다. 전체 작품을 풍(風), 아(雅), 송(頌)의 3부로 나누어 편집했다. 여기서 풍은 여러 나라의 다양한 지역에서 수집한 160개의 민요, 아는 연회석(宴會席)의 노래로 소아(小雅 : 74편)와 대아(大雅 : 31편)를 합해 105편, 송은 왕조나 조상의 제사를 모실 때 노래로서 40편 등의 풍아송(風雅訟)으로 구성되었다. 이들 모두는 고대의 무명 민중이나 지식인 노래들이다.

시경의 편찬자로서 자부심은 대단했던 것 같다. 그가 일렀던 시경을 읽으면 다음과 같은 측면에서 유익하다고 이렇게 읊조리고 있다.

「공자가 제군들 왜 시를 배우지 않느냐(子曰 小子何莫學夫詩)
시는 감동을 일으키게 하고(詩 可以興)
위정자의 잘잘못을 관찰할 수 있고(可以觀)
사람들과 어울리게 하고(可以群)
화를 내지 않고도 남을 원망할 수 있게 하며(可以怨)
가까이는 어버이를 섬길 수 있고(邇之事父)
멀리는 임금을 섬길 수 있으며(遠之事君)
조수와 초목의 이름을 많이 알게 한다(多識於鳥獸草木之名)」

본디 '생각에 간사함이 없다'라는 것은 '마음이 바르고 그릇됨이 없다'와 일맥상통한다. 이를 넓은 의미로 해석한다면 세상만사를 왜곡 없이 바로 보고 편견이나 더덜이 없이 받아들이라는 가르침이리라. 자기의 주관에 따라 편협하게 단정하거나 선입견이나 부정적인 시각이 불식되어야 함을 간과하는 어리석음에서 벗어나라는 철학을 담은 게 바로 사무사가 함축하는 대의(大意)가 아닐까. 왜냐하면 생각이 아집이나 번뇌에 이르면 일체의 대상을 바로 볼 수 없을 뿐만 아니라 본성까지도 있는 그대로 직관이 불가능하다는 다는 이유에서이다.

자주 찾는 등산로의 이끼 낀 시멘트 옹벽에 누군가가 가뭄에

콩 나듯이 새긴 글귀이다. 맨 먼저 '최상의 선은 물과 같다'라는 상선약수(上善若水), 다음엔 '물은 흐르고 꽃이 피네'라는 유수화개(流水花開), 그다음엔 '다만 알지 못함을 아는가'라는 단지불회(但知不會)를 화두 던지듯 띄엄띄엄 휘갈겨 남기더니, 최근에는 '생각에 간사함이 없다'는 사무사를 새겨놨다. 글씨체로 볼 때 분명 같은 사람이 남긴 것으로 상당한 경지에 이른 은둔거사가 분명한데 어떤 메시지를 전하고파서 허접한 낙서장 같은 시멘트 옹벽에 귀한 글귀를 화두 던져주듯이 하나씩 남기는지 그 숨겨진 의도가 무척 궁금하다.

=====

* 오경(五經) : 역경(易經), 서경(書經), 시경(詩經), 예기(禮記), 춘추(春秋)

시와 늪, 2022년 여름호, 통권 56호, 2022년 7월 20일
(2022년 4월 26일 화요일)

인내라는 화두

'괴로움이나 어려움을 참고 견딤'을 뜻하는 인내 얘기다. 어렵고 힘듦에 처할 경우 참고 견디라는 조언을 한다. 그렇지만 심각한 다툼이나 반목과 질시가 도를 넘을 상황 돌발 시에 어느 선까지 참는 게 도리일까. 고매한 인품을 갖추고 세상 이치에 달통한 도덕군자나 대덕 고승이 아니고 매사에 일희일비를 거듭하는 필부들의 경우는 무조건 참아내며 견딜 재간이 없기에 더더욱 헷갈리고 견뎌내기 어려운 화두이지 싶다.

특정한 괴로움이나 어려움 앞에서 인내의 문제는 매우 어려운 난제이다. 과연 그 적당한 선은 어디까지일까. 지나치게 빠르거나 예민하게 대처하면 성질이 급하고 신경질적이며 수양이 덜 됐다는 비난을 피할 수 없는 구석으로 몰릴 개연성이 다분하다. 반대로 지나치게 장고를 거듭하며 지켜볼라치면 무능하고 무책임하다거나 답답한 성격이라고 몰아세우면서 무골호인 혹은 무럼생선*이라는 꼬리표가 붙는가 하면 힐난을 피하기 어렵다. 이런 견지에서 인내에 대해 합당한 수준이나 시기를 결정하는 것은 매우 까다로운 일이다.

인내에 대해 바람직한 모양새는 '마음이 매우 넓고 어진 사람을 비유하는 말'인 "부처님 가운데 토막"을 닮아야 하지 싶다. 이는 바람일 뿐 보통 사람의 경우는 일정 수준 이상의 상황인 정신 상태에 이르면 자제력을 잃고 본능에 따라 행동하기 때문에 이성적인 대응이나 처신의 기대는 사실상 어렵다. 세상 이치에 달통하고 식견이 출중한 이들은 매사에 과부족 없는 수준에서 지혜롭게 대처가 가능하다. 대부분의 그에 이르지 못한 부류는 상당한 잘못을 범할 수밖에 도리가 없는 현실이다.

인내에 대한 가르침의 상징 같은 고사(古事)의 예이다. 그것은 십팔사략(十八史略)*에 나오며 "남이 내 얼굴에 침을 뱉으면 저절로 마를 때까지 기다린다"는 뜻의 타면자건(唾面自乾)이다. 이 말의 유래는 이렇다. 중국 당나라의 측천무후(則天武后) 때 황제의 총애를 받던 누사덕(婁師德)이 아우가 대주자사(代州刺史)에 임명되어 임지로 떠날 무렵에 나눴다는 조언에서 비롯되었다.

"가능하다면 남과 다투지 마시게"라는 누사덕의 이름에 동생이 화답했다. "누군가 제 얼굴에 침을 뱉어도 스스로 닦을지라도 그를 빌미로 남과 절대로 다투지 않을 겁니다." 이에 누사덕이 말을 이었다. "만일 자네 얼굴에 누군가가 침을 뱉음은 필시 증오 때문일 것일세. 그 상황에서 자네가 침을 닦는다면 상대의 뜻에 반하는 행동으로 되레 화를 돋우게 되지 않겠나? 그러므로 잠깐만 기다리면 침이 마르기 때문에 닦아낼 필요가 없다네"라고 일깨우는 과정에서 생겨났다. 현실적으로 극한 상황에서 석가나 예수처럼 달관의 태도를 보일 만큼 도를 닦아 마음을 다스릴 사람이 과연 얼마나 될까.

예로부터 어려운 상황에서 참는다는 것은 말처럼 간단치 않다고 생각했던가 보다. 왜냐하면 한자로 표기하는 인내(忍耐)에서 쓰이는 참을 인(忍)은 '심장(心)에 칼(刃)이 박힌 형상을 본떠 나타낸 글자'라는 풀이다. 따라서 참는다는 것 즉 인내는 '칼날로 심장을 후벼 파는 고통을 참고 견뎌내는 것'이라는 의미가 성립된다. 결국 다양한 억울함, 고통, 분노와 울분, 서러움, 차별 따위로 인해 생긴 응어리가 가슴을 마구 헤집으며 후벼댈 때 어느 정도까지 버티거나 견뎌내는 게 사람다운 처신일지 단언키 어렵다.

인간 사회에서 정도의 차이는 있지만 크고 작은 권력이나 사회제도가 문제를 야기시키는 원흉이 되기도 한다. 이들로 인한 부작용이나 부당한 처우와 차별에 대책이 없는 사례가 꽤나 많다. 때문에 억울함을 고스란히 당할 수밖에 달리 묘책이 없는 경우를 어떻게 자리매김해야 할지 갈피를 잡기 어렵다. 결국 '아버지를 아버지라 부르지 못하고 형을 형이라 부르지 못하던 홍길동'처럼 섧고 아달프게 살아갈 때 어느 선까지 인내하고 수용하는 게 사람의 도리에 부합할까. 홍길동이 천출(賤出)의 몸에서 태어난 얼자(孽子)인 것은 아버지가 뿌린 악업이며 사련(邪戀)의 증적일 뿐인데 말이다.

나이가 듦에 따라 인품도 비례하여 도야되지 않음의 방증이다. 젊은 날 혈기왕성하던 시절 모든 일에 '욱~하며 성질을 내거나 툭하면 행동이 앞서던 버릇'으로부터 경륜이 쌓이면서 자연스레 바람직한 쪽으로 변모할 것으로 여겼었다. 이는 어림도 없는 착각이고 헛되고 맹랑한 바람이며 꿈이었나 보다. 한 인간의 생이라는 맥락에서 볼 때 결코 짧지 않은 세상을 경험했음에도 본바탕과 견줄 때 거의 달라짐이 없고 고매해지리라는 인품의 기대 또한 터무니없는 탐욕이었지 싶어 허망하기도 하다.

올해 중학교 3학년인 손주가 있다. 태권도로 단련(4품)된* 건강 냄새가 물씬 풍기는 몸매에다가 준수한 외모로 제법 멋진 도령이다. 한데, 신종 코로나바이러스 감염증(코로나19) 영향으로 중학교 진학 후 재택 수업을 많이 했던 때문인지 툭하면 눕는 몹쓸 습관이 생겼다. 밤낮을 가리지 않고 무엇을 하다가도 틈만 엿보이면 이 방 저 방 찾아가 눕는 것을 몹시 즐긴다. 조곤조곤 나쁜 습관을 고치라고 충고하다가 화가 치밀어 폭발하듯 버럭 큰소리로 야단을 치다가 깜짝 놀라 움칠하던 자신이 엄청 민망했다. 평소에 어렵고 힘든 경우에 처하면 참고 견디라며 인자한 표정으로 말부조를 할 때 숨겨졌던 민낯을 고스란히 드러낸 꼴이 마뜩잖아 허둥대다가 서둘러 다른 방으로 향했다.

=====

* 함함하다 : 털이 보드랍고 반지르르하다. 소담하고 탐스럽다.

* 무럼생선 : 해파리를 식품으로 이르는 말. 힘없이 보이는 사람을 놀림조로 이는 말. 줏대없는 사람을 놀림조로 이는 말.

* 십팔사략(十八史略) : 원(元)의 학자 증선지(曾先之)가 저술한 중국 고대사를 담은 역사서로서, 원래 이름은 고금역대십팔사략(古今歷代十八史略)이며, 태고(太古)에서 송말(宋末)까지의 사실(史實)을 발췌한 초보자용의 초급 역사 교과서이다.

* 국기원 4품 승품일은 2021년 12월 11일로 '품단 번호는 21669706'이다.

2022년 3월 4일 금요일

개천의 용과 형설지공

‘개천에서 용이 난다’는 말과 형설지공(螢雪之功)은 맥(脈)과 결을 같이한다. ‘눈(雪) 빛이나 개똥벌레(螢) 빛으로 어렵게 공부’를 해야 하는 경우라면 극복하기 쉽지 않은 환경으로 여간해서는 공부에 뜻을 두기 힘든 처지다. 불가능한 역경을 극복하고 학문에 전념하여 성공을 거둬 신분의 수직 상승 사다리를 이용해 상류사회로 이동하는 게 개천에서 용이 탄생하기만큼이나 어렵고 힘든 일이다. 세상에 절대 불가능이란 없는 걸까. 다반사처럼 흔치는 않지만 그런 경우가 발생해 뭇사람들 선망의 대상이 되어 얘깃거리로 입에서 입으로 전해지는 경우가 숱하다.

열악하기 그지없는 환경에서 독학으로 누구나 선망하는 자리에 올라 세인들의 귀감으로 회자되는 형설지공 얘기다. 그 옛날 중국의 진서(晉書)인 차윤전(車胤傳)과 손강전(孫康傳)에 전해오는 내용이다. 가난했지만 학문에 뜻을 두고 열성을 다한 끝에 성공해 뭇사람들의 사표가 되었다는 관점에서 둘의 체험을 바탕으로 형설지공이라는 사자성어가 만들어졌지 싶다. 한편 형설지공을 좁게 정의하면 '빈한한 집에서 태어난 자식이 훌륭한 인물이 되었다'는 의미가 된다. 이를 좀 더 넓게 생각한다면 '시골이나 지방 출신이 어떤 분야에서 크게 성공을 거둬 큰 부(富)를 이룩한 경우'도 포함된다고 이해하더라도 무리가 없으리라.

동진(東晉) 사람인 차윤(車胤)은 청운에 꿈을 학문에 걸기로 했다. 그렇지만 가난하여 칠흑 같은 밤에 불을 환하게 밝힐 기름을 살 형편이 안 되었다. 극심한 가난에도 굴하지 않고 여름엔 반딧불이(개똥벌레)를 많이 잡아 명주 주머니에 넣고 그 빛으로 공부를 했다. 지성이면 감천이라 했던가. 그는 훗날 이부상서(吏部尙書)를 거쳐 상서랑(尙書郎)에까지 승직함으로써 말 그대로 '개천에서 용이 난' 상징적인 본보기가 되었다.

손강(孫康)도 차윤과 엇비슷한 시대 인물로 그 역시 학문에 뜻을 두었다. 하지만 가난해 밤을 밝힐 기름을 사지 못할 형편이었다. 여일치 못한 처지에도 포기하지 않고 살을 에는 엄동의 추위에도 굴하지 않고 백설같이 흰 눈에 반사되는 달빛을 이용해 책을 읽으며 공부를 해서 어사대부(御史大夫)라는 장관직에 오르는 기적을 일궈냈다. 불우한 역경을 거뜬하게 이겨내고 민초들이 감히 넘보기 어려운 지위에 오름으로써 결국 '개천에서 용이 난' 각별한 사례로 꼽히고 있다.

불과 몇 년 전 우리 사회를 달궜던 우울한 이슈(issue)의 일부 내용 소환이다. 지성인으로 알려진 그가 "모두가 용이 될 필요는 없으며 게나 가재 혹은 붕어로 살아도 만족하는 사회 운운……" 하며 제법 호기롭게 일갈해댔다. 그러면서 자기 자식은 각종 위조 서류를 만들어 좋은 학교에 진학시켜 용으로 만들기에 혈안이 되었던 표리부동한 언행의 웃픈 현실을 어떻게 받아들여야 할까. 또 다른 인사의 얘기에 이르면 더욱 자괴감은 크고 무거워진다. 자기는 강남에 살면서 "모두가 강남에 살 필요가 없다"라고 매스컴에 불어대던 잠꼬대가 우리를 슬프게 하고 절망의 수렁으로 몰아넣기도 했다.

6, 70년 전쯤의 회상이다. 6·25 전쟁 이후 어려움 때문에 어둠침침하고 석유 냄새가 코를 찌르는 등잔 즉 호롱불로 밤을 밝히던 시절이 있었다. 그 시절에 비해 지금 우리 집 모든 전등은 LED(light-emitting diode : 발광 다이오드)로 바꿔 밤이 낮처럼 밝고 환하다. 올해 중3인 손주가 있다. 서재에서 혼자 공부할 수 있도록 컴퓨터까지 갖춰 환경을 꾸며줬다. 그럼에도 노는데 정신이 팔려 공부와 담을 쌓고 지내는 때문에 말 그대로 '신선놀음(게임)에 도낏자루 썩는지 모른다'라는 말이 실감함에도 뾰족한 묘책이 없어 잠자코 지켜볼 따름으로 답답하기 짝이 없다.

그 옛날에는 개천에서 용이 나는 경우가 더러 발생했던 때문에 사자성어로 평지돌출(平地突出), 어변성룡(魚變成龍)이라는 말이나 '개똥밭에 인물 난다', '시궁창에서 용이 났다', '누더기 속에서 영웅 난다' 따위의 속담이 꽤나 널리 쓰이기도 했다. 한데, 문화가 발달하고 선진국 반열에 들어섰다는 요즈음은 절대로 개천에서 용이 나기 어렵고 형설지공의 전설을 이룩하기 더욱 어려워진 현실이다. 그런 사실을 우리 집 손주는 아는지 모르는지 세상만사 그 무엇에도 무사태평이다.

2022년 5월 15일 일요일

칡과 등나무

‘칡과 등나무가 서로 얽히는 것과 같이 개인이나 집단 사이에 이해관계가 달라 서로 적대시하거나 충돌하는 그런 상태’가 갈등(葛藤)이다. 여기서 ‘갈(葛)’은 칡*, 등(藤)은 등나무*를 뜻한다. 이 갈등이라는 말이 생성된 유래와 배경을 살피기 위한 여정이다.

식물학적 관점에서 갈래지을 때 칡과 등나무는 콩과의 덩굴성 목본식물이라는 공통성을 지녔다. 생육 지역으로 칡은 냉온대(冷溫帶) 지역, 등나무는 난온대(暖溫帶) 지역에 자생한다. 난온대 식물인 등나무는 추위에 약하기 때문에 이들 두 지대가 겹치는 한국의 남부나 일본 혼슈 이남을 비롯해 중국 동남부를 제외하면 자생지가 달라 같은 곳에서 함께 섞여서 생존하는 경우가 흔치 않다는 귀띔이다.

칡과 등나무는 아주 묘하게 다른 특성을 지니고 있다. 먼저 칡은 다른 나무나 지지대를 왼쪽(twined leftward)으로 감고 올라가는 습성이 있다. 반대로 등나무는 다른 나무나 지지대를 오른쪽(twined rightward)으로 감고 올라간다. 이처럼 '칡은 왼쪽으로, 등나무는 오른쪽으로 감아 올라간다'라는 관점에서 좌갈우등(左葛右藤)이라고 한다. 이상과 같은 식물학적인 특성을 꿰뚫어 인간 세상에서 적대시하거나 충돌하는 관계를 이르는 단어로 만든 게 '갈등(葛藤)'이다. 참으로 신기한 점은 칡과 등나무가 감고 올라가는 도중에 절대로 방향을 바꾸는 경우가 없다는 귀띔이다. 결국 좌갈우등 습성 때문에 한 나무에 이들이 동시에 친친 감고 올라가면 얽히고설켜 쉬 풀기 어려울 뿐 아니라 끝끝내 숨통이 막혀 고사(枯死)할 가능성을 배제하기 어렵다.

칡과 등나무가 왼쪽과 오른쪽으로 야무지게 감고 오르는 유별난 관계를 매구 같이 꿰뚫고 달통했던 어떤 선지자가 인간 세상에서 복잡하게 얽혀 풀기 어려운 문제를 그에 비유하기 시작했으리라. 하등식물인 칡과 등나무가 지닌 좌갈우등의 특성은 천부적인 것으로 어떤 방법으로도 그 특성을 바꿀 수 없는 절대불변의 진리에 가깝다. 이와는 달리 만물의 영장이라는 인간 세상에서 발생하는 크고 작은 다툼은 당사자 간에 마음먹기에 따라 얼마든지 상황을 반전시킬 수 있다.

사람 사이에 정도의 차이는 있을지라도 때로는 치열하고 뿌리

깊은 갈등을 적지 않게 겪게 마련이다. 예를 들면 진영, 빈부, 계층, 세대, 노사, 젠더, 지역, 인종, 가족 사이의 갈등 따위를 비롯해 헤아리기 어려울 정도로 도처에 버젓이 존재함은 어디에서 연유할까. 일반적으로 대립에서 절대적 우위와 열세 사이에는 힘의 균형이 깨져 다툼이나 충돌이 발생하기 어렵다. 이런 관점에서 생각할 때 대립 관계에서 엇비슷한 힘을 가지고 경쟁적인 상태에서 상호 이익이 첨예해질 경우 갈등은 정점으로 치닫게 마련이다. 따라서 상대를 힘으로 제압할 수 있다는 확신이 설 때 최고조에 달하는 특성을 보인다.

등나무도 자라는 지역과 환경에 따라 다른 형질의 유전자로 변형된 걸까. 중국에는 몇 가지 종류가 자생하는데 대표적인 것이 보라색을 꽃이 피는 자등(紫藤)이란다. 신기하게도 자등은 지지대나 다른 나무를 왼쪽으로 감고 올라간다는 얘기다. 결론적으로 자등은 칡과 같은 방향인 왼쪽으로 감고 올라가기 때문에 문제가 되지 않는다는 의미가 된다. 이런 특성으로 인해서 아무리 칡과 등나무가 섞여 자생해도 갈등 현상을 볼 수 없으리라.

인간 세상에서 갈등을 부추기는 요인은 다양하지만 큰 갈래에서 가름하면 자존심, 분노, 불쾌한 언행, 충동과 반발, 참견 따위를 열거할 수 있다. 이런 배경을 시시콜콜 세세하세 감안한다면 마찰 유발을 방지할 수 있지 싶다. 어느 모로 따져 봐도 이런저런 갈등은 이문이 남는 인간관계가 아니다. 게다가 사회에 해악을 끼침에도 불구하고 도처에서 꼬리를 물고 발생해 불협화음과 파열음이 요란함은 서로 뺐고 지키려는 사사로운 탐욕과 아집의 역기능 현상이 아닐까.

=====

* 칡(葛) : 콩과의 낙엽 활엽 덩굴성 식물. 잎은 어긋나고 세 쪽 겹잎이다. 8월에 붉은 자주색 꽃이 총상(總狀) 화서(花序)로 피고 열매는 협과(莢果)로 9~10월에 익는다.

* 총상(總狀) : 무한화서의 하나. 긴 꽃대에 꽃자루가 있는 여러 개의 꽃이 어긋나게 붙어서 밑에서부터 피기 시작하여 끝까지 핀다. 꼬리 풀, 투구꽃, 싸리나무, 아카시아나무의 꽃 따위가 있다. 유의어로 총상꽃차례. 총상화서가 있다.

* 화서(花序) : 꽃이 줄기나 가지에 붙어 있는 상태. 꽃대가 갈라진 모양에 따라 무한화서와 유한화서로 나뉜다. 비슷한 말로 꽃차례가 있다.

* 협과(莢果) : 협과(莢果) 또는 꼬투리 열매는 익으면 껍질이 마르는 열매인 건조과의 일종이다. 열매가 꼬투리로 맺히며, 익은 열매가 마르면 심피의 씨방이 2줄로 갈라져 씨가 튀어나온다. 호랑이 콩, 팥, 타마린드 따위의 콩과 식물에서 볼 수 있다. 꼬투리 열매 안의 씨앗은 1(짧은 것)-30알(아주 긴 것)이며 대부분 4알이다

* 등나무 : 콩과의 낙엽 덩굴성 식물. 줄기는 길이가 10미터 정도이고 마디가 있다. 잎은 겹잎이며 소엽은 길이가 4~8cm이고 달걀 모양의 타원형이다. 여름에 자주색의 잔 꽃이 총상(總狀) 화서를 이루며 열매는 협과(莢果)를 맺는다.

2022년 5월 27일 금요일

웃을 뿐 답하지 않는다

소이부답(笑而不答) 즉 '웃을 뿐 답하지 않는다'에 대한 얘기이다. 어떤 경우 왜 그런 상황에 처하게 되는 걸까. 때로는 부정하고 때로는 긍정의 뜻을 표현하기 위해 묵시적으로 통용되는 행동이다. 그 경계가 명확하지 않아 다양한 해석을 불러일으켜 가끔 뜻하지 않은 다툼의 빌미가 되기도 한다. 왜냐하면 세상사라는 게 자칫하면 '아, 다르고 어, 다르다(於異阿異)'라는 상황이 될 수밖에 없는 현실 때문이다. 그럼에도 다양한 인간관계에서 드물지 않게 맞닥뜨리게 마련인 상황이다.

원래 중국의 당(唐)나라 이백(李白)이 호북성(湖北省)의 안릉(安陵)이라는 초야에 묻혀 살 때 지은 산중문답(山中問答)이라는 시에 소이부답이라는 구절이 있다.

問余何事栖碧山(내게 왜 깊은 산 속에 사느냐고 묻기에)
笑而不答心自閑(웃고 대답 않으니 마음이 절로 한가롭다)
桃花流水杳然去(흐르는 물 위에 복사꽃이 아득히 떠가니)
別有天地非人間(여기가 바로 별천지인가 하노라)

달관 아니 불가(佛家)에서 얘기하는 해탈의 경지에 다다른 시선(詩仙)이 깊은 산중에 은거하는 깊은 뜻을 헤아리지 못한 우매한 누군가가 오지에서 왜 사느냐고 여쭸으리라. 아귀다툼을 일삼고 풍진에 찌든 속세를 떠나 대자연과 동화된 즐거움을 누리던 도인이 무엇이라고 할 말이 있었을까. 그저 빙그레 웃는 것으로 답할밖에 달리 이를 필요성을 느끼지 않았을 게다. 이 상황을 생각하다가 갑자기 조선(朝鮮) 개국 무렵에 왕사(王師)이었던 무학대사가 일갈했다는 "돼지 눈에는 돼지만 보인다(豚眼只有豚)"라고 했다는 말이 떠올랐다. 왜냐하면 산속에 왜 사느냐고 묻는 뱁새가 어이 첩첩산중에 유유자적 은거하는 봉황의 뜻을 지혜롭게 헤아릴 수 있으리오. 이런저런 정황을 살필 때 왜 산속에 사느냐는 물음에 답할 말이 궁해서가 아니었으리라. 남에게 구태여 주저리주저리 얘기할 필요를 느끼지 못해 입을 닫고 빙그레 웃는 것으로 대신했다는 맥락에서 소이부답이라는 사자성어가 생겨났다.

세월이 지나면서 진리도 변하는 게 세상이다. 우리가 매일 입에 올리는 말 또한 조금도 다를 바 없다. 원래 소이부답은 '누군가의 질문에 대해 설명하기 어려운 상황의 산중 생활에 대한 만족과 즐거움을 말 대신 웃음으로 표현' 했던 것이다. 그런데 요즈음엔 이미 알고 있다거나 자신을 드러내 쑥스러워 겸양을 나타내는 긍정적 경우의 쓰임새는 대폭 줄어들었다. 반대로 모호하거나, 가치가 없고 어이가 없거나, 편들기 어렵거나, 입장이 난처하거나, 모르거나와 같이 복잡한 사정이 얽히고설켜 자기 주장을 선뜻 드러내기 쉽지 않은 상황에서 사용되는 왜곡 현상이 훨씬 많아졌다.

이따금 누군가로부터 받는 질문에 답 대신 웃음으로 답하고 따로 대꾸하지 않는 경우가 더러 있다. 그 원인을 따지자면 여러 갈래로 나뉘어 볼 수 있겠다. 하지만 대충 그렇게 응대하는 게 사정을 악화시키지 않고 조용히 마무리 지을 최선의 대응이라는 이유 때문이다. 물론 이런 경우 호오(好惡)나 긍정과 부정을 명확하게 밝히는 데는 한계와 오해의 소지가 다분하다. 그렇지만 생각을 뚜렷이 밝히는 경우에 비해 득이 많다고 판단되어 그리 처신한다.

소이부답하면 어처구니없게도 석가모니인 부처와 그의 제자인 가섭(迦葉)이 떠오르곤 한다. 석가모니께서 인도 영취산의 대중 앞에서 설법하던 중간에 깨달음의 실체를 보여주기 위해 아무 말 없이 연꽃 한 송이를 들어 보였다. 모두가 그 참뜻을 헤아리지 못해 어리둥절할 때 좌중에서 백발이 성성한 한 제자가 그 뜻을 헤아렸다는 뜻을 담아 조용히 미소를 띠었다. 그가 바로 가섭이다. 이 미소가 바로 이심전심(以心傳心)과 일맥상통하는 염화시중(拈花示衆)의 미소(微笑)이다.

어지럽고 복잡하게 뒤엉킨 사회에서 좀생이처럼 시시콜콜 말로 표현하지 않고 웬만한 일은 이심전심인 소이부답으로 소통하는 문화가 뿌리내린다면 훨씬 부드럽고 여유롭지 않을까. 물론 행위자의 의도에 반하는 왜곡으로 뜻하지 않은 문제가 발발할 개연성을 도외시할 수 없다. 그럴지라도 믿음과 신뢰가 전제된다면 뒤로 돌아앉은 돌부처처럼 묵묵부답으로 뻗대는 상황에 견줄 때 찻잔 속의 미미한 파문에 지나지 않을 터이기에 사회적 문제가 되지 않지 싶다.

한맥문학, 2022년 9월호, 통권 384호, 2022년 8월 25일
(2022년 6월 11일 토요일)

물과 고기의 사귐

'물과 고기의 사귐'을 뜻하는 수어지교(水魚之交) 얘기다. 물고기가 물을 떠나 단 하루도 살 수 없듯이 서로 떼래야 뗄 수 없는 사이를 이르는 말이다. 다시 말하면 사람 사이에 너무 친해서 서로 떼어낼 수 없는 관계를 뜻한다. 이 사자성어가 생겨난 유래의 대강이다.

수어지교는 옛 중국에서 위(魏)·촉(蜀)·오(吳) 등 삼국시대 촉한의 초대 황제인 유비(劉備)와 그의 책사인 제갈량(諸葛亮) 사이의 일화에서 유래했다. 유비가 지략가를 구하지 못해 노심초사할 때 휘하 인재였던 서서(徐庶)가 추천하여 삼고초려(三顧草廬) 끝에 어렵사리 모신 제갈량과 제왕인 유비 사이에 관계는 날이 갈수록 돈독해졌다. 그런데 도가 지나쳐 되레 유비가 신하가 되어 공명(孔明 : 제갈량의 자(字))을 주군으로 모시고 섬기는 처지처럼 비쳤다. 이런 주객이 전도된 듯한 가당찮은 모습이 눈꼴사나웠던 관우(關羽)와 장비(張飛)가 유비에게 강력히 항의했다. 도원결의(桃園結義)로 형제의 연을 맺은 동생들의 충정 어린 불만에 유비는 내게 공명은 “고기가 물을 가진 것과 같다. 그러니 다시는 그런 말을 하지 말아라”라고 타일렀다. 이 사건을 계기로 수어지교라는 사자성어가 생겨났으며, 관우와 장비는 두 번 다시 같은 불평을 하지 않고 제갈량을 받들어 모셨다고 한다. 예로부터 수어지교와 엇비슷한 의미로 통용되던 것에는 어수지친(魚水之親), 어수지락(魚水之樂), 지란지교(芝蘭之交), 문경지교(刎頸之交), 관포지교(管鮑之交) 따위가 있다.

삼고초려 끝에 어렵사리 제갈량을 책사로 모신 뒤에 유비는 여러 차례 조조(曹操)의 군대와 전투에서 혁혁한 승전을 거뒀다. 실제로 유비는 제갈량보다 20살이나 위였지만 나이를 따지지 않고 돈독한 인간관계와 무한한 신뢰의 마음을 보여줌으로써 나이 차이를 초탈한 우정인 망년지우(忘年之友)의 경지에 이르렀다. 철학과 가치관을 널리 공유하고 원대한 꿈과 지향하는 바가 같다면 나이에 무관하게 평생을 도모할 동지로서 우정을 쌓고도 남으리라. 한편 고려 말에 파한집(破閑集)의 저자인 이인로(李仁老 : 1152)와 당대 최고의 시인이었던 오세재(吳世才 : 1133)도 적지 않은 나이 차이에도 망년지우의 관계를 맺었다는 전언이다. 결국 철학과 가치관을 바탕으로 하는 꿈이나 뜻하는 바에 따라 나이에 구애받지 않고 망년지우에 이를 수 있지 싶다.

우리가 알고 있는 삼국지는 중국의 원말(元末)에서 명초(明初) 사람인 나관중(羅貫中)이 1300년대에 지은 장편 역사소설인 삼국지연의(三國志演義)이다. 이는 서진(西晉)의 진수(陳壽)가 짓고 남조(南朝) 송나라의 배송지(裴松之)가 주를 달아 내용을 보완했던 삼국시대의 인물들을 다룬 역사책인 삼국지(정사(正史))를 바탕으로 창작한 소설이다. 결국 역사의 기록인 삼국지(정사)를 토대로 '사실 또는 자기의 상상력에 바탕을 두고 허구적으로 이야기를 꾸며 나간 산문체의 문학 양식'인 소설로 창작해낸 역사소설이 삼국지연의이다. 때문에 삼국지와 삼국지연의는 겉으로는 같아 보여도 꼼꼼하게 대조하면 서로 다른 점이 무척 많단다.

다시 한번 강조하지만 대략 200년대에 진수가 지은 삼국지는 실제 역사적 사실을 기록한 역사책이다. 이에 비해 1300년대 나관중이 쓴 삼국지연의는 삼국지를 토대로 하여 상상력 혹은 허구적인 설정을 통해 창작된 역사 소설책이라는 사실을 바로 인식해야 한다. 그러므로 삼국지에는 등장인물들의 고유한 개성이나 능력, 권모술수가 판을 치는 정치 상황, 다양한 외교력, 신묘한 무기, 잡다하지만 극적인 상황 전개나 얘깃거리 따위가 없어 무미건조한 기록의 연속인 역사책일 따름이다. 이에 비해서 삼국지연의는 다소 허황하고 작위적인 냄새가 도처에서 풍기며 흥미를 돋우는 사건들이 기획된 연출처럼 극적으로 반전되는 신기한 상황의 연속으로 독자를 소설 속으로 빠져들게 한다.

장편 역사소설인 삼국지연의를 읽은 사람이라면 인상적인 장면 두 가지가 매우 뚜렷하리라. 그중 하나가 유비와 관우 그리고 장비가 도원결의를 맺고 의형제가 되는 장면은 잊을 수 없이 인상적이었을 게다. 또한 유비가 지략가가 절실한 상황에서 한참 나이 어린 제갈량의 초가를 세 차례나 찾아가 어렵사리 모셔오는 삼고초려의 순간 등은 많은 생각과 감동을 안겨주었다. 그런데 이들 두 가지 내용은 삼국지에는 없는 내용이라는 전언이다. 물론 이들뿐 아니라 꼼꼼히 뜯어보면 소설 속의 내용이나 상황이 삼국지에서는 그 흔적을 찾을 수 없다는 얘기다. 왜 그럴까. 우리가 읽었던 삼국지연의가 역사소설이라는 사실을 똑똑히 상기한다면 헷갈릴 일도 아니지 싶다. 다행인 것은 수어지교라는 말은 삼국지에도 기록이 보인다고 한다.

모든 것이 경제적 관점에서 평가되는 철학이나 가치관의 지배 때문일까. 언제부터인지 모르지만 인간적인 신의나 용서와 포용보다는 달면 삼키고 조금이라도 쓰면 망설임 없이 뱉어버리는 감탄고토(甘呑苦吐) 풍조가 지배하는 사회로 변했다. 변절 또는 배신이 다반사처럼 흔해져 심각한 사회 문제로 대두되는 현실이다. 그런 까닭에 주위에서 수어지교의 돈독한 선린관계를 유지하는 아름다운 모습을 찾기 쉽지 않다. 어쩌다 이 지경에 이르렀을까. 인륜으로 맺어진 부모와 자식 사이에 불협화음이 빈발하며 관계가 틀어지는가 하면, 스승과 제자 사이에 법적 송사(訟事)로 다툼이 벌어지는 것을 비롯하여 자질구레한 사건 발단의 빌미를 제공하는 처지로 몰려 심각한 갈등을 겪어야 하는 매정한 사회가 떨떠름하고 마뜩잖다. 이런 맥락에서 자연스럽고 바람직한 수어지교의 참된 뜻을 곱씹어 보고픈 작금이다. 각박한 세파에 시달리다 보니 툭하면 천륜을 거스르고 소중한 것을 잃는가 하면 현실에 얽매여 갈팡질팡하기 일쑤인 우리는 진정 풍요로움과 정신적 행복을 온전하게 누리는 걸까.

2022년 6월 28일 화요일

아첨을 되새겨봄

아첨(阿諂)은 '남의 환심을 사거나 잘 보이려고 알랑거림이나 그런 말이나 짓'이라고 정의한다. 비슷한 뜻으로 따리, 미열(媚悅), 아미(阿媚), 아유(阿諛), 미첨(媚諂), 첨(諂), 첨유(諂諛), 아부(阿附), 아종(阿從), 구합(苟合) 영합(迎合), 간살 등 매우 다양하게 발달해 무척 놀랐다. 속담에 "간에 가 붙고 쓸개에 가 붙는다"라는 말이 있다. 이는 사사로운 이(利)가 따르면 철학이나 가치관과 관계없이 언행을 바꾸는 게 다반사였다는 반증이 아닐까. 도덕적으로는 부정하고 싶지만 부질없는 탐욕의 노예가 되어 예나 지금이나 아첨의 유혹에서 자유롭지 못한 경우가 비일비재하다. 이런 측면에서 아첨에 대해서 곱다시 생각해 볼 요량이다.

약육강식의 논리가 정의처럼 통용되면서부터 아첨이 뿌리내리기 시작하며 끈질긴 생명력을 과시했으리라. 세월이나 세상 인심에 따라 다양한 형태로 변형되었던 때문일까. 그 표현 또한 엄청 다양하면서도 다분히 모욕적인 냄새를 풍긴다. 흔히들 '아첨을 잘하는 사람을 낮잡아 이르는 말'이 아첨꾼이다. 이의 유의어가 따리꾼, 상분도(嘗糞徒), 아첨쟁이다. 이들 중에 상분도는 상분지도(嘗糞之徒)로도 표현하는데 '대변이라도 맛볼 듯이 부끄러움을 돌아보지 않고 몹시 아첨하는 사람을 낮잡아 이르는 말'로 비하와 멸시의 의미가 짙은 표현이다. 아첨의 도가 지나쳐 점입가경인 경우가 허다했던가 보다. '상전의 변을 맛보고 고름을 빨아준다'라는 의미인 상분연옹(嘗糞吮癰), '상전의 수염에 묻은 티를 불어 떼어 준다'라는 뜻의 불수진(拂鬚塵), '말똥 위에서 무릎으로 긴다'라는 표현인 슬행마시(膝行馬矢) 따위의 말이 생겨났다는 사실은 아첨이 얼마나 심했는지 유추할 수 있는 단초가 되리라.

아첨에 대한 표현이 대부분 한자어에 비롯하고 있다. 한학(漢學)에 까막눈에 가까워 핵심을 정통으로 꿰뚫을 재간이 없다. 그렇지만 조예가 깊은 학자의 해박한 해설에 따르면 유사한 의미를 지닌 한자(漢字)라도 함축하는 뜻의 강약에 따라 쓰이기 때문에 급(級)이 다르다는 견해이다. 아첨에 관련해 생겨난 여러 표현을 대략 이렇게 갈래지으면 무리가 없다는 취지의 논리 전개에 공감했다.

아첨에 관련되는 한자 아(阿), 유(諛), 첨(諂), 미(媚), 무(嫵)의 차례에 따라 그 강도를 이해하면 무리가 없다는 해석을 할 수 있었다. 여기서 아(阿)는 '단순히 빌붙는다'라는 의미이고, 유(諛)는 '첨(諂)보다는 조금 강도가 약한 의미로 비위를 맞춘다'는 뜻이란다. 한편 첨(諂)은 '혓바닥을 놀리며 살살거리는 수준'이라는 얘기다. 그런데 미(媚)는 '아(阿)·유(諛)·첨(諂)'과 결이 다르다는 해석이다. 이는 같은 아첨을 나타낼지라도 '아양을 떨다. 간살을 떨다'에 가깝다는 견해이다. 또한 이보다 한 단계 높은 아첨이 '얼굴은 물론이고 온몸을 흔들어대면서 아첨을 하는 것'이 무(嫵)란다. 마지막 두 가지에 대한 예이다. '눈썹을 아래위로 쫑긋거리며 표정을 바꿔야 하는 아첨'이 미열(媚悅)이다. 그리고 '얼굴은 물론이고 온몸을 비비 꼬며 하는 아첨'의 최고 경지가 미무(媚嫵)라는 얘기다. 그러므로 아첨이 심해 미열이나 미무의 단계에 이르면 목불인견(目不忍見)으로 정상이 아니지 싶다. 아첨을 나타내는 말이 이처럼 발달한 이유는 다양한 상황이나 미세한 내용의 차이에 따라 적의하게 사용해왔던 흔적이 아닐까.

인류가 존재하는 곳이면 동서고금을 막론하고 아첨은 비일비재했던가 보다. 그 옛날 중국 동진(東晉)의 갈홍(葛洪)은 유교와 도교의 비술을 결합하려 했던 연단가(煉丹家)로 자신의 호(號)를 딴 대표작인 포박자(抱朴子)의 교제편(交際篇)에서 '종의 표정과 여종의 곁눈질을 가진 자는 세상을 잘 아는 사람이다

(以奴顔婢睞者 / 爲曉解當世)'라고 일갈했다. 이 중에 노안비래(奴顔婢睞)라는 내용 중에 비래(婢睞)가 훗날 비슬(婢膝)로 많이 쓰게 되었다. 이로부터 "남자 종의 아첨하는 얼굴(奴顔)과 여자 종의 무릎걸음(婢膝)이라는 뜻으로, 하인처럼 굽실거리는 얼굴로 비굴하게 알랑대는 태도를 비유적으로 이르는 말"인 노안비슬(奴顔婢膝)이 생겨났다. 그 옛날 중국에서도 힘없고 가련한 종들은 주인의 맘에 들려고 아첨을 많이 했던가 보다.

셰익스피어의 비극인 햄릿에 등장하는 폴로니우스는 전형적인 아첨꾼이다. 왜냐하면 햄릿이 같은 구름을 두고 '낙타, 족제비, 고래' 등으로 세 번이나 바꿔 하는 호칭에 천연덕스럽게 맞장구를 치며 비위를 맞췄다는 이유에서이다. 그런가 하면 우리의 초대 대통령이 '뿡~' 소리를 내며 민망한 방귀를 뀌자 옆에 있던 누군가가 선뜻 나서서 "각하! 시원하시겠습니다"라고 했다는 일화는 도를 넘는 예로서 어이가 없는 아첨의 극치가 아닐까.

일찍이 조지훈 님은 아첨에는 세 가지 유형이 있다고 갈파했다. '가련한 아첨으로 굴신지족(屈身舐足 : 몸을 굽혀 발을 핥음)', '가증스러운 아첨인 반신가공(反身假攻 : 몸을 뒤집어 거짓으로 공격함)', '가소(可笑)로운 아첨인 번신일침(飜身一針 : 몸을 날려 일침을 놓음)' 등이 그들이다. 이 세상에 질애(耋艾)* 를 막론하고 기회주의자나 책임 회피자들이 떼를 지어 활거하고 있다. 그들이 권력자나 강자의 주위를 맴돌다가 기회를 포착

했다고 판단되면 교언영색(巧言令色)으로 좋은 말을 가려서 해주는데 싫어할 사람이 과연 얼마나 될까. 게다가 누가 시키지 않아도 자기가 스스로 알아서 티 내지 않고 찬양 일색의 용비어천가(龍飛御天歌)를 주워섬겨 대기 때문에 자칫하면 아첨인지 모르고 허허대다가 큰 낭패를 당하는 경우가 드물지 않다.

사사로운 이(利)를 챙기거나 보신(保身)이나 영달을 위해 시도 때도 없이 환심을 사거나 잘 보이려고 알랑거림을 일삼는 아첨쟁이들은 도처에서 호시탐탐 기회를 노리고 있는 현실이다. 이 같은 아첨이 완벽하게 사라질 세상을 기대함은 황소가 바늘구멍으로 빠져나가는 것보다 어려운 화두일지 모른다.

=====

* 질애(耋艾) : 늙은이와 젊은이

2022년 6월 29일 수요일

고사성어와 사자성어

닮은 듯 서로 판이한 고사성어(故事成語)와 사자성어(四字成語) 얘기다. 두 가지 모두 한자(漢字)로 만들어진 성어로서 외형상 뚜렷한 차이가 없는 데다가 쓰임에서도 특별한 제한 없이 일상에서 널리 사용되고 있기 때문에 야무지게 따지지 않고 구렁이 담 넘어가듯 적당히 혼용하는 걸까. 둘의 구분 기준이 엄연히 다름에도 상당한 사람들이 뚜렷이 구분하지 못하는 현실이다.

둘의 뿌리는 각각 이렇다. 먼저 고사성어는 '오래된 고사(故事)에서 유래되었는지를 기준'으로 구분하는 성어이다. 이에 비해 사자성어는 '한자(漢字) 4자로 이루어진 성어'이다. 달리 말하면 사자성어는 '한자 몇 글자로 이루어진 성어'인가에 따라 구분한다. 이렇게 구분 기준이 전혀 다름에도 둘을 서로 혼동하는 이유는 뭘까. 아마도 고사성어가 한자 4자로 이루어진 경우가 많아 혼동했던 게 아닐까. 실제로 고사성어를 좀 더 관심을 가지고 들여다보면 미봉(彌縫), 완벽(完璧), 백안(白眼), 봉문(蓬門)처럼 두 글자인 경우도 있다. 이에 비해 '눈으로는 백 보 밖을 볼 수 있으나 자기의 눈썹은 보지 못한다는 뜻으로 자기의 허물을 모른다는 비유'를 뜻하는 경우는 '목능견백보지외이불능자견기첩(目能見百步之外而不能自見其睫)'으로 무렵 14자의 한자로 만들어졌다.

앞에서도 언급한 바와 같이 고사성어란 '고사를 바탕으로 만들어진 한자로 표현하는 관용어'이다. 여기서 고사는 '유래 있는 옛날 일인 역사적 사실'을 뜻한다. 한편 성어는 '옛 선인들이 만들어낸 관용어'를 의미한다. 그런데 고사성어의 상당 부분은 중국의 전국시대(戰國時代)부터 생겨났다는 전언이다. 당시 제자백가들이 위정자들에게 설(說) 혹은 강(講)을 하는 과정에서 역사적 일화를 근거로 설득하면서 수없이 생겨났다는 지적이다. 몇 가지 언뜻 떠오르는 것으로 형설지공(螢雪之功), 위편삼절(韋編三絶), 도원결의(桃園結義), 삼고초려(三顧草廬), 우공이산(愚公移山), 군계일학(群鷄一鶴), 결초보은(結草報恩), 고립무원(孤立無援), 경거망동(輕擧妄動) 등을 위시해서 끝이 없다.

고대 중국에서 생겨난 고사성어가 도입되면서 옛날 우리 사회에서도 생겨난 사자성어가 수월찮다. 몇 가지 떠오르는 대로 열거하면 이렇다. 함흥차사(咸興差使), 두문불출(杜門不出), 공수

편매(公水騙賣), 이전투구(泥田鬪狗), 홍청망청(興淸忘淸), 야단법석(野壇法席), 칠세입춘(七歲立春), 이판사판(理判事判), 억불숭유(抑佛崇儒) 따위를 들 수 있겠다.

한자성어(漢字成語)는 한자로 만들어진 말로서 우화(寓話) 따위의 비유나 교훈을 비롯해서 고전 문헌에서 유래한 내용을 담고 있다. 이들 중에서 특별하게 '한자 네 글자로 이루어진 말'이 사자성어이다. 한편 사자성어가 고사성어와 다른 점은 '고사에 유래하지 않았다는 점'이다. 이 같은 맥락에서 볼 때 사자성어는 구태여 성어라고 이름을 붙이기보다는 자연스럽게 한자어(漢字語)로 가름하는 게 타당할지도 모른다. 이들 중에 몇 가지 예이다. 불광불급(不狂不及), 신토불이(身土不二), 주차금지(駐車禁止), 부귀영화(富貴榮華), 복지부동(伏地不動), 검수완박(檢搜完剝), 여촌야도(與村野都), 삼한사온(三寒四溫), 홍동백서(紅東白西), 조율시이(棗栗柿利), 어동육서(魚東肉西), 유전무죄(有錢無罪), 무전유죄(無錢有罪), 고사성어(故事成語) 등이 언뜻 떠오른다.

요즈음은 학교에서 한자 교육을 하지 않는다. 때문에 젊은이들은 흔히 쓰이는 고사성어나 사자성어를 제대로 읽거나 해석하지 못하는 문맹에 가깝다. 그런 터수이기에 아직도 우리 사회 도처에서 흔히 사용되는 고사성어나 사자성어가 만들어진 배경이나 유래를 제대로 이해하지 못한 채 어물쩍 넘기며 적당히 눙치는 경우가 허다하리라. 이럴 경우 분명 우리글이나 자료를 읽거나 말을 듣고도 그 정확한 뜻을 갈파하지 못할 개연성에 대한 지혜로운 대책은 뭘까. 우리의 어문 정책은 이런 문제에 대해 과연 제대로 된 정책을 펼치고 있는지 모르겠다.

2022년 7월 14일 목요일

언감생심

'좋은 물건을 보면 누구나 갖고 싶은 마음이 생긴다'라는 뜻의 사자성어를 견물생심(見物生心)이라면 그 반대 의미를 지닌 말이 언감생심(焉敢生心)이다. 여기서 언감은 '어찌 감히'라는 의미의 어조사(語助辭)이다. 이는 첫째로 감탄의 뜻인 '어떻게 그럴 수 있다는 말인가', 둘째로 부사어(副詞語)로 문장의 앞에 붙 '감히 그렇게 해서는 안 된다' 혹은 '할 수 없다'라는 뜻으로 사용된다. 한편 생심은 '어떤 일을 하려고 마음을 먹는 것'을 지칭한다. 이런 의미에서 언감생심은 '어떻게 감히 그런 생각이나 마음을 가질 수 있는가'라는 정도의 의미로 쓰이는데 그 실상 들춰보기이다.

실제로 언감생심이 사용되는 상황이다. 첫째로 깜냥이 아닌 역량에도 불구하고 지나치게 원대한 꿈을 꾸는 경우, 둘째로 표면적으로 드러난 이유와 다른 의도를 가지고 나쁜 일을 획책하는 경우, 셋째로 원래의 목표나 성격과 다르게 일을 추진하는 경우, 넷째로 이심(異心)을 품었다는 사실을 부정적으로 표현하는 경우, 다섯째로 점차 악화일로로 치달아 상황이 점점 어려워짐에 대한 자조적인 표현 따위에 쓰인다.

요즈음을 물질 만능 시대라고 한다. 그런 때문에 부(富)를 지고지선의 가치이자 선(善)으로 여기는 풍조가 만연한 작금이다. 하기야 맹자왈(孟子曰)이나 공자왈(孔子曰)을 찾던 그 옛날도 크게 다르지 않았던가 보다. 중국의 전한(前漢) 시대의 역사가인 사마천(司馬遷)의 사기(史記)에 이런 내용이 나온다. “대개 서민들은 부자를 대할 때 재산이 자기보다 열 배가 많으면 ‘헐뜯고’, 백 배에 이르면 ‘두려워하고’, 천 배에 이르면 ‘기꺼이 따르고’, 만 배에 이르면 ‘노예가 된다.’ 이것이 만물의 이치다”라고 일갈하고 있다. 이럴진대 물질을 제일로 내세우는 오늘날 빈곤계층이 과연 대부호들에 대해 언감생심일 뿐 곧이곧대로 이러쿵저러쿵 의견을 개진하거나 직언을 제대로 할 수 있을까. 아울러 사회적 절대 약자로서 미천한 천민이 지체 높은 고관대작이나 나라님과 관련된 일에서 옳고 그름을 과연 사실대로 가감 없이 가름하는 것은 언감생심으로 생각이나 할 수 있을까.

왕정 시대의 사극이나 영화에 흔히 등장하는 소재가 신분이 다른 계층 사이에 은애(恩愛)했던 사랑놀음 얘기이다. 대갓집의 가슴 뜨거운 청상 며느리와 젊은 피가 끓어 넘쳐나는 머슴 마당쇠, 금지옥엽의 아가씨와 종의 아들인 돌쇠 따위와 같은 관계에서 맺어질 수 없는 애절한 사랑 이야기가 쌓이고 쌓였다. 이런 다양한 상황에서 상대적 약자 입장에서는 애절한 사랑과 절절한 연모에 가슴앓이하면서도 그 사연을 밖으로 드러내는 것은 언감생심으로 불가능했었지 싶다.

철저한 품골제도(品骨制度)와 음서제(蔭敍制)가 서릿발같이 살아 요동치던 시절 평민이 지배계층인 상류사회로 신분 상승은 언감생심이었다. 사회가 변하고 인지가 발달하면서 평민도 신분의 수직 상승의 사다리를 타고 상류사회로 진입하는 첩경으로 인재의 등용문인 과거제도(科擧制度)가 도입되면서 숨통을 트게 되었다. 그러다가 현대에 이르면서 반상(班常)의 차별이 폐지되고 각종 고시제도가 도입되면서 '개천에서 용 난다'라는 미유와구 이산신교(未有窪溝 而産神蛟)가 사회의 미담 거리로 등장해 많은 평민 출신 젊은이들이 신분 수직 상승 사다리를 타고 상류사회 일원이 되기도 했다.

너무도 현실이 답답하고 안타까워 뇌까리는 독백이다. 요즘엔 세상에 이름을 떨치고파 안달하는 무리가 들끓는 게 아닐까. 태어나서 변변한 직업도 가져본 적이 없고 뾰족한 능력도 없는 이들이 사회운동에 발을 들여놓고 백면서생의 책상물림이라는 꼬리표를 떼고 나서 이름 알리기에 몰두한다. 그러고 나서 구렁이 담 넘어가듯 은근슬쩍 이런저런 선출직에 출마해 당선되어 자리를 꿰차고 으스대며 지도자 인체 행세하는 경우 능력에 의문이 들어 한심하기 짝이 없다. 감히 그들에게 묻고 싶다. '언감생심 꿈도 꿀 수 없는 지나치게 높은 자리에 앉아 거들먹거리는 반식재상(伴食宰相)'* 꼴은 아닌지 말이다.

예로부터 '선무당이 사람 잡는다'라고 하여 생무살인(生巫殺人)이라고 했다. 사전에 전혀 준비하지 않아 아는 게 없을뿐더러 능력이나 적성도 맞지 않는 언감생심의 일을 벌이다가 씻을 수 없는 피해를 당하고 삶을 포기하려 드는 이들에 대한 얘기를 숱하게 전해 듣는다. 그런 경우 거의 자기의 '재주를 믿고 아무렇게나 행동하는' 시재망작(恃才妄作)을 다반사로 행하던 사람들이다. 그렇게 옴짝달싹할 수 없는 구렁텅이에 빠졌을지라도 꿈이나 희망의 끈을 놓지 않고 재기를 위한 처절한 몸부림은 칠흑 같은 어둠 속에서 한줄기 빛을 보는 것 같아 덩달아 기운이 절로 나고 살맛이 난다. 왜냐하면 '말똥에 굴러도 이승이 좋다'고 수와마분(雖臥馬糞)이라 하지 않던가. 또한 이따금 남을 하찮게 여기거나 군림하려 들며 허튼짓을 일삼는 족속들을 대하며 '언감생심이지 어찌 그럴 수가 있는가?'라고 분기탱천하여 성토하거나 바로잡으려 맞대응하는 게 우리의 보편적인 행동 양태이다. 하지만 그런 구석으로 몰릴 경우 삶 자체가 몽땅 더렵혀진 것 같아 허둥대게 마련이다.

사노라면 늘 꽃길만 걸을 수 없는 노릇으로 때로는 진흙탕 길이나 된비알 험준한 고갯길을 비롯해 고해(苦海)의 길을 피할 수 없는 게 우리네 생이다. 그래도 가까운 주위나 불특정 다수로부터 '언감생심이지 꿈도 꿀 수 없는 어처구니없는 일을 저질렀다'라는 손가락질을 받는 삶은 어떻게든 비껴갔으면 좋겠다. 아무리 백세시대라고 해도 '인생은 아침 이슬과 같아 덧없다'라고 하여 인생조로(人生朝露)라는 말을 부인할 수 없는 생이다. 영겁에 비하면 촌음이나 찰나에 지나지 않을 생이 흠결로 더럽혀지지 않고 청청하기를 바라는 알량한 자존심이기도 하다.

=====

* 반식재상(伴食宰相) : 당서(唐書)인 노회신전(老懷愼傳)에 나오는 내용으로 '능력이 없으면서 할 일 없이 윗자리에 앉아 있는 사람(大臣)'을 일컫는 말이다.

2022년 7월 17일 일요일

백안시

백안시(白眼視)를 직역하면 '흰 눈으로 보다'라는 뜻이지만 사전적으로는 '남을 업신여기거나 무시하는 태도로 흘겨봄'으로 정의하고 있다. 이의 반의어(反意語)가 '청안(青眼)으로 본다'라는 뜻으로 '남을 달갑게 여겨 좋은 마음으로 봄'이라는 의미를 지닌 청안시(青眼視)이다. 이 백안시는 당(唐)의 방현령(房玄齡) 등이 엮어 펴낸 진서(晉書)의 완적전(阮籍傳)에 나오는 원적(阮籍)의 행동에서 비롯해 유래한 고사성어(故事成語)이다.

완적이라는 이는 진(晉)나라 초기 사람으로 노자(老子)의 철학인 무위사상(無爲思想)에 심취해 죽림(竹林)에서 은거하며 담론을 주고받던 죽림칠현(竹林七賢)* 중의 한 사람이었다. 어느 해 완적의 모친이 별세하셨다. 그때 친구 혜강의 형인 혜희(嵇喜)가 문상을 왔다. 하지만 완적은 눈을 치뜨고 흘겨보면서 아예 아는 체도 하지 않고 홀대(忽待)했다. 비록 친구의 형일지라도 자신이 추구하는 바와 다른 철학을 신봉하는 속물이라는 판단에서 철저히 무시하고 푸대접했다. 무안하고 머쓱해진 혜희는 참담한 심정으로 상가를 빠져나와 동생인 혜강에서 서운했음을 격하게 토로했다고 한다. 이렇게 사람을 대할 때 고운 눈으로 제대로 바라보지 않고 눈동자를 치켜뜬 채 흰자위로 바라보는 요상한 형상을 나타낸 말이 백안시이다. 결론적으로 미운털이 박힌 사람을 무시하여 흘겨보거나 냉랭하게 대할 때 흰자위로 본다는 말이 생겨났다.

실제로 완적전에 나오는 구절(句節)이다. '완적은 예교에 얽매이지 않고(阮籍不拘禮敎), 능이 눈동자를 굴려 흰자위를 들어내거나 호의를 뜻하는 푸른빛을 나타낼 수 있다(能爲青白眼). 세속의 예의범절에 갇힌 선비를 보면(見俗禮之士), 흰자위를 들어내 흘겨보며 대했다(以白眼對之)'라는 내용에서 백안(白眼)이라는 표현이 나온다.

우리의 표현에서 백안시와 상당히 가까워 그 경계를 가름하기 어려운 말이 도외시(度外視)이지 싶다. 이런 뜻에서 고구마 덩굴을 당기면 땅속에서 고구마가 딸려 나오듯이 백안시하면 자연스레 연상되는 도외시와 만남이다.

후한서(後漢書) 광무기(光武紀)에서 광무제(光武帝)인 유수

(劉秀)를 애기하는 과정에서 도외시라는 말이 생겨났다. 대체적으로 이는 '문제로 삼지 않고 가외 것으로 보아 넘김'이라는 뜻으로 정의된다. 한편 당시 왕망(王莽)의 신(新) 나라를 제압한 유수가 황제의 자리에 오르고 한(漢)나라를 다시 일으켜 중원(中原)을 거의를 손아귀에 넣고 지배하게 되었다. 하지만 진(秦)에 뿌리내린 외효(隗囂)를 비롯해서 촉(蜀)에 똬리를 틀었던 공손술(公孫述)은 백기를 들고 투항하지 않았다. 의아했던 중신들이 토벌할 것을 간(諫)하자 황제인 유수가 이렇게 말했다. 중원은 이미 평정되었기 때문에 '이제는 법도의 밖으로 보라'는 뜻으로 도외시라고 일렀다. 이 말의 참뜻은 '이들(외효와 공손술)은 무시하더라도 위협적인 존재가 아니기에 신경 쓰지 않겠다'라는 의미이다.

국어학에 대한 내 실력은 그저 그렇다. 그래서 전문가들의 고견을 기웃거리며 얻은 지식 부스러기를 정리하련다. 현재 도외시는 '문제 삼지 않는다', '무시하다', '업신여긴다' 의미로 쓰인단다. 결국 누군가를 푸대접하거나 무시하려는 마음이 태도나 말투 혹은 행동으로 나타나는 것을 업신여김이라고 한다면 백안시는 도외시보다 약간 강한 의미라고 보는 게 합당하다고 알려준다. 이런 취지를 감안할 때 '서로에게 무관심한 사람들에 대해 빗대어 쓰는 말'인 "소 닭 보듯이 하다"와 엇비슷한 의미로 사용되고 있다고 이해하면 큰 무리가 없지 싶다.

살면서 가장 답답한 사람은 '술에 술 탄 듯 물에 물 탄 듯 맺고

끊음이 불분명한 경우'이다. 하지만 지나치게 호오(好惡)가 분명한 경우는 적을 많이 만들어 피곤한 처지가 될 개연성이 무척 크다. 특히 정치인이나 대중의 인기를 먹고사는 계층에겐 더더욱 그렇다. 이런 관점에서 삶을 영위하면서 누군가로부터 도외시 혹은 백안시를 많이 당할수록 적이 많거나 무시당한다고 치부해도 큰 무리가 없지 싶다. 당연하겠지만 함부로 남을 도외시하거나 백안시하는 어리석음도 피해야겠다. 피아를 막론하고 적을 많이 만들거나 업신여기며 무시하는 삶이나 사회는 바람직한 모습이 아니다. 그런 삶이나 사회는 바람 잘 날 없어 불안하고 고달프다. 그러므로 세상 모두를 꿀이 뚝뚝 떨어지는 사랑스러운 눈인 청안(靑眼)만으로 볼 수 있었으면 더할 나위가 없을 터인데.

세상엔 절대란 없는 것일까. 젊은 날 자기 철학에 철두철미했던 완적의 얘기다. '낡아빠진 세속에 찌든 가치관에 따르는 예절을 중시하는 사람'이라는 이유로 자기 모친상에 문상 온 절친한 친구의 형인 혜희(嵇喜)를 백안시하며 조롱하고 업신여기는 수모를 겪게 했다. 그런 그가 젊은 날 철저히 경멸했던 진(晉)나라 태조(太祖)이며 문황제(文皇帝)였던 사마소(司馬昭)의 휘하로 들어가 총애를 받으며 관직을 영위했다는 사실을 어떤 논리로 설명해야 할까.

아무리 시대에 따라 가치관이 변했다고 해도 사람의 행동에는 격이 따라야 하는 게 아닐까. 평생을 정치 쪽과는 담을 쌓고

거리를 두고 있다. 현실에서 이립(而立)을 막 지난 젊은이가 무너져 가는 정당 대표가 되는 것을 보고 박수를 쳐주었다. 그런데 최근 그와 엇비슷한 연배의 여자 최고위원과 밀고 당기며 벌이는 낯 뜨거운 꼬락서니는 눈 뜨고 보기 민망했다. 최고위원회의 시작 과정에서 둘 사이에 노룩(no look) 악수 모습을 비롯해 다음 날이던가 그들이 악수를 패싱 하는가 싶었었다. 조금 후에 어딘가를 다녀와서 자기 자리로 돌아오던 최고위원이 당 대표 뒤로 지나가면서 대표의 어깨를 툭 치고 지나가는 볼썽사나운 추태를 또다시 연출했다. 이 같은 행동들은 상식 이하의 행동으로 꼴값의 극치로 비쳐 정나미가 뚝 떨어지고 입맛이 가셨다. 초등학생들도 공식적인 자리에서 그런 어처구니없는 행동은 하지 않는다. 아무리 속이 뒤틀려 서로 도외시하거나 백안시하기로 작정했어도 철부지나 할 수준 이하의 행동이었다. 사람의 품격은 지능지수가 높은 명석한 두뇌만으로 해결될 문제가 아닌가 보다. 이 망동은 우리 모두의 격이 시궁창으로 추락하는 현장이 곧이곧대로 중계되는 것 같은 자괴감 때문에 께름칙했고 여태까지도 기억에서 지워지지 않아 떨떠름하다.

=====

* 죽림칠현(竹林七賢) : 혜강(嵇康), 완적(阮籍), 유영(劉伶), 산도(山濤), 왕융(王戎), 향수(向秀), 완함(阮咸) 등이다.

2022년 7월 27일 수요일

등산길의 사계(四季)

왕복 삼십 리 매주 몇 차례씩 스무 해 이상 찾던 등산로
건강 때문이었으나 언제부터인지 무심의 경지에서 반복한 노정
5천 번 넘겼기에 6만 km를 훌쩍 넘어 촘촘히 새겨진 발자국

움이 트고 새싹이 돋는 봄 길은 싱그럽고 절로 신명 나는 여정
뗏새들이 짝짓고 산란해 알을 품고 새끼를 치는 사랑의 계절
연록의 향연과 화사한 봄꽃 유혹에 도낏자루 썩어가는 별천지

더위에 가파른 깔딱 고개를 오르려면 헉헉대는 여름 등산
힘겨운 정상 정복은 타 계절에 비할 바 아닌 환희
울울창창한 숲은 햇볕으로부터 자유선언의 축복

만산홍엽의 등산은 달뜨게 부추겨 조심스레 나서게 마련인 길

화려한 단풍에서 낙엽으로 떨구는 조락(凋落)이 떨떠름한 계절
불타는 화려함과 조락이 대비되어 궁싯거리며 나서는 가을 산행

나목의 삼동 산행은 어느 계절과 견줄 수 없는 단연코 으뜸
설한풍의 윙윙댐에 넋을 잃고 폐부에 파고드는 청아한 공기
긴장한 채 추위를 견디려는 웅크림도 썩 기분 좋은 대응
싱그러운 봄, 무더운 여름, 단풍이 되레 부담스러운 가을을 비켜
적당히 긴장하고 나를 돌아보며 생각하는 겨울 산행은 설렘의 길

2022년 5월 11일 수요일

V. 공경을 받지 못할지라도

고결함을 다시 돌아봄

혹세에 온갖 유혹과 협박이나 이(利) 앞에서 독야청청할 수 있을까. 견뎌내며 버티기 어려운 세파의 소용돌이가 휘몰아치는 세월에 돌부처처럼 꿈쩍하지 않을 재간이 없어 뜻을 굽히거나 훼절은 보편적인 선택일까. 불행하게도 질곡의 세월인 통한의 일제 강점기, 민족상잔의 6·25, 암울했던 군사독재의 시대를 지나왔다. 이 과정에서 다양한 억압과 회유를 비롯해 갖은 감언이설이나 교묘하게 왜곡된 세론을 앞세워 변절을 획책한 영향이었을까. 자의 혹은 타의를 막론하고 적지 않은 사람들이 버거운 현실 앞에 속절없이 무릎을 꿇고 부역(附逆)을 했다. 지금 그들을 기필코 척결해야 할 대상으로 낙인찍어 단죄하면서 지워 나감으로써 역사를 바로잡기가 현재 진행형으로 이어지고 있다. 이런 때문에 상당한 인사들이 우리 역사에서 지워지고 있다. 특히 문인 중에 그 부류에 포함되는 경우가 많음은 어디에 연유할까.

난세에 처하면 대부분 자기 소신을 지켜내지 못하는가 보다. 그렇다고 모두가 정의에 반하는 선택으로 천추(千秋)의 한을 남기는 어리석음만 존재하는 게 아닌가 보다. 우리가 무지렁이 같은 천출이라고 얕보던 일개 기생이었던 '춘향'이가 무지막지하게 수청(守廳)을 강요하는 변 사또에게 목숨을 걸고 정절을 지켜내려던 뭉클한 사연은 많은 것을 암묵적으로 대변하는 대목이다. 하찮게 여겨오던 기생이지만 썩어빠진 양반 나부랭이나 기회만 호시탐탐 엿보던 허약한 책상물림들에게 적지 않은 화두를 던져주었다.

보통 사람이라면 극한의 어려움이나 거스를 수 없는 대세를 앞세워 '이런들 어떠하리 저런들 어떠하리'로 시작되는 조선 태종 이방원의 하여가(何如歌)와 같은 탈출 방법을 택할 가능성이 다분하다. 앞에서 얘기했던 친일파, 6·25와 군사독재의 부역자들이 대표적으로 해당하는 부류가 아닐까 싶다. 이런 가치관이나 사상에 비해 권력의 정점에 선 절대자에게 '이 몸이 죽고 죽어 일백 번 고쳐 죽어'로 시작되는 단심가(丹心歌)로 직답하는 결연한 의지를 천명했다. 누구도 흉내 낼 수 없는 결기의 표상으로 고려의 충신인 정몽주의 범연한 기개와 충혼을 바탕으로 하는 결단의 진수를 보여주는 사례이리라.

우매하게도 우리는 하찮은 얻음이나 허접한 이름으로 신기루 같은 허상(虛想)이 영원하리라는 착각에 부질없는 욕심의 노예로 전락하는 경우가 숱하다. 이런 집착이나 모순에 빠지지 말라고 선인들이 '권력이란 안개처럼 사라진다'라는 뜻으로 권서여무(權逝如霧)라고 일렀다. 또한 '열흘 붉은 꽃이 없고, 달도 차면 기울며, 십 년 가는 권력이 없다'라며 화무십일홍 / 만월즉휴 / 권불십년(花無十日紅 / 滿月卽虧 / 權不十年)이라는 깨우침으로 울림을 주고 있다.

지금 우리나라엔 대선(大選) 열풍이 온 나라를 휩쓸고 있다. 모리배를 방불케 할 만큼 닮고 닮은 정치꾼들이 불나비처럼 친소에 따라 모여들어 사방에서 준동하며 설치는 꼴이 가관이다. 삼척동자도 이해할 수 있는 검고 흰 것의 구분이나 옳고 그름도 제대로 가름하지 못하면서도 선거 후 자기 자리 확보라는 사사로운 잇속 챙기기에 매몰되어 으르렁 왈왈대고 있다. 이렇게 진보와 보수가 맞붙어 예의와 품격은 온데간데없고 진흙탕 싸움에 모두걸기를 하기 때문에 흑묘백묘(黑猫白猫) 구분이 무의미해 보인다. 이들 중에 사심 없이 나라의 미래를 진정으로 고민하는 이들이 얼마나 될까. 예부터 '얼어 죽어도 양반은 곁불을 쬐지 않는다'라고 했거늘 언제쯤이면 진정한 선거라는 축제를 즐기며 지켜볼 수 있을까. 희망을 접지 않고 그날을 꿈꾼다.

매화를 꽃의 우두머리라 하여 화괴(花魁)라고 한다. 이 '매화는 일생을 춥게 살아도 향을 팔지 않는다'라는 매일생한불매향(梅一生寒不賣香)의 참된 의미 되새김이 절실한 오늘이 아닐까.

사학연금, 2022년 4월호(Vol. 425), 2022년 4월 1일
(2022년 2월 22일 목요일)

오악(五嶽(岳))과의 만남

오악에 대해 살핌이다. 산을 즐겨 찾는 성격에서 비롯해 굳힌 생각이다. 지난 스무 해 이상 매주 대여섯 차례씩 동네 뒷산 10km 남짓한 거리를 3시간 정도에 걸쳐 오르내렸던 마니아로서 때늦은 관심일지도 모른다. 논어의 옹야편(雍也篇)에 의하면 '지혜로운 자는 물을 좋아하고(知者樂水), 어진 자는 산을 좋아한다(仁者樂山)'라고 이르지만 나는 그런 고상한 축에 낄 주제가 아니다. 단지 오악에 대해서 들으며 한 귀로 듣고 곧바로 다른 귀로 흘려버렸던 것을 제대로 챙겨 올곧게 갈무리하고픈 욕심의 발로일 따름이다.

오악이라는 개념은 어디에서 비롯되었을까. 오래전부터 중국에는 산악을 숭배하는 사상이 있었다. 춘추전국시대에 산신(山神) 사상과 오행(五行)* 사상이 결합되어 '옛 신앙에 보이는 5개의 산'을 오악(五嶽)이라고 불렀다는 얘기다. 실제로 산 이름이 등장한 것은 한(漢)나라 시대이다. 이 시절의 오악은 북악(北岳)

인 항산(恒山), 동악(東岳)인 태산(泰山), 중악(中岳)인 숭산(嵩山), 서악(西岳)인 화산(華山), 남악(南岳)인 형산(衡山)이다. 우리나라에선 삼국사기나 삼국유사에 신라의 오악이라는 얘기가 등장하는 것을 미루어 짐작할 때 문외한의 단견으로는 중국에서 유래된 개념이 아닐까 싶다.

중국 최고의 지리학자이며 여행가였던 명(明)나라 서하객(徐霞客)이 했던 오악에 대한 평의 내용이다. 황산을 둘러보다가 남긴 만유황산선경(漫遊黃山仙境)이라는 시(詩)에서 황산(黃山)을 최고라고 치켜세웠다. “오악을 돌아보면 어떤 산도 보이지 않고(五岳歸來不看山), 황산을 돌아보면 오악도 보이지 않는다(黃山歸來不看嶽).”

우리의 경우 오악에 대한 개념은 시대적 배경과 상황에 따라 변함으로써 고정적인 의미가 아니었다. 예를 들면 신라 시대 오악도 통일 전과 후가 다르고, 고려 시대의 오악이 신라의 그것과 달랐으며, 심지어 조선의 경우는 오악 대신에 4대 명산(四大名山)을 꼽다가 대한제국 무렵에 이르러 오악이 등장했다. 한편 경기지방에도 ‘경기 오악’이 있었다. 그 외에도 자료를 들추다 보니 타이베이(대만)에도 역시 오악은 존재했다.

신라 때는 오악으로 북악인 금강산(金剛山), 서악인 선도산(仙桃山), 중악인 단석산(斷石山) 동악인 토함산(吐含山), 남악인 함월산(含月山)을 지칭했다. 삼국통일 뒤에 규정한 오악은 북악인 태백산(太白山), 서악인 계룡산(鷄龍山), 중악인 부악(父嶽 : 지금의 八公山), 동악인 토함산(吐含山), 남악인 지리산(智異山)으로 바뀌었다. 한편 조선의 세종실록에서는 치악산(雉岳山), 송악산(松岳山), 관악산(冠岳山), 감악산(紺岳山), 백악산(白岳山)을 지칭하고 있다. 그리고 중종실록에서는 금강산, 묘향산, 지리산, 백두산, 삼각산(북한산)이라는 기록이다.

육당(六堂) 최남선(崔南善)은 우리나라 4대 명산으로 금강산, 지리산, 구월산(九月山), 묘향산을 꼽았다. 이들 중에 어느 산이 최고로 대접받을까. 이 물음에 대한 개인적인 하나의 견해이다. 휴정(休靜) 서산대사(西山大師)가 앞에서 열거했던 산에 대한 평이다. "금강산은 수려하나 장엄하지 않고(金剛秀而不壯), 지리산은 장엄하나 수려하지 않고(智離壯而不秀), 구월산은 수려하지도 장엄하지 못하고(九月不秀不壯), 묘향산은 수려하고 장엄하고(妙香亦秀亦壯)"라며 묘향산을 으뜸이라고 했다.

조선 시대는 북악인 비백산(鼻白山), 서악인 송악산, 중악인 북한산, 남악인 지리산을 사악(四岳)이라고 지칭하기도 했다. 또한 대한제국에서 오악은 북악인 백두산, 서악인 묘향산, 중악인 북한산(삼각산), 동악인 금강산, 남악인 지리산이었다. 아울러 경기지방에서 경기 오악을 규정해 특이했다. 감악산(파주, 연천, 양주), 운악산(포천, 가평), 화악산(가평), 송악산(개성), 관악산(서울, 과천, 안양)이 그들이다. 산과 전혀 관계가 없는 한의학에서 '오악(五岳)'은 얼굴에서 도드라진 5부위 즉 양 볼, 코끝, 이마. 턱을 뜻한다는 얘기다. 동의보감(東醫寶鑑)에서 왼쪽 볼은 간(肝), 오른쪽 볼은 폐(肺), 코끝은 비(脾), 이마는 심(心), 턱은 신(腎)과 연관되어 있기 때문에 그 부위의 빛깔로 오장(五臟) 상태를 가늠할 수 있다고 한다.

언제부터일까. 산을 신앙의 대상으로 숭배해왔던 관습 얘기다. 이런저런 기록에 따르면 고려 때에는 적덕산(積德山), 백악산(白岳山), 목멱산(木覓山 : 현재 서울의 남산)에서 산신에게 제(祭)를 올렸다. 조선 영조 시절에는 망덕산(望德山)에 백두산단(白頭山壇)을 조성하고 제중축(躋中祝)이라는 망제(望祭)를 모셨단다. 또한 금강산에는 고려 때부터 의관산단(義館山壇)을 만들어 소사(小祀)를 지냈다. 그리고 삼각산에는 삼각산단(三角山壇)이 있어 신라 이후 소사를 모셔왔단다. 한편 지리산의 지리산단(智異山壇)에서는 신라 이래로 중사(中祀)를 지냈단다. 이런 맥락을 고려할 때 오악은 나라의 동서남북과 중앙 지역을 대표하는 명산으로 여기에서 국가가 관장해서 봄과 가을에 제사를 모셨다는 사실이다. 물론 각 지방의 진산(鎭山)*도 제사의 대상이었다. 이처럼 산을 신성시하고 섬김과 존숭(尊崇)의 대상이 되면서 오행 사상을 바탕으로 명산을 선정하여 '오악'이라고 호칭한 게 아닐까 싶다.

=====

* 오행(五行) : 고대 중국의 자연철학으로 우주 만물의 변화를 나무(木) 불(火), 흙(土), 쇠(金), 물(水)의 다섯 가지 기운으로 압축해 설명하려는 사상.
* 진산(鎭山) : 도읍지나 각 고을에서 그곳을 진호(鎭護) 하는 주산(主山)으로 정하여 제사(祭祀)를 모시던 산을 말한다. 조선 시대에서는 동쪽의 금강산, 남쪽의 지리산, 서쪽의 묘향산, 북쪽의 백두산, 중심의 삼각산을 오악(五嶽)이라고 하여 주산으로 삼았다.

2022년 3월 15일 화요일

삶이 버겁거든

사노라면 뜻하지 않은 외착(外錯)*에 직면할 개연성이 높다. 날씨를 종잡기 어려운 여름날 집을 나섰다가 갑자기 휘몰아치며 쏟아붓는 소낙비에 속수무책으로 당하는 황당무계한 경우가 그렇다. 또한 어렵사리 틈을 내 나섰던 나들이 길의 도린곁*에서 승용차 타이어가 펑크가 났음에도 갈아 끼우는 방법을 몰라 쩔쩔맸던 난처한 상황이 그렇다. 아울러 모든 게 뜻대로 풀릴 것 같은 일이 한순간에 바뀌는 돈좌(頓挫)*에 빠지는 게 역시 그런 부류이다. 그럴 때 다짜고짜 서두르면서 허둥댈 일이 아니다. 예로부터 '급할수록 돌아가라'라고 일렀다. 왜냐하면 '마음이 급하면 일이 잘되지 않는다' 하여 욕속부달(欲速不達)이라고 이르지 않던가. 이런 연유에서 삶이 어렵고 힘들 때 참된 자화상은 어떤 꼴이 바람직할까.

자주 오가는 등산길에서 뇌졸중으로 움직임이 느리기 짝이 없는 이를 몇 차례 목도했다. 몸의 왼쪽이 거의 마비된 상태로 정상인의 눈에는 걷는지 서 있는지 구별되지 않을 지경으로 무리라는 생각이 들기도 했다. 그럼에도 그는 만만한 포장길 대신 가파른 비탈과 깔딱 고개가 즐비한 등산로를 걷는데 정상인의 몇 배의 시간이 소요되지 싶어 무척 안쓰러웠다. 스쳐 지나며 언뜻 살펴보니 조금씩 천천히 걷다가 힘이 부치면 길옆 바위나 비탈진 땅 위에 걸터앉아 자주 쉬었다. 그 나름 등산로에 적응하는 방법을 터득해 중도에 포기하지 않고 이따금 찾는가 보다.

주위에 막다른 골목으로 몰려 극단적인 선택을 하려다가 이런저런 생각이나 조언에 마음을 다잡고 일어서 불멸의 성공을 거둔 사례가 드물지 않다. 살면서 크고 작은 좌절을 겪으며 모든 걸 포기하고픈 충동과 아픔을 겪지 않은 사람이 얼마나 될까. 공부나 시험에 실패해서, 사업이나 사회생활에 실패해서, 배신의 아픔 때문에, 연애에 실패해서 따위의 상처가 없는 세상에서 꽃길만 걸어온 이들은 그다지 흔치 않으리라. 밖으로 드러내지 않았을 각자의 아픔이나 좌절을 속으로 삭이고 숨기며 버거운 현실과 드잡이하고 우뚝 일어선 승리자가 오늘의 지구촌 지킴이인 현대인이지 싶다.

목에서 쓴 내가 날 정도로 힘든 일을 하거나 가파른 산비탈을 오를 때 숨을 몰아쉬기도 힘겨워 헉헉거릴 때 적당히 쉬는 게 으뜸의 대응이라는 사실을 경험을 통해서 체득했다. 이같이 단순한 진리의 깨우침도 수없이 되풀이되었던 시행착오를 통해 쌓은 체험으로 얻는 알토란같은 지식이다. 결국 고난에 직면했을 경우에 섣불리 서둘거나 어쭙잖은 직진만이 정답이 아니기에 적당한 쉼이 더 멀고 더 높이 도약을 위한 슬기로운 대처이리라.

눈앞이 깜깜하고 도저히 내일을 기약하기 어려운 절체절명의 위기에 처하면 대부분 망연자실해 모든 걸 포기하기 쉽다. 예로부터 '궁하면 변하라'라는 뜻으로 궁즉변(窮卽變)이라 했고, '변하면 통한다'라는 변즉통(變卽通)이라 했으며, '변하면 오래간다'라고 하여 통즉구(通卽久)라고 일렀다. 이는 어려울수록 신중하게 방법을 모색하면 해법을 찾아 튼실한 대응책을 마련할 수 있음을 확신시켜주는 가르침이다. 또한 어렵고 힘듦에 직면하더라도 좌절하거나 포기하지 않고 생각을 거듭하면 '사물이나 현상을 고요히 관찰하면 스스로 진리를 깨닫는다'라는 의미로 정관자득(靜觀自得)이라고 이르지 않던가.

흔히들 '소나기가 쏟아지면 우산을 쓰라'고 조언한다. 견뎌내기 어려운 일이나 버티기 힘들 때 무리하기보다는 일시적으로 비켜서서 그 원인을 냉철하게 분석하고 문제에 대한 해결책을 궁리해 내는 게 영철(英哲)한 대응 마음가짐이다. 과거는 현재의 모태이고, 현재는 미래의 모태이기에 순리에 따른 생각을 바탕으로 결론을 도출할 수 있다는 견지에서 하는 말이다. 세상사 모두가 물이 흐르듯 어제에서 오늘로 그리고 오늘에서 내일로 이어진다. 그러므로 각각을 따로 분리하는 단절의 시각이 아니라 혈관으로 피가 순환되듯이 자연의 법칙이나 이치가 이어진다는 이유에서 그 공통 인자 속에서 최대공약수를 도출할 수 있다는 생각 때문이다.

같은 일을 당하더라도 지난날에 집착해 원인과 해법을 도출하려는 과거 지향적인 접근과 미래에 방점을 두고 해법을 모색하는 두 방법을 떠올릴 수 있다. 일반적으로 과거란 뺄셈이 될 공산(公算)이 높아 과거와 현재에 집착할 경우 미래를 잃기 쉬울 뿐더러 감성에 기대 흔들릴 위험이 매우 크다. 이에 비해 미래 지향적인 접근은 진취적인 개선의 의지를 바탕으로 하는 비전을 담는다. 따라서 어렵고 힘든 일이 닥칠 경우 과거에 집착하기보다는 내일에 기대를 담는 도전적인 대거리가 합당하지 않을까.

힘겹고 감내하기 어려운 난제일수록 먼 미래를 지향할 목표를 바로 직시하는 긴 안목이 필요하다. 당장 눈앞에 보이는 티끌 같은 이(利)에 판단 깜냥을 잃어 거짓이나 사리에 어긋나게 대처했다가는 그 잘못을 덮거나 합리화시키기 위해 이어지는 또 다른 행동들 때문에 '호미로 막을 일을 가래로도 못 막는' 낭패를 당하는 경우가 허다하다. 이런 어처구니없는 예이다. 언필칭 우리 사회의 지도자라는 이들이 마구 내뱉은 거짓말 시리즈

(series)의 자가당착(自家撞着)을 무리하게 덮으려 발버둥 치다가 견강부회(牽强附會)의 모순에 함몰되는 목불인견의 안타까운 경우들이 그 본보기이다. 따라서 난제에 봉착해 급하고 여유가 없을수록 먼 내일을 보고 해결책이나 묘수를 찾는 지혜가 필요한 요즘이다. 언젠가 상품 광고 문안을 패러디(parody)해서 널리 회자되던 '순간의 선택이 일생을 좌우한다'라는 말이 불현듯 떠오름은 왜일까.

=====

* 외착(外錯) : 착오가 생기어 서로 어그러짐.

* 도린곁 : 사람이 별로 가지 않는 외진 곳.

* 돈좌(頓挫) : 기세 따위가 갑자기 꺾임. 일이나 계획 따위가 갑자기 틀어짐.

문예감성, 2022년 여름호(통권 29호), 2022년 6월 15일
(2022년 3월 21일 월요일)

백세시대의 버킷리스트

백세시대의 버킷리스트(bucket list)에 무엇을 담아야 할까. 단명하던 시절 이순 무렵에 일터에서 물러난 뒤부터 생을 마감할 때까지 삶은 덤으로 주어지는 삶처럼 여겨 여생(餘生)이라는 개념이 지배했다. 하지만 금세기에 접어들어 장수 시대 운운하는 중에 백세시대가 활짝 열렸다. 이로 인해 짧은 여생이 아니라 적어도 3, 40년 동안 생을 꾸려야 하는 절박한 생존 문제로 상황이 바뀌었기 때문에 단명 시대의 가치관이나 철학을 송두리째 바꿔야 한다. 그렇지 않으면 대단히 위태로운 처지로 전락할 위험이 도사리고 있음을 간과할 수 없는 시대가 도래했다.

명확한 이론적 근거를 동반한 기준은 아니라도 관련 분야에서 논의되는 얘기의 귀동냥에 따르면 100세 시대는 나이를 이렇게 갈래짓고 있다. 0~17세를 미성년자, 18~65세를 청년, 66~79세를 중년, 80~99세를 노년, 100세 이상을 장수 노인이라고 호칭한단다. 이런 취지에서일까? 100세 시대 나이의 계산법에는 다음의 두 가지가 있다는 귀띔이다. 첫째로 '현재 나이 - 15=100세 시대 나이'와 둘째로 '현재 나이×0.7 = 100세 시대 나이'로 산출하는 방법을 제안하고 있다. 이들 두 가지 100시대 나이 산출법에는 다음과 같은 신기한 공통점이 있다. 현재 나이를 기준으로 할 때 50세의 경우는 어느 방식으로 계산하더라도 35세로 환산된다. 그런데 50세 미만은 전자(前者)의 방법으로 계산하는 게 적은(낮은) 나이로 산출된다. 이에 비해서 50세 이상은 후자(後者)로 계산하는 게 적은(낮은) 나이로 계산된다.

어찌 되었든 현재 나이 78세를 가정할 때 이들 셈법에 따르면 54.6세 또는 63세로서 청년이라는 견해가 어느 정도 설득력을 얻고 있다. 이런 철학을 반영한 걸까. 나이에 걸맞게 생각도 따라서 젊어져야 한다며 건네는 충고와 조언이다. 100세 시대에 60세는 인생의 출발 선상이고, 70세의 경우는 절호의 기회이다. 한편 80세는 꽉 막힌 혈을 뻥 뚫듯 승부수를 띄울 기회이며, 90세는 살아온 세월과 경험을 모두 통합을 확인하는 지혜로운 시기이고, 100세는 살아온 세월에 대한 감동으로 화룡점정을 찍어야 한다고.

젊은 시절을 인생의 전반기라고 한다면 은퇴 뒤인 후반기는 누구도 경험하지 못한 미답의 길이다. 그런 때문에 지난날 '후회스러웠던 것, 하고 싶었던 것, 미뤄오던 것, 꿈꿔오던 것'을 자유롭게 하면서 자아실현을 이룩해 갈 후반기의 삶이 더욱 행복한 황금기가 될 수 있다. 장수 시대가 도래하면서 생의 후반기에 진입하려는 은퇴자들은 각자의 삶을 영위하는 수단과 방법에 따라 그에 걸맞은 대처 방안이 필요한 계층을 신중년(new senior)이라고 한다. 원래 이 신중년은 '베이비붐 세대를 포함해 50~69세를 포함해서 70세 미만의 중년을 일컬었다'. 그러다가 100세 시대가 본격적으로 펼쳐지면서 60세 이상 현역으로 활동하는 전부를 신중년이라는 개념으로 바뀌었다. 따라서 100세 시대의 신중년은 '일, 재취업, 자기 계발, 여가 활동, 사회적 관계 맺기, 사회 활동 참여 따위에 주역이 되어 자존감을 가지며 즐기는 세대'이다.

생의 일모작에서 물러난 세대로서 젊은 어른으로 활동하는 장년이 결국 신중년이다. 그렇지만 젊은 날의 경험과 전문지식, 생활 요령(노하우)을 바탕으로 새로운 삶을 개척해야 하는 관계로 지난날과는 결과 격이 다른 관점에서 인생 황금기를 모색해야 한다. 하지만 아무리 최선을 다해도 험준한 등산길에서 젊은이를 제치고 앞서기 어려운 게 자연의 이치이며, 젊은이들과 동등한 조건에서 경쟁하거나 맞설 수 없는 노릇이다. 그런 까닭에 젊은 시절 축적했던 다양한 경험, 재능, 지식, 요령을 기반으로 사회봉사, 재능 기부, 창직(創職)을 통해 경제적인 수입을 비롯해 정신적 만족을 통한 보람을 꿈꿀 수 있어야 한다.

이러한 가치관에서 100세 시대에 꿈꾸는 나의 바람은 다음과 같은 3가지 관점에서 현재 진행형이다. 첫째로 나 자신의 건강을 여투는 노력을 지속할 참이다. 다시 말하면 병상을 지키거나 골골거리며 생명을 연장하는 고루하고 비참한 삶에서 자유롭기 위해 지난 20여 년 동안 매주(每週) 5~6회씩 12km 내외의 등산을 꾸준히 해왔던 것처럼 건강을 위해 최선의 노력을 쏟을 요량이다. 둘째로 삶을 꾸리는데 기본적인 충족 요건인 경제적인 문제를 해결하기 위해 적극적인 방안을 강구할 작정이다. 이의 실현을 위해 내 글이나 책이 널리 읽히고 사랑을 받아 경제적인 도움이 될 길을 치열하게 고민하고 궁리할 계획이다. 지성이면 감천이라 했거늘 최선을 다한다면 독자의 마음을 얻을 여지가 충분하다고 생각한다. 그런 견지에서 과욕일지라도 솔직한 속내의 단면을 곧이곧대로 드러내는 독백이고 진솔한 소망이다. 셋째로 봉사하는 삶을 실현을 다짐한다. 일생 해온 일이 누군가를 가르치는 일이었다. 때문에 생을 다하는 날까지 누군가와 글을 쓰는 방법과 길을 함께 모색하며 울력을 보태기 위해 이론적인 연구는 물론이고 생에 대한 성찰과 자성을 게을리하지 않을 각오를 감히 천명한다. 이 같은 3가지 목표가 100세 시대 신중년으로 삶을 지향하는 알파(α)이며 오메가(Ω)이다.

흔히들 꿈을 꾸는 일은 젊은이들의 몫으로 여겨왔기 때문에 나이 들면 꿈을 접어야 한다고 체념한 채 포기하고 도전을 터부(taboo)시하기 마련이다. 하지만 100세 시대에 90을 지나 100

세를 넘겨서까지 꿈을 꾸고 희망을 노래해야 한다. 결국 백세시대를 맞아 신중년들은 생의 후반기에 더 적극적이고 활동적으로 자아실현을 위해 결기를 다지는 적극적인 자세가 요청된다. 왜냐하면 생각을 바꾸면 행동이 바뀌고, 행동이 변하면 습관이 바뀌며, 습관이 달라지면 인생도 바뀐다. 이런 견지에서 생의 후반기를 황금기로 승화시키기 위해선 신중년 모두가 열정적으로 삶을 다지고 과감하게 도전하려는 사고의 전환이 전제되어야 한다.

2022년 4월 23일 토요일

끝이 보이지 않는 동행

웃어야 할까 아니면 울어야 할까. 장기간 복용하던 약이 줄었다는 관점에서는 웃을 일이지만 끝없이 복약(服藥)해야 한다는 맥락에서는 통곡하고픈 심정이다. 뜻하지 않게 두 번(2016년과 2018년)에 걸친 블랙아웃(blackout)을 경험했다. 화들짝 놀라 다양한 검사와 진료 결과 가벼운 뇌졸중이 지나갔다는 진단을 받고 처방해 주는 약을 꼬박꼬박 먹어온 지 어언 여섯 해째이다.

처음(2016년 3월 7일) 뇌졸중 증상이 나타난 이후 처방받아 '매일 7 태블릿(캡슐)을 조석으로 나눠 상약(嘗藥)'*해 왔었다. 그 이후 4개월마다 점검받으며 약을 처방받아 왔으나 변동이 없었다. 그렇게 5년 이상 계속 되풀이되다가 지난 2021년 8월 검진결과 '오마코 연질 캡슐 1000mg 2캡슐'을 처방에서 제외시켜 주었다. 그리고 올해(2022년) 3월 말경의 검진 결과에 따라 또

다시 고지혈증약인 '크리스토정 5mg 0.5 태블릿'과 위산과다증 약인 '가스터정 20mg 1 태블릿'을 추가로 빼줬다. 그렇지만 먼젓번에 처방된 약이 상당량 남아있어 어제까지 모두 먹어 치웠다. 그래서 양을 줄여 새로 처방한 약을 오늘(5월 2일)부터 하루에 한 차례씩 복용할 것이다.*

소소한 감기나 소화불량 따위로 한두 차례 투약하는 경우라면 가벼운 기분이리라. 하지만 노년에 불청객인 기저질환 때문에 끝이 보이지 않는 약의 복용은 상상 이상의 심적 갈등이 따른다. 이런 경우는 투약을 시작하면 생을 마칠 때까지 지속되기 때문이다. 노년에 이르면 병이나 사고가 없어도 신체의 기능이나 면역력은 눈에 띄게 떨어지는 게 자연의 이치이다. 그런 상황에서 매일 많은 양의 약을 투약하다 보면 시나브로 부작용이 누적되면서 소화불량, 무기력증, 불안 증세 등에 시달릴 수밖에 피할 묘수가 없다.

퇴직하고 나서 다섯 해째에 마른하늘에 벼락 치듯이 뇌졸중이 스쳐 지나갔다. 꿈에도 예측하지 못한 상황에서 경황없이 당해 심적 충격에서 벗어나기 어려워 주저앉아 모든 걸 포기하고 싶었다. 초기에는 주위에 떠밀려 겨우 병원에서 처방 해준 약을 지시대로 상약하고, 추천하는 바에 따라 섭생에 유의하며, 권장하는 운동을 흉내 내는 것으로 할 일을 다 한 것으로 여겼다. 그렇게 소극적으로 대응하다가 기필코 일어서고 싶다는 오기가 나서 나름 즐기는 등산에 더욱 집착했다. 10km 안팎을 2~3시간 정도에 왕복하는 등산로를 일주일이 5~6회 지속으로 오가며 건강을 여투려 진력해왔다. 돌이켜 생각할 때 동네 뒷산이지만 끊임없이 오르내린 효과는 수치로 증명하거나 필설로 설명할 수 없는 밑거름이 되었지 싶다.

주위에 노인성 기저질환 때문에 병원에 의탁해 삶을 꾸려나가는 이들을 내 일처럼 눈여겨 지켜보고 있다. 대부분 달이 가고 해가 바뀌며 세월이 흐름에 따라 증상이 나빠지면서 처방받는 약의 강도가 높아지고 양이 늘어나 악화일로로 치닫는 경우가 대부분이다. 그럼에도 천우신조였을까. 최초의 발병으로부터 6년째에 이른 지금까지 4개월마다 중간 검진을 받은 결과 결과가 좋아져 복용할 약의 종류와 양이 줄어들어 마음이 무척 가볍다. 그동안 처방전을 가지고 찾는 약국은 여섯 해 동안 늘 같은 집이었다. 자주 드나들어도 약사와 통성명하며 인사를 건넨 적이 없다. 오랫동안 드나든 때문이리라. 머리가 희끗희끗한 여 약사는 신기하게도 나를 알아보고 여러 해째 같은 상태를 유지할 뿐 아니라 되레 좋아진 경우는 거의 없는 희귀한 예로서 축하한다며 광대덕담을 하는데도 싫지 않은 덜떨어진 모자람 때문일까.

높은 층에서 내려다보는 아파트 뜰에 뒤늦게 피어난 철쭉꽃도 시들어가고 하얀 색깔인 이팝나무 꽃이 활짝 피어났으며 신록의 물결이 굼실댄다. 그런가 하면 등산로 주변의 산비탈에 자리한 아카시아꽃이 피어나기 시작하는 신록의 계절이기에 초여름의 경계를 넘어설 길목에 다다랐다. 계절의 여왕이라는 5월의 초입이 생의 마지막까지 동행해야 할 기저질환의 약을 줄이라는 것은 은총의 출발점이라는 사실에 우쭐하여 겸연쩍을지라도 축배를 높이 들고 싶다.

=====

* 항혈소판제인 '아스피린 프로텍트정 100mg' 1 태블릿, 고지혈증약인 '크리스토정 5mg' 1태블릿, 역시 고지혈증약인 '오마코 연질 캡슐 1000mg' 2캡슐, 혈압 강하제인 '디오반필름코팅정 80mg' 1 태블릿, 위산과다증 약인 '가스터정 20mg' 2 태블릿 등을 아침저녁으로 나눠 먹었다.

* 오늘부터는 매일 아침에 한차례 약을 먹으며 그 내용은 '아스피린 프로텍트 1 태블릿', '크리스토정 0.5 태블릿', '디오반 필름코팅정 1 태블릿', '가스터정 1 태블릿'이다. 그러므로 결국 1일 1회 3.5 태블릿이기 때문에 나을 것 같은 심정이다.

2022년 5월 2일 월요일

수신제가치국평천하

제대로 수신제가(修身齊家)한 이들일까. 나라님이 되겠다는 이가 형수에게 했다는 입에 담기 민망한 욕설, 장관 후보자라는 사람들의 구린내 나는 흔적이 역겨웠다. 또한 선량(選良)으로 불러지기를 바라는 패거리들이 몰염치한 언행을 제대로 갈망하지 못해 허둥대는 추한 모습엔 외면하고 싶기만 했다. 게다가 여야로 처지가 바뀌면 변신의 귀재인 카멜레온처럼 완전히 다른 모습으로 돌변하는 군상 등을 지켜보면서 불현듯 떠오르는 말이 수신제가치국평천하이다. 그들 하나하나를 살펴보면 나무랄 구석이 없는 수재들로 화려한 학력과 경력에 주눅이 들 정도이다. 그런 반듯한 지성인들이 무리 지어 나라를 다스리는 치국(治國)을 한다며 허구한 날 붕당(朋黨)의 잇속만 챙기려 혈안이 된 채 날이 새고 해가 저물기 때문에 평천하(平天下) 즉 천하(나라)가 화평할 리 만무하다.

'몸과 마음을 닦아 수양하고 집안을 가지런하게 하며 나라를 다스려 천하를 평화롭게 한다'라는 말이 수신제가치국평천하(修身齊家治國平天下)이다. 이는 원래 대학(大學)의 경(經) 제1장의 8조목(격물(格物), 치지(致知), 성의(誠意), 정심(正心), 수신(修身), 제가(齊家), 치국(治國), 평천하(平天下))에 나오는데 그 내용은 이렇다.

> 마음이 바르게 된 후에야 몸이 닦아지고(心正而后 **身修**)
> 몸이 닦아진 후에야 집안이 가지런해지고(身修而后 **家齊**)
> 집안이 가지런해진 후에야 나라가 다스려지고(家齊而后 **國治**)
> 나라가 다스려진 뒤 천하가 화평하게 된다(國治而后 **平天下**)

타고난 영민함이나 많은 배움이 그대로 인품으로 이어지지 않는 모양이다. 앞에서 등장했던 집단은 선천적으로 뛰어난 두뇌를 바탕으로 많은 배움을 쌓았을지라도 도덕적으로 존경받을 품격과는 거리가 멀어 어쩌면 시정잡배와 별반 다름없는 언행을 보여 눈살을 찌푸리게 만드는 경우가 숱하다. 그런 위험성 때문에 채근담(菜根譚)*에서 이렇게 일렀던가 보다.

> 남을 대할 때는 봄바람과 같이 부드럽게 하고(待人春風)
> 자신을 대할 때는 가을 서리처럼 엄격하라(持己秋風)

자신에게는 더할 수 없이 엄격하게 대하며, 인격 도야에 진력하고 남에게는 끝없이 관용을 베푼다는 마음가짐으로 살아간다면 뭇사람들에게 존경을 받아 척을 지는 악업이 쌓이지 않을 터이다. 단순 명료한 이치임에도 제대로 지키지 못하는 편협하고 옹졸함 때문에 남과 쓸데없는 감정 낭비를 하면서 풀기 어려운 업장(業障)을 남기는가 보다. 이런 어리석음을 범하지 말라는 견지에서 이런저런 유사한 맥락의 조언들이 생겨났나 보다.

'자신에게는 박하게, 남에게는 후하게'라는 뜻으로 박기후인(薄己厚人), '남에게 자비로우면 적이 없다'라는 자비무적(慈悲無敵), 초(礎)나라 장왕(莊王)에서 비롯된 것으로 알려진 사자성어 얘기로서 '남의 잘못을 관대하게 용서해 주면 훗날 반드시 보답을 받는다'라는 절영지회(絶纓之會) 또는 절영지연(絶纓之宴)이 눈길을 휘어잡는다. 한편 논어(論語)의 위령공편(衛靈公篇)에서 '자신을 엄하게 책망하고, 남을 가볍게 책망하면 원망이 없어질지어다(躬自厚而薄責於人 則遠怨矣)'라고 이른다. 또한 명심보감의 존심편(存心篇)에서는 '남을 책망하는 마음으로 자신을 책망하고, 자신을 용서하는 마음으로 남을 용서하라(以責人之心 責己以恕己之心恕人)'라고 일깨우고 있다.

일제로부터 해방과 민족상잔의 전쟁인 6·25에 이어 암울한 혼란기의 압축 성장 과정에서 물질적 가치를 지고지선인양 신봉하며 정신적으로 피폐해진 때문일까. 천박한 물신주의의 병폐가 우리 사회 여기저기 음습한 구석에 튼실하게 똬리를 틀었다 해도 이제는 그런 일그러진 유산으로부터 자유로워야 한다. 허망한 말장난이 사회를 혼란으로 빠뜨리면서 도덕이나 철학을 비롯해 원칙과 정의는 참담할 정도로 괴멸되었다. 그 대신 억지와 괴변, 진영 논리와 극한 대립에 매몰됨으로써 수신제가도 제대로 이루지 못한 무뢰배들에게 우리 사회를 통째로 맡긴 것 같은 불안에 떠는 궁상은 공연한 기우일 게다. 그래도 이쯤에서 그 옛날 청나라 4대 황제였던 강희제(姜熙齊)가 일갈했다는 "타인에게 관대하고, 나에게는 엄격하라."라는 관인엄기(寬人嚴己)라는 말이라도 모두가 곱씹어 봤으면 하는 욕심은 부질없는 망상일까.

=====

* 채근담(菜根譚) : 명나라 말기에 홍자성(洪自誠)이 지은 어록집이다. 유교를 중심으로 불교와 도교를 가미하여 처세법을 가르친 경구적(警句的)인 단문 약 350조로 구성되어있다. 전집(前集)은 현실에 살면서도 현실에 집착하지 않는 마음가짐과 처세를, 후집(後集)은 자연을 벗하며 살아가는 풍류를 주제로 하고 있다

2022년 5월 5일 목요일

공경을 받지 못할지라도

요즘 아내의 병원 출입이 무척 잦다. 안쓰러워 짐짓 무심한 척 딴청을 부리기 일쑤이다. 병원 다녀오겠다고 말하면 "알았어!"라고 대꾸하는 게 고작이다. 또한 병원을 다녀왔다고 하면 "응~ 다녀왔어!"라는 식으로 의례적인 단답형으로 마지못해 응하는 꼴이다. 게다가 눈을 마주치고 "왜 가느냐?" 혹은 "어떤 치료를 받았으며 상태는 어땠는지?" 따위에 도통 관심이 없다는 투로 일관한다. 아내를 무시한다거나 싫고 짜증이 나서가 아니다. 겁이 나서 피하고 싶은 퇴행적인 행동일 따름이다. 두려움 때문에 아내가 서러워할 만큼 매정한 척 행동하는 나 자신도 싫다.

기축생(己丑生)으로 고희(古稀)의 중반 언저리를 지날 뿐인데 최근 몇 년 사이 아내의 건강은 생각보다 심한 내리막을 걷고 있다. 뜻하지 않은 담낭 절제로 병원과 결별했다고 여겼다.

그게 아니었던가. 지난해부터는 무릎과 척추협착증 때문에 병원을 자주 찾는다. 전문지식이 없어 제대로 꿰뚫지 못하지만 뼈주사를 비롯하여 통증에 관련된 주사를 수시로 맞는가 하면 물리치료도 받는 모양이다. 그렇다고 수술을 받아야 할 정도는 아닌 것 같다. 우연일지 모르지만 그런 쪽에 좋다는 수영에 얹어져 지낸 지 어언 40년쯤 지났는데 별로 도움이 되지 않는 것 같아 안타까울 따름이다.

가정을 이뤄 동행한 지 올해로 47년째이다. 중신아비이며 바로 위 오빠인 김 박사와 부모님의 협박(?)에 마지못해 등 떠밀려 혼인했던가 보다. 따라서 중국의 후한(後漢) 시절 양홍(梁鴻)의 인품을 흠모해 혼인했던 맹광(孟光)과는 다른 이유에서 혼인했지만 커다란 풍파 없이 반듯하게 가정을 이뤘다. 여태까지 삶처럼 앞으로도 큰 병이나 변고가 비껴갔으면 좋으련만 터무니없는 야무진 꿈이며 욕심일까. 젊은 날은 되레 내가 크고 작은 병고와 친했다. 웬일인지 최근 들어 반대로 되는 게 아닌가 하는 우려된다. 맘대로 할 수만 있다면 모든 사고나 병고는 내게 지워졌으면 좋겠는데 뜻대로 되지 않는 게 세상사이다. 욕심 같아서는 생을 다하는 순간까지 험한 꼴 당하지 않고 삶을 영위하다가 품위를 지키며 생을 마감하고 싶다는 이유에서 부부가 함께 보건소에 가서 사전연명의료의향서까지 작성해 두었다. 이런 곡진한 바람이 올곧게 이뤄졌으면 좋으련만 뜻대로 될지 모르겠다.

얼추 10년이 넘었다. 아내가 걷는데 부담을 느끼기 시작하면서 집안의 쓰레기(음식물, 재활용, 생활폐기물) 버리는 것은 통째로 내 몫이 되었다. 한편 시장이나 마트에서 생활용품을 구입한 짐 꾸러미나 박스를 싣고 지하 주차장에 도착해서 "나 지하에 도착했어!"라는 전화를 하면 "응! 알았어!"라고 답한 뒤 득달같이 달려가서 들고 오는 것도 묵시적으로 합의된 내 일이다. 왜냐하면 무거운 것을 들고 걸으면 무리가 따라 탈이 나기 때문이다. 이런 현실을 생각하다가 앞에서 등장했던 양홍과 맹광의 일화가 또렷하게 떠올랐다. 후한서(後漢書)인 양홍전(梁鴻傳)의 대략적인 내용의 간추림이다.

후한 시절 청빈하지만 인품이 곧고 처세가 원만해 주위로부터 존경을 받던 양홍(梁鴻)은 이런저런 이유로 혼인을 미룬 채 미혼으로 지냈다. 그때 같은 동네에 살며 나이가 많고 박색이었던 맹광(孟光)이라는 규수가 그를 매우 흠모했던가 보다. 그녀는 흠모의 마음을 숨기지 않고 자기는 훌륭한 인품을 지닌 양홍이 아니면 혼인하지 않겠다고 한사코 버틴다는 소문을 들었다.

맹광에 대한 풍문에 끌려 관심을 보이다가 둘은 결국 연이 닿아 혼인했다. 결혼을 하고 나서도 양홍은 아내인 맹광과 동침하지 않았다. 괴이하게 생각하고 그 연유를 물었는데 남편의 대답은 이랬다. "내가 원하는 아내는 비단옷에 화려하게 치장한 여인네가 아니라 누더기를 걸치고 산속에서 농사를 지으며 살지라도 부끄럽게 여기지 않는 당당한 여자"라고. 그 순간부터 맹광은 화려한 옷과 얼굴 꾸미기를 멀리한 채 시골 아낙처럼 생활했다. 이에 따라 생겨난 말이 그 유명한 형처(荊妻)*이다.

가정을 이룬 양홍은 생업인 농사일 중간 틈틈이 시(詩)를 지어 지인들에게 선물했다. 그 시 중 일부에 황실을 비난하는 내용이 포함되어 있었다. 그 때문에 나라에서 체포령이 떨어지면서 환멸을 느낀 그는 즉시 오(吳)나라로 피신해 명문가인 고백통(皐伯通)의 방앗간 지기가 되었다고 한다.

이 같은 사연을 담아 엮어낸 양홍전(梁鴻傳)에 이런 구절(句節)이 있다. '양홍이 일을 마치고 돌아오면 아내인 맹광은 한결같이 밥상을 차려 감히 눈을 치뜨지 않고(밥상을) 눈썹 위까지 들어올려 바쳤다(每歸妻爲具食不敢於鴻前仰視擧眼齊眉)'라고. 여기서 '밥상을 눈높이까지 들어 올려바침'을 뜻하는 거안제미(擧案齊眉)라는 표현에 대해 특히 유념할 필요가 있다. '지아비를 얼마나 존경했으면 매일 삼시 세끼 올리는 밥상을 눈썹 높이까지 들어 올렸을까'라는 대목은 많은 생각을 불러일으키고도 남는다. 이런 부부의 됨됨이를 예사롭게 넘기지 않던 고백통은 음양으로 그들을 돌봐주어 양홍이 수많은 저술을 남길 수 있도록 배려했다고 한다.

우리 부부의 얘기이다. 과년한 처지에 혼인에는 별로 관심이 없어 같잖은 핑계를 대며 세월을 축내다가 벼랑 끝 궁지로 몰려 백기를 들고 혼인을 택했다는 아내이다. 썩 내키지 않았기에 그 옛날 맹광이 양홍을 섬겼다던 공경과는 거리가 상태에서 간택된 지아비로 시작했다. 그럴지라도 큰 허물없이 함께했던 지난 세월을 돌아볼 때 아름답고 보람되었던 따뜻한 날들이 훨씬 많고 행복했다. 그런 면에서 우리 부부는 오그랑장사가 아닌 큰 이문이 남는 멋진 장사를 한 셈이다. 이런 생을 마칠 때는 아내가 나보다는 단 하루라도 더 살아야 한다는 게 일관된 내 지론이다. 왜냐하면 아내가 없는 텅 빈 집안에서 스스로를 제대로 지키지 못해 구질구질하고 궁상스러운 비참한 꼴을 보이고 싶지 않다는 알량한 자존심에서 비롯되었다. 게다가 아내보다 네 해 앞서 이 세상에 왔기에 한 발이라도 앞서 이승을 하직하는 게 행운이고 순리로서 아귀가 맞는다고 여기고 있다. 이런 바람을 위해 아내의 건강이 나를 능가하면서 평탄하기를 빌고 또 빈다.

=====

* 형처(荊妻) : 열녀전(列女傳)에 나오며 후한(後漢) 시절 양홍(梁鴻)의 아내인 맹광(孟光)이 가시나무 비녀를 꽂고 무명 치마를 입었다는 고사에서 유래된 말이다.

마음의 일기를 꺼내다, 한국수필가 연대 100인 대표 수필선, 2023년 7월 17일
(2022년 5월 8일 일요일)

본성에 대한 생각

선천적인 본성(本性)을 후천적인 이성으로 청심절욕(淸心節慾) 즉 맑은 마음으로 욕심 억제가 가능한 걸까. 이 화두는 아주 오랜 세월 끊임없는 담론의 대상이었다. 그럼에도 풀기 어려워 여태까지 지지부진한 진행형의 미완 과제로 남아있을 게다. 유사 이래 문화가 가장 발달한 문명사회에 살고 있다. 현대 문명에서도 인간의 원초적인 욕망인 남녀지사(男女之事)의 문제는 그 옛날에 견줘 뚜렷이 진일보한 게 없나 보다.

암암리에 축첩(蓄妾)이 용인되던 봉건시대가 아닌 오늘날의 일그러진 자화상의 단면이다. 툭하면 매스컴에 등장해 잘 알려진 이들이 부하 여직원에게 짐승이나 할 법한 몹쓸 짓을 일삼다가 담 높은 집에 갇히는 영어의 몸이 되거나 극단적 선택을 하는 꼬락서니를 지켜보는 게 편치 않다. 그들은 최고의 교육을 받은 지식인으로 우월적인 경쟁력을 교묘하게 이용하여 높은 자리를 꿰차고 앉아 으스대며 지도자인 척 행동했다. 하지만 시정잡배도 꺼릴 색정광(色情狂)* 같은 행동을 했다는 사실이 도무지 믿기지 않을지라도 이런 망행(妄行)을 거울삼아 본성의 문제를 곱씹어 보는 계기가 되곤 한다.

공자(孔子)가 이르기를 "나는 색(色)보다 덕(德)을 좋아하는 사람을 보지 못했다(吾未見好德如好色者也)." 즉 '거개의 사람들은 도덕보다 색을 좋아한다'라고 일갈했다. 또한 맹자(孟子)는 고자상(告子上)에서 '음식(飮食)과 남녀(男女)는 인간 본성이다'라고 하여 식색성야(食色性也)라고 일렀다. 여기서 음식은 식욕을 말하고, 남녀는 성욕을 뜻한다. 한편 예기(禮記)의 예운편(禮運篇)에 따르면 '사람의 가장 큰 욕심은 음식과 남녀이다(飮食男女 人之大欲存焉).' 다시 말하면 먹는 것(食)과 남녀지사는 사람의 가장 강한 욕망이라는 의미이다.

공자 같은 성현도 본성에 관한 한 어쩔 도리가 없었던가 보다. 그가 느끼고 파악했던 세상의 본성에 대해 "나는 여자보다 도덕을 더 사랑하는 사람을 본 적이 없다(我設見過喜爱道德像喜爱女色一样的人!)"라고 한탄했다고 한다. 세월이 변하고 문명이 발달해도 사람들의 근본적인 마음은 조금도 변하지 않는 걸까.

본성의 문제는 속세에 사는 중생들만의 문제가 아니었던가 보다. 성직자들의 세상에서도 결코 간단치 않은 화두였을 것이라고 넌지시 추측할 수 있는 대목이다. 오랜 세월 우리 역사와 함께 해왔던 불가(佛家) 쪽에 관련되어 전해진다는 얘기 조각이다.

불가에서는 극복하기 힘든 성(性)을 수행의 가장 큰 걸림돌로 생각하여 수도승들에게 경계토록 깨우쳐 주려고 부단한 노력을 했던 것 같다. 농(弄) 수준이지만 수행에 얼마나 큰 장벽이며, 끊어버리기 어려운 악업(惡業)의 고리라고 여겼으면 '남녀가 합일에 이르는 찰나의 상황을 독사(毒蛇)의 아가리(입)에 들어갔다'라고 천명(闡明)했다는 전언이다. 이는 이를 데 없이 직설적이며 비하(卑下)를 전제로 단호하게 내치려는 의지가 엿보이는 대목이다. 또한 수많은 고승들은 수행자가 경계해야 으뜸의 선결 충족조건으로 '재색(才色)의 극복'이라는 사실을 구태여 부정하지 않는다는 귀띔이다.

옛 대덕 고승들은 한결같이 성의 나락에 빠진 상태로 수행하여 득도한다는 것은 언어도단이라고 목청을 높여 일깨우고 있다. 고고한 종교에서 문제가 아니라 우리가 얽히고설켜 살아가는 속세에 화급히 척결해야 할 해악이다. 아무리 물질적 가치가 지배하는 세월이라고 해도 본성 하나 제대로 다스리지 못하고 짐승 짓을 하는 주제에 지도자 운운하는 그들이 역겹고 밉다. 공개된 자리에서는 지성인인 채 처신하다가도 뒷구멍으로는 저잣거리 불한당보다도 더 막돼먹은 파렴치를 거리낌 없이 저지르는 야수들이 국해의원(國害議員)*을 한다고 거들먹거리기도 한다. 또한 혹자는 도백(道伯)이나 판윤(判尹)* 또는 부윤(府尹)* 자리를 꿰차고 목민(牧民) 혹은 위민(爲民) 운운하는 가소로운 가면 놀이가 심하게 역겹고 떫으며 혼란스럽다.

인류의 역사와 함께 본성의 문제는 늘 골칫거리가 분명했으리라. 하지만 이런저런 명분을 앞세워 은근슬쩍 묻어두고 미완의 문제로 남긴 채 적당한 선에서 방치해 왔던 업보의 대가를 크게 치르고 있다. 뜨뜻미지근하게 밀쳐 뒤 곪아 터져 더 이상 밀쳐 둘 수 없는 상태에 이르러 공론화되며 뜨거운 갑론을박을 거듭하고 있다. 그럼에도 아직까지 속 시원한 답을 찾지 못한 채 미로를 헤매고 있다. 이처럼 오래 지속된 문제가 세상에 또 있을까. 색(色) 즉 성(性)에 대한 문제는 까마득히 먼 그 옛날 모두가 우러러 받들어 모셨던 공자를 위시하여 여태까지 수많은 선지자까지도 함께 고민하며 해답을 찾으려고 온갖 궁리를 다 했음에도 풀지 못한 난제 중의 난제이다. 게다가 오랜 세월 동양을 지배한 유학(儒學)을 바탕으로 통치했던 사회를 거치고도 이 모양 이 꼴이니 그 이유를 어떻게 설명해야 할까.

=====

* 색정광(色情狂) : 색에 미친 사람 또는 색정을 만족시키기 위해서 상식에서 벗어나는 행동을 하는 사람.

* 국해의원(國害議員) : 정해진 소임에 충실한 국회의원(國會議員)과 구분하기 위해 성 범죄를 저지른 경우를 삐딱한 마음에서 지칭한 호칭이다.

* 판윤(判尹) : 조선의 정2품 관직으로 도읍인 한성부(漢城府)의 기관장이다. 판서급으로서 도성의 행정, 사법, 치안을 관장했다. 조선 초기에는 부윤(府尹)이었으며, 한성부의 행정, 사법권이 주어져 오늘날의 서울특별시장 겸 서울고등법원장 겸 서울고등검찰청장에 해당한다.

* 부윤(府尹) : 조선 시대의 지방 관아인 부(府)의 우두머리. 종이품 문관의 외관직으로 영흥부, 평양부, 의주부, 전주부, 경주부 등의 다섯 곳에 두었다. 또한 일제 강점기의 행정단위인 부(府)의 우두머리. 지금의 시장(市長)에 해당한다.

한국수필, 2022년 8월호(통권 330호), 2022년 8월 1일
(2022년 5월 30일 화요일)

사신도(四神圖) 얘기

사신도는 '동서남북의 방위를 나타내면서 우주의 어지러운 질서를 지키는 상징적인 동물을 그린 그림'으로 사령(四靈) 또는 사수(四獸)라고도 지칭한다. 이 그림을 볼 수 있는 대표적인 곳은 고구려의 왕이나 귀족의 무덤 내부이다. 여기서 사신(四神)은 동쪽(좌측)에 청룡(青龍), 서쪽(우측)에 백호(白虎), 남쪽에 주작(朱雀), 북쪽에 현무(玄武)를 그렸다. 그렇다면 사신도에 어떤 뜻과 의미를 담아 그렸던 걸까.

사신에 대한 도상(圖像)*과 관념은 언제부터 유래했을까. 유감스럽게도 그 유래는 불분명하다. 전문 학자들에 따르면 고대 중국의 전국시대부터 진한시대(秦漢時代)에 걸쳐 정착되었으리라는 추측이다. 한편 사신에 대한 개념은 오행설(五行說)*과 관련이 깊다는 주장이다. 실제로 회남자(淮南子)*의 천문훈(天

文訓)*에서 오성(五星)을 이렇게 설명하고 있다. 동방은 목(木)으로 상징은 창룡(蒼龍)이고, 서방은 금(金)으로 상징은 백호(白虎)이며, 남방은 화(火)로 상징은 주조(朱鳥)이고, 북방은 수(水)로 상징은 현무(玄武)라고 했고, 중앙은 토(土)로 상징은 황룡(黃龍)이라고 했다. 이를 미루어 생각할 때 오행사상에 기초한 천문관·방위관·색채관이 사신사상(四神思想)과 밀접한 관계가 있는 것으로 해석하고 있다.

방위신인 사신은 동서남북의 수호신이지만 군사적으로는 부대의 깃발이나 포진하는데도 원용되기도 한다. 한편 이들 신은 풍수지리에서 좌청룡, 우백호, 전주작, 후현무로 적용되었다는 전언이다. 사신의 변용이 일상화되면서 무덤이나 건축과 같은 특정한 곳을 수호하는 수호신 개념으로 통용된 것이다. 이는 결국 우주의 질서를 원용하여 특정한 장소를 성스럽게 바꿀 수 있다는 믿음의 소산이지 싶다. 그 결과 고대 중국에서는 고분(古墳)의 내부, 건축물, 동경(銅鏡), 동전(銅錢) 따위에서 방위(方位)의 의미를 지닌 특정한 공간이나 기물에 사신을 장식하는 풍습이 보편화되었다. 우리나라에서는 요동성총(遼東省冢)을 비롯해서 고구려의 수많은 고분을 필두로 해서 고려 시대의 묘제(墓制)나 조선 선조(宣祖)의 목릉(穆陵)에서 산신도가 나타났다. 한편 우리의 민화(民畵)에서 즐겨 다룬 화제(畫題)이기도 했다.

사신도의 형상은 시대에 따라 다소 다르게 표현되어왔다. 그

렬지라도 상상의 동물과 현존 동물을 복합해 나타내 왔는데 대체로 유사한 모습이었다. 먼저 청룡과 백호는 두 개의 날개와 사지(四肢)를 가진 상상적인 형태이며 허공을 나는 듯한 외형으로 서로 흡사한 꼴로 표현했다. 여기서 청룡은 뿔이 한두 개 돋아있고, 이마가 매끈하며, 부리부리한 눈과 뾰족한 귀, 몸통은 길고 비늘과 가시가 나 있고, 꼬리는 굵으며, 입에서 화염(火焰)을 뿜는 형태이다. 그런가 하면 백호는 호랑이 특징 모습의 머리와 안면, 몸통은 호피문(虎皮紋)으로 나타내며, 가늘고 긴 목과 꼬리가 인상적이다. 주작은 무덤 입구의 지킴이 역할을 하며 수탉이 날개를 편 형상으로 그려지는데 신조(神鳥)인 봉황을 형상화 시킨 것이란다. 일반적으로 한 쌍으로 등장하는 게 통례이다. 현무는 청룡·백호·주작과 달리 실존하는 동물인 뱀과 거북으로 나타내고 있다. 이들 두 동물 중에서 암컷을 상징하는 거북과 수컷을 뜻하는 뱀이 서로 몸을 친친 휘감아 엉킨 형태로 그리고 있다.

사신은 각각 어떤 역할과 영험한 신통력을 지니고 있을까. 좌청룡은 누구도 꺾거나 소멸시킬 수 없는 불멸의 힘을 지닌 채 만백성을 다스리고 비구름을 자기 뜻대로 다스리는 신이라고 한다. 한편 우백호는 여기저기 창궐하는 사악한 잡귀를 몰아내는 벽사(辟邪)의 능력을 지녔단다. 그리고 남주작은 무덤에 묻힌 피장자(彼葬子)의 영혼을 저승 세계와 이어주는 메신저(전달자) 역할을 하는 까닭에 결국 피장자의 영생을 위해 필수 불가결한 존재이다. 끝으로 북현무는 피장자의 영혼을 지켜주는 파수꾼 같은 수호신이라는 견해이다.

여태까지 살아오면서 점을 보고 어떤 결정을 하거나 푸닥거리를 했던 적이 단 한 번도 없다. 심지어 결혼기념일이나 이삿날도 그때그때 편리하다고 판단되는 대로 결정했었다. 그런 때문일까. 삶을 누리면서 크고 작은 불협화음이 발생하거나 자질구레한 사건 사고도 허다했다. 우연히 사신도 얘기를 살피면서 이제라도 이런 뜻을 슬기롭게 받아들여 운명에서 부족한 부분을 잘 비보(裨補)* 한다면 탈이 나서 고통으로부터 자유로운 은총이 내려질지도 모를 일이라는 생각이 언뜻 스쳤다.

=====

* 도상(圖像) : 종교나 신화적 주제를 표현한 미술작품에 나타난 인물 또는 형상.
* 오행설(五行說) : 우주나 인간 사회의 모든 현상 및 만물의 생성 소멸을 음양과 오행의 소장(消長), 변천으로 설명하려는 이론. 중국 전국시대에 각각 성립된 음양설과 오행설이 한나라 때에 합쳐진 세계관으로, 특히 역법과 결합하여 중국, 한국, 일본의 일상생활에 큰 영향을 끼쳤다.
* 회남자(淮南子) : 전한(前漢) 회남왕(淮南王) 유안(劉安)이 편찬한 일종의 백과사전으로 전 21권으로 되었다.
* 천문훈(天文訓) 음양가(陰陽家)의 주장을 채집해 편집하여 회남자에 수록된 내용이다.
* 비보(裨補) : 도와서 모자라는 것을 채움.

2022년 6월 26일 일요일

폭넓게 쓰이는 왜곡의 의미

사전에 따르면 왜곡(歪曲)은 '사실과 다르게 해석하거나 그릇되게 함'이라고 단순 명쾌하게 정의하고 있다. 한편 유의어로 곡해, 오해, 옥생각이 있다. 이 왜곡이라는 단어는 우리 사회의 정보통신, 역사, 영상, 경제, 정치, 심리, 언론(매스컴), 미술, 예능, 의학, 유전(遺傳) 등의 다채로운 분에서 폭넓고 깊게 사용되며 뜻하는 바가 사뭇 달랐다.

같은 단어인 왜곡임에도 그 의미가 판이하게 쓰이는 몇몇 예이다. 우선 정보통신 분야에서 왜곡은 '입출력 관계의 비직선성, 주파수에 의한 특성의 차이에 따른 바람직하지 않은 파형의 변화'로 정의하고 있다. 이 분야에서 ○○왜곡이라는 용어가 헤아릴 수 없을 정도로 많이 사용되어 깜짝 놀랄 정도이다. 한편 경제 분야에서 왜곡은 '세금이나 가격통제 같은 정부 정책이 시장에 교란을 가져와 경제적 손실을 발생시키는 현상'이라고 정의하고 있다. 경제 분야에서 흔히 쓰이는 왜곡이라는 용어는 선택적 왜곡, 원가 왜곡, 가격의 왜곡, 소비자 왜곡, 경제적 왜곡 현상 따위의 용어가 얼른 떠오른다. 또한 영상 분야에서 왜곡은 '렌즈에 의하여 이미지가 변형되어 실제의 정확한 형태와 다르거나 비례가 맞지 않는 현상'이라고 정의한다. 그런가 하면 역사 분야에서는 '역사를 자신들에게 유리하도록 해석하거나 거짓으로 지어 쓰는 일'이 역사 왜곡이다.

정치 쪽에는 왜곡이 난무하는 대표적인 오염 분야로 '정치를 하는 데 있어 사실과 다르게 해석하거나 그릇되게 하는 일'인 시정왜곡(施政歪曲)이 쓰이고 있다. 이를 비롯해 '사실과 다르거나 그릇되게 선전하는 일. 또는 그 선전'을 뜻하는 왜곡선전(歪曲宣傳) 따위가 일상적으로 쓰이고 있다. 한편 미술 분야에서는 '표상이 원형과 차이가 나 보이도록 하는 원근법'을 왜곡원근법(歪曲遠近法)이라고 하고, '대상의 이미지를 원형과 다르게 표현하는 것'을 이미지 왜곡(image 歪曲)이라고 한다. 그 외에 심리 분야에서 '자신이 경험한 바에 따라 타인의 반응을 정형화함으로써 발생하는 대인관계에서의 인지나 판단 상의 왜곡'을 파라탁식 왜곡(parataxic 歪曲)이라는 용어와 이와 유사한 의미로 준향왜곡(準向歪曲)이 쓰이고 있다. 유전(遺傳) 분야에서 '멘델의 유전에서 기대되는 분리비가 얻어지지 않는 것'을 분리의 왜곡(分離의 歪曲)이라고 하며, 의학에서 '시각 발달과정에서 망막에 흐릿한 상이 맺힘으로써 발생하는 약시'가 문양왜곡약시(紋樣歪曲弱視)이다.

우리에게 왜곡과 억지의 대표적인 나라는 중국과 일본이지 싶다. 중국의 경우 언필칭 동북공정이라는 잠꼬대 같은 주장을 앞세워 우리의 역사와 문화를 자기들의 입맛에 맞도록 왜곡하려는 만행은 전혀 대국 답지 못한 소인배도 꺼릴 소행이다. 주지하는 바와 같이 엄연한 우리의 역사인 발해와 고구려 역사를 자기들 역사로 편입시키려 안달이다. 게다가 우리의 고유한 문화인 김치, 한복, 태극기, 태권도 등을 자기들 것으로 둔갑시키려는 음흉한 흉계가 어제오늘의 획책이 아니다. 또한 6·25 전쟁의 진실까지도 자기들 입맛에 맞춰 바꾸려 드는 왜곡에서 그들이 과연 국격에 걸맞은 짓을 하는지 의문을 갖지 않을 수 없다

36년 동안 우리를 강점했던 역사적 사실에 견강부회하며 침탈을 정당화하려는 파렴치를 넘어선 인면수심의 일본이다. 그들은 엄연히 우리 영토인 독도를 다케시마(竹島 : たけしま)라는 이름을 붙여 자기네 땅이라고 우겨대는 꼬락서니에 아무리 참으려고 애를 써도 울화통이 치밀어 마음을 다잡기 어렵다. 우리를 강점하며 저질렀던 수많은 악행을 비롯해서 징용이나 정신 대로 끌고 갔던 만행에 대하여 천만번 사죄해도 천벌을 면키 어려울 터인데 말이다. 통한의 아픔과 치욕적인 역사에서 극일(克日)이 길이 무엇인지 되새겨보고 스스로 답을 찾는 것은 우

리에게 지워진 역사적 소명이다.

흔히들 '팔은 안으로 굽지 밖으로 굽지 않음을 이르는 말'로서 비불외곡(臂不外曲)을 들먹인다. 아무리 그럴지라도 요즘 우리 사회는 너무한 것 같다. 내 편이 됐든 남의 편이든 잘한 것은 잘했다고 격려하고, 잘못한 것은 따끔하게 계도하는 게 정도이고 바른 대응이며 성숙한 사회의 모럴(morals) 모습이다. 그런데 물질만능주의 사고(思考) 팽배로 정신적 가치가 실종되었는가?

개인적으로는 나무랄 데 없는 우수한 인재들이 파리 떼처럼 몰린 정치판에서는 내 편이면 무조건 감싸며 편을 들고, 네 편이면 무조건 헐뜯고 비방하며 비꼬는 적폐가 만연한지 오래이다. 그런 세태가 한마디로 내로남불로 후안무치(厚顔無恥) 본보기로 자라나는 아이들이 보고 배울까 봐 겁이 난다. 우리 사회에서 아전인수에 따른 왜곡이 가장 심한 부류가 정치인들이지 싶다. 서울시장이나 부산시장을 비롯해 충남지사는 아무리 웃기는 세상이라도 지게꾼이나 이름 없는 민초들이 넘볼 수 없는 언감생심의 지엄한 자리이다. 그런 자랑스러운 자리를 꿰찼던 자칭 지도자들이 부하 여직원을 위력에 의한 성폭행 했으면 입 꾹 다물고 납작 엎드려 벌이 내려지기만을 기다리는 게 합당한 대응이다. 다른 동종의 사건에는 추상같이 질타하던 떼거리들이 이들 사건에는 태도가 돌변했다. 누가 충동질했는지 벌떼같이 달려들어 편을 든답시고 피해 여성들을 '성폭행 피해 호소인'이라는 전대미문의 신조어를 만들어 천연덕스럽게 호칭하며 꼴값을 떠는 얼간이 같은 행동에 정나미가 뚝 떨어지고 괘씸해서 열려있던 맘을 굳게 닫고 외면했다. 그 떨거지들에게 묻고 싶었다. 그대들의 아내나 딸이 당했어도 그리 대응했겠느냐고 말이다.

언행에 문제가 생겼을 때 툭하면 이런 말을 거리낌 없이 내뱉으며 한사코 위기를 모면하려 기를 쓴다. 자기가 맘 내키는 대로 갈겨쓴 글을 온새미로 코밑에 들이밀거나 내뱉었던 말이나 행동의 온전한 영상을 눈앞에 들이대도 본의가 왜곡되었거나 악마의 편집 때문이라며 꼴같잖게 이죽거린다. 거기에 하등의 왜곡이나 악의적인 편집의 개입 여지가 전혀 없다. 그럼에도 불구하고 어불성설의 말장난 풍년이다. 이는 난감한 현실을 회피하려는 얄팍한 사술(詐術)로서 진실이나 품위가 없는 천박함을 만천하에 떠벌리는 고백에 지나지 않는다. 오늘날은 다양한 CCTV, 녹화 영상, 자기가 직접 올린 SNS 내용, 각종 매체에 깨알같이 보도된 활자 등이 씨줄과 날줄로 촘촘히 엮여 있어 그 옛날처럼 적당히 눙치거나 뻗대면서 왜곡되었다고 주장하며 위기를 모면할 길은 어디에도 없다. 어쩌면 자신의 의지와 상관없이 발가벗겨진 상태로 살아가야 하는 세상에서 일거수일투족도 그냥 지나치지 않고 깡그리 되새겨 보고, 행하는 자성과 성찰이 필요하지 않을까.

2022년 7월 5일 화요일

단지(斷指)의 의미

단지의 사전적 의미는 일차적으로 '손가락을 자름'을 뜻한다. 아울러 '예전에 가족의 병이 위중할 때 그 병을 낫게 하기 위하여 피를 내어 먹이려고 자기 손가락을 자르거나 깨물던 일' 또한 '굳은 결심의 뜻을 보이려고 손가락을 자르거나 깨묾, 또는 그런 일' 등을 나타내고 있다. 사람이 스스로 자기 손가락을 절단하는 단지는 움직일 수 없는 굳건한 의지나 결기가 전제된 결정의 결과로 극단적인 의사 표현의 일환인 까닭에 절절하고 숙연한 염원이 응축된 행동이다.

그 옛날 단지는 결연한 의지나 맹세를 비롯해 결기를 표시하는 수단으로 사용했었다. 조선왕조실록에는 거개의 사례가 부모를 비롯한 가족의 위급한 목숨을 구하는 효(孝)의 수단으로 기록되어 있다. 그 최초의 사례는 세종실록*에 나타난다. 예조판서 신상(申商)은 효자의 등급을 나누어 세상에 널리 알리고 관직을 내릴 것을 품의했다. 아울러 병든 부모를 위해 단지를 해약으로 드리는 경우가 있는데 비록 중용의 도에 어긋나지만 지극한 효심에서 나오기 때문에 최고의 효로 삼을 것을 임금께 직언했다.* 이에 대해 세종 또한 정도에 어긋나지만 절실한 심정을 감안해서 윤허했다. 당시에도 단지는 절실하고 드높은 효행일지라도 지나치다는 지적에는 군신 모두가 공감했던 것 같다. 그럴지라도 단지를 관용하고 정려(旌閭)*를 내리고 세금을 면제하는 따위의 포상을 했던 관계로 이후에도 단지를 행하는 백성들이 줄을 이었던 것으로 여겨진다.

단지가 효행의 사례였던 하나이다. 감진어사(監賑御史)* 맹만택(孟萬澤)이 임금에게 말씀드려 알려지고 숙종(肅宗)이 증직(贈職)*했던 낭천(狼川) 출신의 송난(宋蘭) 선생에 대한 사연이다. 선생은 자기 모친을 지극정성으로 섬기며 조석으로 맛있고 입에 맞는 부드러운 음식을 봉양했다. 그 외에도 모친이 병들었을 때는 '똥(糞) 맛을 보는' 상분(嘗糞)은 물론이고 '넓적다리 살을 베어내는' 할고(割股)를 했을 뿐 아니라 부모의 상(喪)을 당했을 때는 몹시 애달파해 피골이 상접할 정도로 야위었다. 또한 무덤 옆에서 시묘(侍墓)살이 중에는 집에 한 번도 간 적이 없다고 했다. 그리고 기일(忌日)에는 단괄(袒括)*의 날처럼 통곡했다고 했다. 게다가 국상(國喪)을 당하면 상복을 갖춰 입고 푸성귀만 먹으며 친상(親喪)처럼 예를 갖췄다. 그 외에도 나라의 제사인 국기(國忌)를 맞으면 사흘 동안 재계(齊戒)하기를 노년에 이르기까지 게을리하지 않았다는 얘기다. 그가 세상을 떠난 지백 년에 가깝도록 고을 사람들 사이에 전해지는 칭송을 듣고 궁궐로 귀환한 맹만택이 숭고한 효심에 감동하여 숙종에게 아뢰었다는 기록이다.

때로는 단지에다 정의감에 불타는 분노나 강력한 투쟁 각오를 담기도 한다. 통한의 역사인 일제강점기의 각종 폐해나 일제의 만행을 비롯해 망동에 분연히 일어서 의지를 표현하는 과정에서 단지하는 경우가 그런 예이다. 그 외에도 사회적 정의에 반하는 사태나 실정에 분연히 맞서기 위해 결연한 의지 표현의 방법으로서 단지하는 경우를 열거할 수 있다. 그러나 요즈음엔 정치인이나 소위 사회운동가라고 자처하는 사람들이 단지를 결행하는 경우가 흔해지면서 되레 눈살을 찌푸리게 만들기도 한다.

단지하면 가장 먼저 떠올리려 지는 장면이 안중근 의사의 유묵(遺墨)마다 선연하게 나타나는 손바닥 도장이 말해주는 애국단심(丹心)의 상징이다. 거기에 약지(藥指)의 한 마디가 없어 길이가 계지(季指 : 새끼손가락)와 같다. 주지하는 바와 같이 이는 의사께서 1909년 11명의 동지와 함께 동의단지회(同義斷指會)*를 결성하고 참가자 모두 약지인 무명지(無名指)의 첫 관절을 잘랐기 때문이다. 이분들은 결국 약지를 단지하여 태극기에 '대한독립'이라는 혈서(血書) 하는 단지동맹(斷指同盟)을 거행하셨다. 이 거룩한 뜻은 우리들의 가슴에 영영세세 도도하게 고동치며 전해질 것이다.

역사적으로 단지는 효성과 충정 혹은 거룩한 의지나 담대한 결기를 나타내는 거룩한 뜻으로 사용되어 왔다. 이에 비해 요즈음 도처에서 전해졌던 단지는 다소 그 의미가 절하 평가될 정도로 변질되지 않았나 싶다. 세월과 함께 가치관의 변함이라지만 어쭙잖게 병역 기피용, 위장 취업으로 인한 사고로 위장, 임금투쟁 방안 따위에서 발생하는 것은 아무래도 동의하기 어렵지 않을까. 이런 경우엔 고루할지라도 유교 사상의 중심 문구이지만 '사람의 신체와 터럭과 살갗은 부모에게서 받은 것이니(身體髮膚 受之父母)……'를 들먹여도 꼰대스럽다고 손가락질당할 이유가 없지 않을까.

=====

* "세종실록(世宗實錄)" 14년 11월 28일

* 효경(孝經)에 나오며 유교적 사상의 핵심적인 문구인 다음 내용이 그를 뒷받침하는 철학의 대표이지 싶다. "사람의 신체와 터럭과 살갗은 부모에게서 받은 것이니, 이것을 감히 손상시키지 않는 것이 효의 시작이요(身體髮膚 受之父母 不敢毁傷 孝之始也). 몸을 세워 도를 행하여서 후세에 이름을 드날려 부모님을 드러내 드리는 것이 효도의 마침이다(立身行道 揚名於後 世以顯父母 孝之終也).

* 정려(旌閭) : 충신, 효자, 열녀 등을 그 동네에 정문(旌門)을 세워 표창하던 일.

* 감진어사(監賑御史 : 監賑御使) : 조선 시대 기근이 들었을 때 임금이 지방에 파견하던 특명사신. 기근의 실태를 조사하고 지방관들의 구제 활동을 감독하기 위한 것으로서 주로 당하관 중에서 선발하였다. 그런데 특별히 당상관이 선발될 경우에는 사(史) 대신 사(使)를 썼다.

* 증직(贈職) : 죽은 뒤에 품계와 벼슬을 추증하던 일. 종이품 벼슬아치의 부친, 조부, 증조부나 충신, 효자 및 학행(學行)이 높은 사람에게 내려 주었다.

* 단괄(袒括) : 부모의 초상(初喪)에 소렴(小斂)을 마치고 상주가 왼쪽 어깨를 드러내고 풀었던 머리를 묶는 일

* 동의단지회(同義斷指會) : 안중근, 김기룡, 강순기, 정원주, 박봉석, 류치홍, 조응순, 황병길, 백규삼, 김백춘, 김천화, 강창두 등 12 의사이다.

2022년 7월 31일 일요일

말과 글에 대한 짧은 생각

본디 부모인 뿌리는 같고 갈래가 달라 겉만 다른 형제요
생각을 세 치 혀(舌)를 통해 소리로 나타내면 말(言)이다
손끝을 통해 조곤조곤 문자로 풀어내면 글(文)이라네
부리는 이의 인품 오롯이 드러낸 또 다른 자화상 일세

진솔한 맘을 담으면 세상 변화의 물고를 틀기도 한다네
대의나 이상 담으면 도도한 역사 흐름도 너끈히 바꾸고
새로운 세상을 여는 시발점이나 변혁을 꾀하는 기폭제
두 얼굴이라서 잘못 부리면 화(禍)를 자초한다네

자칫 말과 글이 부를 설화(舌禍) 필화(筆禍) 개연성 두렵네
'사람 입은 화복(禍福)의 문(口是禍福門)'이라는 섬뜩한 경고
태종 향해 정도전이 내뱉은 설화, 김지하 오적 시는 필화

'말은 마음의 소리(言爲心聲)'라는 경고가 이어진다네

인품·사상·가치관 드러내기에 신중해야 할 말과 글
정치인들 말과 글 갈망에 쩔쩔매는 꼴불견은 측은지심
덜미 잡히면 왜곡·악마의 편집이라고 둘러대는 파렴치
표리부동한 명사를 상전처럼 모시는 현실 떫고 섧다네

말과 글의 품격 칠칠한 사회로 승화를 꿈꾸는 절절한 염원
튼실하게 뿌리내리면 좋으련만 바람처럼 제대로 순항할지
언품(言品)·문품(文品)은 공명(共鳴)하리라는 맥락의 바람
문명사회 도래하면 덩달아 고매해지리라는 꿈은 몽상 일세

2022년 5월 12일 목요일

Ⅵ. 사전연명의료의향서

사전연명의료의향서

오늘 아내와 함께 보건소를 찾아가 '사전연명의료의향서'를 작성했다. 인간으로서 '존엄성과 가치를 비롯해 품위를 지키며 삶을 마무리하고 싶다'라는 뜻에 따라 부부가 합의했던 바를 결행했다. 병이 발생하면 적정한 치료를 받고 건강을 회복시키기 위한 진료는 당연한 대응으로 한 치의 소홀함도 없어야 한다. 그렇지라도 어느 누가 봐도 회생 불가능한 상태에서 연명치료는 환자나 가족 모두에게 고통의 연속이고 쓸데없이 경제적 부담만 가중시킬 따름이다. 실제로 전문의들의 판단 결과 생물학적으로 생명을 연장할 뿐 아무런 실익이 없다면 평소의 품격을 유지한 상태로 고상하게 생을 마감할 수 있어야 한다. 이럴 경우를 대비하기 위해 궁리한 방안이 정상적일 때죽음을 어떻게 맞을 것인지 결정해 공인받아 두는 방안의 하나가 '사전연명의료의향서' 작성일 게다.

웰다잉(well-dying)은 웰빙(well-being)의 상대적인 개념으로 2000년대 중반에 등장했다. 이는 품위 있고 존엄하게 생을 마감함을 의미하며 웰엔딩(well-ending)이라고도 한다. 이 개념이 뜻하는 바를 좁은 의미로는 '무의미한 연명의료 중단을 비롯해 호스피스(hospice)와 완화의료(緩和醫療)'를 뜻한다. 한편 넓은 의미로는 '생에서 죽음에 대해 성찰하고 준비하면서 아울러 현재를 소중하게 생각하고 살아가는 과정'을 의미한다. 과거 단명한 시대와 달리 백세시대를 맞이하여 평균 수명이 대폭 늘어남에 따라 죽음의 질을 어떻게 보장할 것인가는 매우 중요한 화두로 등장했다. 의식이 명료할 때 당당하게 삶을 마무리하기 위해 생애 끄트머리의 계획을 수립하는 조치로 원하는 임종 방식을 결정함이 결국 웰다잉이다. 이를 위해 정도를 벗어나지 않는 죽음을 대비하기 위해서는 사전연명의료의향서 작성, 장례 형태(매장, 화장, 수목장, 해양장)와 장례식, 사후의 제사 등의 결정과 유언장 작성 따위가 필요하다.

웰다잉의 좁은 의미인 '무의미한 연명의료 중단을 비롯해 호스피스와 완화의료'를 되새겨본다. 무의미한 연명의료 중단을 위한 적극적인 자기 의사 표시의 첫걸음이 사전연명의료의향서 작성이다. 한편 치유 가능성이 없는 악성 질환이 돌이킬 수 없을 만큼 진행되었거나 말기에 다다른 환자나 가족이 임종 때까지 사람답게 살아가도록 배려하는 광범위한 치료가 호스피스 케어(care : 돌봄)이다. 이를 위한 특별한 시설을 호스피스라고 한다. 한편 호스피스 케어는 구체적으로 통증의 완화로 대표되는 신체적 고통에 대한 대처, 죽음에 대한 불안으로 대변되는 정신적 고통에 대한 대처, 남겨진 자 특히 배우자에 대한 대처 등이 중심적 내용을 이루고 있다. 한편 완화의료란 환자의 신체적·정신적 고통 완화에 대한 치료를 포함하는 포괄적 형태의 의료행위를 뜻한다. 다시 말하면 임종에 가까운 환자를 비롯해서 장기적인 치료가 필요하거나 투병 과정에서 큰 고통이 수반되는 환자와 가족에게 행해지는 모든 의료 행위를 말한다. 결국 완화의료는 임종 이전이라도 투병 과정에서 발생하는 통증이나 증상 완화가 필요한 모든 환자를 대상으로 한다는 의미에서 적극적인 의료 형태이다. 따라서 죽음을 앞둔 환자가 편안한 임종을 맞이하도록 돕는 호스피스 보다 넓은 의미를 지니고 있다.

웰다잉이 사회적 이슈(issue)로 등장한 것은 2009년 대법원에서 '무의미한 연명치료 장치 제거 등을 인정하는 판결이 내렸던 판례(判例)'가 기폭제였다. 그 후 2016년 '호스피스·완화의료 및 임종 단계에 있는 환자의 연명의료 결정에 관한 법률'이 제정되어 2018년부터 시행되고 있다. 이에 따라 죽음의 자기 결정권을 존중하는 최소한의 법적 기틀이 마련된 셈이었다. 그래도 우리 사회는 안락사 문제를 금기시하는 분위기가 팽대해 있다.

현대인들은 누구나 웰빙을 꿈꾼다. 이를 우리말로는 참살이라고 한다. 이에 대해 사전적으로는 '정신적·육체적인 건강과 행복, 복지와 안녕을 의미'라고 정의하고 있다. 또한 사회적으로는 '물질적 부(富)가 아니라 진정한 삶의 질을 강조하는 생활 방식'이라고 규정하고 있다. 이같이 생을 행복하고 풍요롭게 누리고 저세상으로 떠날 때도 구차하지 않게 떠날 수 있는 죽음의 자기 결정권을 공식적으로 공증 받는 절차가 사전연명의료의향서 작성이 아닐까 하는 생각에서 부부가 실천에 옮겼다. 이를 증명하는 카드도 있는 모양이다.* 담당자의 설명에 의하면 전국에서 신청한 모두를 중앙에서 취합해 일괄적으로 만들어 각자의 집으로 배달될 것이라는 귀띔이었다. 소정의 절차를 마치고 밖으로 나오는데 휴대전화로 '사전연명의료의향서가 시스템(www.lst.go.kr)에 등록되었습니다. 1855~0075'라는 메시지가 국립연명의료 관리기관에서 날아왔다.

=====

* 2022년 5월 24일 '국립연명의료 관리기관'으로부터 '사전연명의료의향서 등록증(카드)'이 배달되었다. 그런데 내 등록번호는 'R22-1273422'이고, 아내의 등록번호는 'R22-1273412'이다. 등록일은 둘 다 '2022. 04. 20'이다.

시와늪, 2022년 가을호, 통권 57, 2022년 10월 24일
(2022년 4월 념일(念日) 수요일 : 여기서 念은 廿(스물(twenty 입)의 음(音)에서 와전된 것이라고 하며, 념일(念日)은 20일 또는 스무 날을 지칭한다)

한적(漢籍)*을 넘겨다보고픈 충동에

언감생심(言敢生心)이지 한적을 탐낼 실력이 아니다. 기초인 한자도 학창 시절 등한시했던 때문에 어(魚) 자와 노(魯) 자를 겨우 구분하는 수준으로 어로불변(魚魯不辨)을 가까스로 벗어난 터수이다. 그러므로 결국 '낫 놓고 기역자도 모르는' 목불식정(目不識丁)의 까막눈을 겨우 면한 처지에 한적을 넘겨다보고 싶다는 어불성설(語不成說)의 욕심이 가당치 않다.

나이가 들면서 왠지 모르게 한적에 끌린다. 하지만 워낙 기초가 부실한 까닭에 자칫 덤벙대다가 돌이키기 어려운 지경에 빠지지 싶어 '살얼음을 밟는 것' 같은 여리박빙(如履薄氷)의 심정을 숨길 수 없다. 그래도 '손바닥으로 하늘을 가릴 수 없다'라는 이장폐천(以掌蔽天)은 엄연한 진리이다. 이런 연유에서 '일을 서둘다가 도리어 이루지 못함'을 뜻하는 욕속불달(欲速不達)을 경계하여 좌고우면(左顧右眄)을 거듭하는 내가 정상이 아니지 싶다. 그렇다고 그 옛날 '공자가 주역에 심취하여, 죽간(竹簡)의 가죽끈(韋)이 세 번(三絶)이나 끊어질 정도로 읽으며 초지일관(初志一貫) 매진했다'라는 고사에 연유한 위편삼절(韋編三絶)에 버금갈 정도로 열심히 매달렸던 적이 전혀 없다.

어려서부터 해왔던 일을 되새겨 본다. 지난 일을 구태여 가름한다면 책상물림으로 살아왔던 덕에 젊은 지성들과 학문 연구를 하다가 물러난 처지이기에 책상퇴물(冊床退物)로 백면서생(白面書生)에 가깝다. 태생이 초동급부(樵童汲婦)인 보통 사람인 때문일까. 어려서부터 '높고 큰 뜻'의 청운지지(青雲之志)를 품었던 적이 없어 '배(船)를 먹어 삼킬만한 큰 고기(장대한 기상이나 인물을 비유)'를 뜻하는 탄주지어(呑舟之魚)를 꿈꿨던 일이 없다.

타고난 운이 좋았든지 아니면 좋은 부모 슬하에 태어난 때문인지 '해진 도포나 부서진 갓과 너절하고 구차한 차림새'인 폐포파립(敝袍破笠)은 면한 삶을 누리고 있다. 게다가 아무런 이해관계없이 순수한 우정으로 맺은 포의지교(布衣之交) 친구들과 변함없이 교류하고 있어 여태까지도 '외롭고 의지할 곳 없는 불쌍한 사람으로 홀아비(鰥), 과부(寡), 고아(孤), 독거노인(獨)'을 지칭하는 환과고독(鰥寡孤獨)에 속하지 않는 것만으로도 크나큰 축복이며 광영이다.

‘사람은 죽으면 이름을 남긴다’라고 하여 인사유명(人死留名)이라 했다. 한편 ‘호랑이는 죽어서 가죽을 남긴다’라고 해서 호사유피(虎死留皮)라고 일렀다. 또한 ‘표범 역시 죽어서 가죽을 남긴다는 뜻으로 구양수(歐陽脩)의 신오대사(新五代史) 사절전(死節傳)에 나오는 말’로서 표사유피(豹死留皮)라고 했다. 비록 어린 시절 ‘상투를 매달고 넓적다리를 찌르며 졸음을 이겨내면서 학업에 정성을 다하는’ 현두자고(懸頭刺股)의 노력이나 ‘잠이 오면 송곳(錐)으로 허벅지(股)를 찔러 잠을 쫓으며 애써 공부한다’라는 자고고학(刺股苦學) 하며 최선을 다했던 기억이 전혀 없다. 그럼에도 살아오면서 풍찬노숙(風餐露宿)의 어려움을 겪지 않았다. 게다가 ‘입에 풀칠할 방책’인 호구지계(糊口之計)도 별다른 어려움이 없었다. 그러니 이 세상에서 밑지는 오그랑장사는 가까스로 면했다는 이유에서 한 번쯤 ‘큰 소리로 껄껄 웃는 웃음’인 홍연대소(哄然大笑)를 해도 되지 않을까.

‘인생이나 사물의 성함과 쇠함’인 영고성쇠(榮枯盛衰) 혹은 흥망성쇠(興亡盛衰)의 이치를 곡해했던 때문일까. 적지 않은 사람들이 ‘권세가 있을 때 아부하고, 몰락하면 푸대접하는 게 세상인심’이라는 염량세태(炎凉世態)를 천연덕스럽게 수용하는 세상인 것 같다. 따지고 보면 ‘강자를 누르고 약자를 돕는’ 억강부약(抑强扶弱)이 도리일 터인데 말이다.

아무리 ‘우물 안 개구리’인 정저지와(井底之蛙), 정중지와(井

中之蛙), 좌정관천(坐井觀天)의 처지로서 '내 코가 석 자'인 오비삼척(吾鼻三尺)이라도 생에 대해 '깨달은 바가 천박'한 피육지견(皮肉之見)에 머물러서 되겠는가. 비록 일터에서 내려서 '아무 일도 않고 놀고먹는' 유수도식(遊手徒食) 혹은 무위도식(無爲徒食)하는 처지일지라도 '옛것을 오늘의 거울로 삼는' 이고위감(而古爲鑑)을 되새기며 부단한 노력을 경주하며 '의지가 있으면 마침내 이룬다'라는 유지경성(有志竟成)의 가르침을 잊지 않는다면 원하는 바를 언젠가 필히 이룰 것이다. 그리되면 일촌광음(一寸光陰)에 지나지 않을 유한한 생에서 '자기를 속이고 남을 속이는' 자기기인(自欺欺人) 하는 어리석음은 면하리라.

'목이 말라야 우물을 판다'는 갈이천정(渴而穿井) 또는 임갈굴정(臨渴掘井)이나 '친구 따라 강남 가는' 추우강남(追友江南) 하는 우(愚)는 피해야 하지 않겠는가. 예로부터 '티끌 모아 태산'이라 하여 진합태산(塵合泰山)이라 했다. '앉아서 천 리를 본다'라는 좌견천리(坐見千里)는 어려울지라도 세상은 옛 어른들이 '콩을 심어 콩을 거둔다' 하여 종두득두(種豆得豆)라고 일렀던 가르침이 진리이지 싶다. 그러므로 이제부터라도 하늘의 이치나 자연의 섭리를 거스르지 않고 정도를 걷는다면 평생을 동행하며 고생한 아내가 '살아서 같이 늙고 죽어서도 한 무덤에 묻힐' 해로동혈(偕老同穴)을 꿈꿔도 선선하게 신(神)이 허해주지 싶다.

우리는 살면서 쓸데없이 '하찮은 일로 승강이하는' 와각지쟁(蝸角之爭), 와우각상쟁(蝸牛角相爭), 와우지쟁(蝸牛之爭), 만촉지쟁(蠻觸之爭)을 벌이며 소모적인 다툼이 잦다. 마치 '독 안에 든 쥐'인 옹중지별(甕中之鱉)을 바로잡을 듯이 기고만장(氣高萬丈)해 날뛰지만 부질없는 감정 낭비가 대부분이다. '아무것도 가진 것이 없다'라는 적수공권(赤手空拳)으로 출발해 한 걸음 한 걸음 차분하게 내디디면서 '적은 것도 쌓으면 크게 된다'라는 적소성대(積小成大)를 적극적으로 지향한다. 거기에 추가로 '호랑이 눈으로 보고 황소걸음을 걷는다'라는 호시우보(虎視牛步)의 정신에 입각해 제기되는 문제를 단계적으로 하나씩 정심성의(正心誠意)로 해결해 나갈 지혜를 터득한다면 더 바랄 게 없겠다. 하지만 이르기 요원한 욕심일 게다.

=====

* 한적(漢籍) : 한문으로 쓴 책

2022년 7월 19일 화요일

인(仁)과 덕(德)의 되새김

디지털 시대(digital age)인 지금은 나쁜 짓을 하고 꼭꼭 숨을 곳이 어디에도 없다. 쥐도 새도 모르게 감쪽같이 행동한 것 같아도 여기저기 남겨진 디지털 흔적을 통해 족집게로 집어내듯 샅샅이 증적이 밝혀지기 때문이다. 아날로그 시대엔 대역죄를 지었을지라도 현장에서 발각되거나 스모킹 건(smoking gun) 같이 빼도 박지도 못할 물증이 없을 경우 양심에 반할지라도 적당히 눙치고 거짓으로 둘러대 절체절명의 위기나 패가망신을 비루하게 면하기도 했다. 이런 관점에서 문명의 발달이 결코 바람직한 게 아니라는 볼멘소리가 역설적으로 설자리를 찾을 여지가 있는지도 모르겠다.

세상에 완벽한 사람은 없는 걸까. 사회적으로 널리 명망가라고 알려진 숱한 인사들이 과거에 마구 쏟아냈던 듣기 민망하고 험한 말이나 함부로 휘갈겼던 글 나부랭이가 부메랑이 되어 자기를 옥죄거나 꾸짖고 단죄하는 꼬락서니에 몰려 허둥대는 경우가 너무도 많은 현실이 어지럽고 혼란스럽다. 지난날이라면 그 증거가 없다는 이유에서 얼굴에 철판을 깔고 사실무근이라며 부정하면 적당히 위기를 면할 수 있었을지 모른다. 그러나 요즘엔 다양한 영상이나 주고받은 문자 또는 녹화된 칩(chip)이 멀쩡히 존재하기 때문에 섣불리 부정하고 둘러대다가 되레 더 큰 망신을 당하고 지탄의 대상이 되기에 십상이다. 그럼에도 낯두꺼운 일부 인사나 정치판 패거리들은 악마의 편집 혹은 가짜뉴스라고 한사코 부인한다. 결코 손바닥으로 하늘을 가릴 수 없는 딱한 노릇이다. 삼척동자가 봐도 용서받을 수 없는 망언을 내뱉고도 되레 큰소리치는 이들이 많아 한심하다. 이처럼 정신 나간 얼뜨기들에게 우리의 내일을 맡겨도 되는지 의구심을 불식시키기 어렵다.

자기모순에 빠지는 이들은 '재주(才)가 덕(德)을 앞서'는 재승덕박(才勝德薄) 유형이지 싶다. 여기서 덕이란 '노력이나 수양 혹은 교육으로 사회적인 규범이라든가 도덕을 닦아 성취하여 그 결과 애쓰지 않아도 규범이나 바른길을 저절로 행할 수 있게 된 사람 또는 그 상태'를 의미한다고 정의하고 있다. 현실적으로 '덕과 능력 모두가 출중'한 재승덕승(才勝德勝)의 경우는 사람의 도리를 너끈히 해나가고, '재주는 빼어나지만, 덕이 부족'한 재승덕박(才勝德薄)은 보편적으로 자기 능력을 과시하는 경향이 뚜렷하다. 그런가 하면 '재주는 없을지라도 덕이 비범'한 재박덕승(才薄德勝)의 경우는 대체로 사람의 마음을 얻는 매력이 있다. 아울러 '재주와 덕 어느 것도 내세울 바'가 없는 재박덕박(才薄德薄)의 부류는 어디에도 제대로 어울리거나 그다지 환영받지 못하는 것으로 알려지고 있다. 한편 북송의 사마광(司馬光)이 지은 자치통감(資治通鑑)의 주위열왕(周威烈王) 23년 조에서 "재능은 덕의 기본 병력이고, 덕은 재능의 지휘관이다"라고 이르고 있다. 아울러 "재능이 없으면 덕은 빛을 발할 길이 없고, 덕이 없으면 재능은 오합지졸처럼 잔재주에 그치고 만다"라고 일갈하고 있다.

일찍이 재(才)와 덕(德)에 대한 이치를 정통으로 통찰(通察 : insight)했던 성현 공자가 제자들에게 설파한 가르침들과 만남이다. 여기서 공자가 중시했던 인(仁)에 대해 간략히 살핀다. 이는 공자가 주장한 유교의 도덕 또는 정치이념으로써 윤리적인 모든 덕의 기초이다. 이를 확산시켜 실천하면 이상적인 상태에 도달할 수 있다는 견해이다.

논어의 팔일편(八佾篇)에 나오는 내용이다. 공자가 제자인 자하(子夏)*에게 '그림을 그릴 때는 바탕을 손질한 후에 채색한다(그림을 그리는 일은 흰 바탕이 있은 뒤이다)'라는 뜻으로 회사후소(繪事後素)라고 일렀다. 이는 '사람은 좋은 바탕을 닦은 그 토대 위에 문식(文飾)*을 더해야 함'을 뜻한다. 이 말을 듣고 자하는 '밖으로 드러난 형식적인 예(禮)보다는 그 예의 본질인 인이 중요하기 때문에 예는 본질이 있은 뒤에야 의미가 있음을 깨우쳤다.' 결국 공자는 유교에서 이르는 인·의·예·지·신(仁·義·禮·智·信)의 오상(五常)중 으뜸의 기본 덕목은 인이라는 사실을 깨우치도록 가르쳐준 것이다.

또 다른 제자인 중궁(仲弓)이 인에 대해 여쭙자 공자께서 하신 말씀으로 논어 안연편(顔淵篇)의 12-2에 나오는 내용이다. '자기가 원하지 않는 일은 남에게 강요하지도 말라'는 뜻의 기소불욕 / 물시어인(己所不欲 / 勿施於人)이라고 이르고 있다.* 이는 자신이 하고 싶은 일을 할 자유가 있듯이 다른 사람도 하고 싶지 않은 일을 하지 않을 자유가 있다는 사실을 존중해야 함을 웅변하고 있다. 그러므로 행동하기 전에 상대를 생각하며 신중하게 행동한다면 한결 아름답고 행복한 세상이 열리리라.

논어의 위령공편(衛靈公篇)에도 같은 말이 나타난다. 자공(子貢)이 묻기를 "한마디 말 중에 평생 간직하고 실천해야 할 말이 있습니까?"라고 사뢰었더니 공자가 말했다. 그것은 서(恕)이다. "내가 하고 싶지 않은 것은 남에게 강요하지 말라"라고 일러주었다.* 여기서 서(恕)는 '용서하다' 또는 '마음이 같다'라는 의미를 전제로 한 명제(命題)이다.

어릴 적 술래잡기 놀이 때 얘기다. 술래가 되면 뒤로 돌아서 눈을 감고 하던 말이 "꼭꼭 숨어라, 머리카락 보인다"였다. 기껏 숨을 곳이라야 헛간이나 장독 뒤 아니면 돌담 뒤뿐인데도 숨은 친구들을 찾기 무척 어려워 애를 먹곤 했다. 그 옛날에 비하면 사회가 복잡해지고 다양한 방법으로 변장이 가능해 나쁜 의미로 잠적해 꼭꼭 숨기 쉬워졌을 것 같지만 현실은 정반대이다. 왜냐하면 하루가 다르게 발전하는 디지털 기술은 남의 집 내밀한 정보까지 들여다볼 수 있는 요지경 같은 세상이 되었다. 이런 세월에 표리부동한 짓이나 하수구에 구정물 쏟아내듯 험한 말을 함부로 내뱉는가 하면 요설(妖說) 같은 글 나부랭이를 갈겨 써놓고 문제가 되면 회피하려고 발광하는 경우가 태반이다. 이처럼 덕과 인이 턱없이 부족한 모리배들이 죄다 척결되어야 정의롭고 청정한 사회를 꿈꿀 터인데.

=====

* 자하(子夏) : 공문십철(孔門十哲 : 안연(顏淵), 민자건(閔子騫), 염백우(冉伯牛), 중궁(仲弓), 재아(宰我), 자공(子貢), 염유(冉有), 계로(季路), 자유(子游), 자하(子夏))의 하나로서 시(詩)와 예(禮)에 통달했으며 특히 예의 객관적 형식을 존중했던 인물이다.
* 문식(文飾) : 글을 아름답게 꾸미다. 실속 없이 겉만 그럴듯하게 꾸미다, 실수나 잘못을 그럴듯하게 꾸미다
* 仲弓問仁 子日 "出門如見大賓 使民如承大祭 己所不欲 勿施於人 在邦無怨 在家無怨", 仲弓日 "擁雖不敏 請事斯語矣"
* 子貢 問日 有一言而可以終身行之者乎 子日 其如乎 己所不欲 勿施於人

2022년 2월 2일 화요일 임인년 설날 아침

완전이라는 화두

완전이란 무결함을 뜻하기 때문에 '필요한 것이 모두 갖추어져 모자람이나 흠이 없음'을 이른다. 그렇다면 과연 이 세상에서 완전히 존재할까. 아마도 쉽지 않은 모양이다. 예로부터 전해지는 "옥에도 티가 있다"라는 말에서 그런 유추를 할 수 있다. 그럼에도 우리는 흔히 매사에 완전이나 완벽을 주문처럼 되뇌는 경우가 허다하다. 특히 중요한 일이나 위험한 사태에 직면했을 경우는 더더욱 그렇다.

우리나라에서 대학에 진학하려는 모든 고3 학생들은 매년 수능 고사에 응시한다. 그들은 학교의 정규교육을 비롯해 야자학습, 개인적인 과외나 학원 등을 통해 쏟아부은 노력에 비해 훨씬 미치지 못하는 결과에 실망하는 경우가 허다하다. 누구도 틀리려고 답안을 작성하거나 대충대충 하지 않고 최선을 다했음에도 불구하고 결과가 그러했다. 이처럼 세상사에 진인사대천명의 자세로 열성을 다해도 '완전'한 결과를 얻기란 하늘의 별 따기처럼 어렵고 힘든 게 세상사가 아닐까.

내 삶의 흔적 중에서 나름 완전했던 결과가 남겨진 자취를 찾아보고 싶었다. 이것저것 생각하고 뒤적여도 마땅한 걸 찾기 어려워 포기하려들 무렵에 우연히 대학 시절 학업 성적이 적바림된 성적표 하나가 여러 서류 뭉치 속에서 발견되었다. 어디에 쓸 요량으로 발급받았었는지 모른다. 자세히 살펴보니 반백 년 전쯤에 발급받았던 서류였다. 그 당시는 성적은 요즘처럼 A^{+}, B^{0}, C^{+} 식으로 표기하지 않고, 숫자로 90, 87, 100식으로 표기했다. 대체로 그 시절의 학점은 요즘에 비해 야박할 정도로서 무척 엄격했다. 그런 때문에 어떤 과목은 수강생 모두를 70점대의 같은 점수로 평가했던 괴팍한 교수님도 계셨던 때문일까. 내 대학 성적표엔 75~100점까지 휘황찬란(?)했다. 졸업 기준이 160학점이었던 시절로 모두 177.5학점을 이수했었다. 그리고 교과목은 94과목을 수강했으며. 이 94과목 중에 100점으로 평가받은 과목은 5과목뿐이었다. 결국 대학 재학 중에 94과목을 이수하며 담당 교수님이 비교적 완전했다고 평가한 게 기껏해야 5과목이었다는 한심한 얘기가 된다. 이런 터수에 대학에서 일생을 보냈다는 사실이 쑥스럽고 민망하다.

우리 부부의 얘기이다. 과연 모든 조건이 '완전'하게 충족되어 부부의 연을 맺었을까. 내가 서른하나이고 아내가 스물일곱의 동짓달 초여드레 날 결혼식을 올렸다. 그때까지 나는 공식적으로 선이라는 것을 본 적이 전혀 없었다. 그런데 아내의 경우는 사뭇 달랐던 모양이다. 언제가 들었던 아내의 얘기였다. 대학 졸업 후 여기저기에서 매파가 소개하는 맞선 자리에 수십 차례 나가며 때로는 자기가 비토(veto)를 했단다. 그런가 하면 거꾸로 더러는 당하기도 하며 심적 갈등을 겪었다고 한다. 그 무렵에 바로 위의 오빠인 K 박사가 나를 소개하더란다. 나를 만나고 시큰둥해 관심을 보이지 않자 오빠인 K 박사와 부모님의 구박(?)이 시작되어 못 이기는 척하고 계속 만나다가 결혼에 이르렀다는 고백이었다. 처음 만났던 느낌은 나 역시 오십보백보였다. 그렇게 모든 조건이 '완전'하지 않았음에도 불구하고 부부의 연을 맺는 모험을 감행한 셈이 분명하다. 하지만 동티가 나거나 커다란 다툼이나 갈등 없이 여태까지 옆지기로서 서로의 역할을 제대로 하고 있음은 조상의 음덕일까.

그 옛날의 일화이다. 어느 정승 댁에 금지옥엽의 외꾝지인 과년한 딸이 있었다. 전국의 명문가 도령들을 대상으로 사윗감을 고르려 여러 해 노력했지만 완전한 조건을 갖춘 도령을 찾지 못해 시름이 깊어갔다. 이런 사정을 정확히 꿰뚫고 있던 딸이 하루는 정승인 아버지에게 맛있는 도시락을 싸드리며 밖에 나가서 '첫째로 산이 좋고, 둘째로 물이 좋으며, 셋째로 경치가 좋고, 넷째로 정자가 좋은 곳을 찾으면 거기에서 점심을 드시라는 특명'을 했다. 기특해서 '그러마' 하고 호기롭게 나서서 진종일 찾아봐도 '4가지 조건을 충족하는 장소'를 찾지 못해 결국은 점심을 먹지 못하고 허기진 채 저녁 무렵 집으로 돌아왔다. 그다음 날도 딸은 똑같은 조건을 제시했으나 역시 실패했다. 그 이후에도 오랫동안 점심 먹을 적합한 장소를 찾지 못했다. 그러던 어느 날 해가 뉘엿뉘엿 질 무렵 터덜터덜 집으로 돌아오다가 언뜻 생각이 스쳤다. 딸이 점심 먹을 장소로 내걸었던 조건은 결국 완전한 사윗감 찾기가 불가능하다는 사실을 에둘러 말하고 있었던 것이다. 그런 숨은 뜻을 뒤늦게 알아채는 순간 정승은 크게 후회를 했다. 그 후 별날 것도 없는 사윗감을 골라 혼인을 시켜 그들은 오래오래 다복하게 해로했다고 한다.

아이들의 성적만큼 관심이 크고 민감한 문제는 없지 싶다. 우리 사회에서 대부분 부모는 자녀들의 성적을 향상시키는 일이라면 물불을 가리지 않는다. 여기서 관점을 달리해 역지사지의 입장이 되어 자신의 지난 학창 시절을 반추해 보면 어떨까. 어느 부모도 자신의 학창 시절 각종 시험을 대충 보려고 했던 경우는 거의 없으리라. 나름대로 최선을 다해 준비하고 열성을 다해 응시했건만 과목마다 모조리 만점을 받거나 다른 사람보다 뛰어나서 반(班)에서 또는 전교에서 남이 넘볼 수 없는 지존의 자리만을 지켜왔던가. 이런 관점에서 엄밀히 따져보면 거개의 학부모가 자기의 지난 학창 시절 한을 자녀를 통해 보상받고 싶은 심리는 아니었는지 한 번쯤 곱씹어 볼 일이다. 하기야 부모가 뒤늦게 깨우치고 자식에겐 자기의 전철을 밟지 말고 꽃길을 걷게 하고픈 애정에서 그리하리라는 짐작을 못 하는 바가 아니다. 그럴지라도 자녀를 완전하라고 막무가내로 다그치며 벼랑 끝으로 내모는 어리석고 무모한 폭거는 자제했으면 좋으련만…….

아무리 생각을 거듭해 봐도 요즘은 난세에 가깝다. 게다가 대선을 코앞에 둔 때문인지 정치판 패거리들은 진보와 보수로 나뉘어 나라의 곳간을 활짝 열어젖히고 국민의 세금 부담은 도외시한 채 선심 쓰기 바쁘다. 꼴 같지 않은 포퓰리즘성 공약을 남발하는가 하면 하이브리드 전쟁(hybrid warfare)*을 방불케 하는 가짜 깃발(false flag)*을 휘날리며 설치대는 한심한 현실에서 차라리 눈을 감고 싶다. 거기에다가 추문과 모욕으로 칠갑을 한 전대미문의 진흙탕 싸움판으로 변질되어 버렸다. 그에 비해 미래에 대한 청사진이나 정책의 제시는 눈에 띄지 않는다. 이런 어지러운 시절에 종교의 지도자를 비롯해 각 분야에서 어른들이 나서 국론을 한데 모아 더욱더 완전한 미래에 대한 희망적인 메시지를 제시함으로써 국격을 한 단계 승화시켜 웅비의 기틀을 만들 길은 어디에도 없는 걸까.

=====

* 하이브리드 전쟁(hybrid warfare) : 기존의 전쟁에 가짜 뉴스, 심리전, 사이버 공격, 정치 공작 등의 수단까지 동원해 상대국에 공포와 혼란을 유발하는 현대전을 뜻한다.

* 가짜 깃발(false flag) : 침공을 정당화하려고 상대국으로부터 공격받은 것처럼 조작하는 군사작전 또는 정치 행위를 일컫는다.

2022년 2월 9일 수요일

접두사 '참·개·돌'과 만남

우리말에서 사용되는 접두사 중에 '참·개·돌'에 대한 쓰임새 얘기다. 이들이 일부 명사 앞에 올 때 각각 동일한 것이라도 경우에 따라 약간씩 다른 느낌을 풍기는 의미를 나타내고 있다. 미세한 온도의 차이를 새기면서 그 쓰임의 예를 살핌은 우리말의 맛과 멋을 차지게 하면서 표현을 맛깔나게 이끄는 길이라는 생각에서 그들과 만남의 여정을 나선다. 물론 이는 전문가의 식견이나 학문적 연구의 목표와는 견줄 수 없을 정도로 다른 문외한의 눈에 띄는 단편적인 시도일 뿐이다.

접두사 '참'에 대한 얘기다. 이 접두사가 일부 명사 앞에 올 때 대략 3가지 갈래의 다른 의미로 쓰인다. 이에 대해 간추린 대강이다.

첫째로 '진짜' 혹은 '진실하고 올바른'이라는 뜻을 더해주는 역할을 한다. 이러한 유형의 예이다. '순수하고 진실한 사랑'인 참사랑, '거짓이 없고 진실한 뜻'인 참뜻, '진실한 사람 또는 참된 사람'인 참사람, '사실과 조금도 틀림이 없는 말'인 참말, '진피(眞皮)'인 참가죽, '참된 맛'인 참맛, '몸과 마음의 건강을 통해 행복을 추구하며 살아가는 일'을 지칭하는 참살이, '꿀벌'을 뜻하는 '참벌', '콩과(荳科)의 낙엽 관목'인 참싸리, '토종벌이 친 꿀'인 참꿀, '외떡잎식물로서 백합과의 여러해살이풀'인 참나리, '옻나무의 일종'인 참옻나무, '먹을 수 있는 배'를 뜻하는 참배, '산채 중의 하나'인 참죽 따위가 언뜻 떠오른다.

둘째로 '품질이 우수한'의 뜻을 더하는 역할을 한다. 예를 들면 '품질이 아주 좋은 먹인 진묵(眞墨) 혹은 진현(眞玄)'을 뜻하는 참먹, '인유(人乳)를 다른 동물의 젖에 비유하여 이르는 말로서 영양분이 많고 좋은 젖'이라는 참젖, '모래와 찰흙이 알맞게 섞여 농작물이 잘 자랄 수 있는 흙'인 참흙 등을 열거할 수 있다.

셋째로 '먹을 수 있는'의 뜻을 더해주는 경우이다. '먹는 꽃이라는 뜻'으로 진달래를 '개꽃(철쭉)에 상대하여 이르는 말'인 참꽃이 그 예이다.

한편, 접두사 '개' 또한 일부 명사 앞에 올 때 대충 3가지 갈래의 뜻을 지니고 있다. 이들 갈래에 따라 의미를 정리하면 이렇다.

첫째로 '야생 생태의', '질이 떨어지는', '흡사하지만 다른'의 뜻을 더해주는 의미로 쓰이는 경우이다. '개암나무의 열매인 개암의 방언(전북)'인 개금, '먹지 못하는 뜻으로 철쭉을 참꽃(진달래)에 상대하여 이르는 말'인 개꽃, '벌통에서 떠낸, 벌집에 들어있는 상태의 꿀'인 개꿀, '노깨나 나깨를 비롯해 보릿겨 따위를 반죽하여 아무렇게나 반대기 지어 찐 떡'인 개떡, '품질이 나쁜 먹인 숯먹'을 이르는 개먹, '개살구나무 열매'인 개살구, '키가 크고 짙은 분홍색을 띠는 철쭉'인 개철쭉, '개의 똥 혹은 보잘것없거나 천하거나 엉터리인 것을 비유적으로 이르는 말'인 개똥 등이 있다.

둘째로 '헛된'이나 '쓸데없는' 뜻을 더하는 역할을 하는 예이다. '특별한 내용도 없이 어수선하게 꾸는 꿈'인 개꿈, '사리에 맞지 아니하는 헛소리나 쓸데없는 소리를 낮잡아 이르는 말'인 개나발, '이치에 맞지 않는 엉뚱하고 쓸데없는 말이나 행동을 낮잡아 이르는 말'인 개수작, '아무런 보람이나 가치가 없는 죽음을 비유적으로 이르는 말'인 개죽음, '아무렇게나 지껄이는 조리 없고 당치 않은 말을 비속하게 이르는 말'인 개소리 따위를 우선 열거할 수 있겠다.

셋째로 부정적인 일부 명사 앞에 붙어 '정도가 심한'의 뜻을 더해주는 역할의 예이다. '예절이 몹시 어긋나는 행동을 하거나 성질이 아주 못된 사람을 낮잡아 이르는 말'인 개망나니가 대표적인 사례이다. 한편 '개'가 붙어 부정적이거나 비하의 의미로 사용되는 경우는 부지기수였다. 이 유형으로 개구멍, 개뼈다귀, 개판, 개바지, 개승냥이, 개잡놈, 개지랄, 개차반, 개헤엄, 개꽂, 개비, 개나리, 개꿀, 개자리 등이 어렵지 않게 생각났다. 결을 약간 달리할지 모르지만 개똥철학, 개똥참외, 개똥벌레, 개똥쑥, 개똥나무, 개똥지빠귀, 개떡수제비 등도 연이어 떠올랐다.

또한 '돌'이 동식물을 나타내는 일부 명사 앞에 오는 접두사로 쓰이며 '품질이 낮은 것' 혹은 '야생의 것'을 나타내는 경우이다. '돌감나무 열매'인 돌감, '산이나 들에서 절로 나서 자란 감나무'인 돌감나무, '몸길이 5~6m 이하에 이(齒牙)가 있는 고래의 속칭'인 돌고래, '돌나물과(景天科)의 여러해살이풀로 바위틈이나 길가 습지에서 자생'하는 돌나물, '산이나 들에 저절로 나서 자란 능금나무의 열매'인 돌능금, '돌배나무의 열매'인 돌배, '범의귓과(虎耳草科)의 여러해살이풀로 중부 이북 지방 바위에 자생'하는 돌단풍, '알이 잘고 단단하며 품질이 낮은 야생 팥'인 돌팥, '포아풀과의 한해살이풀로서 논이나 물가에서 자생'하는 돌피, '논이나 개천 따위의 습지에서 자라나는 야생 미나리'인 돌미나리, '돌조갯과의 하나'인 돌조개가 있다. 또한 '제대로 된 자격이나 실력이 없이 전문적인 일을 하는 사람을 속되게 이르는 말'인 돌팔이, '중이 아니면서 중처럼 행세하며 동냥하러 다니는 사람'인 돌중 등 사람에 대해서 쓰이는 경우도 있다.

같은 명사 앞에 접두사 '참'과 '개'가 붙어 반대의 의미를 나타내는 몇 가지 예이다. 참꽃과 개꽃, 참먹과 개먹 등이 아른아른 떠오른다. 한편 꼭 반대의 뜻을 아닐지라도 참옻나무와 개옻나무, 참나리와 개나리, 참비름과 개비름, 참두릅과 개두릅 등은 각각 상대적 의미로 쓰인다. 그런가 하면 접두사 '돌'과 '참'이 같은 명사 앞에 붙어 반대의 뜻을 나타내는 경우는 돌배와 참배가 그들이다.

접두사 '참·개·돌'에 대해 별생각 없이 대하다가 우연한 기회에 관심을 가지고 살폈는데 엄청 오묘했다. 그러나 우리 말과 글에 대해 제대로 통찰할 능력이 없어 자괴감이 들기도 한다. 딴에는 글을 쓴다고 거들먹거린다. 그럼에도 표기법을 비롯해 뜻의 차이 같은 것에 대해서도 기초가 여물지 못한 까닭에 글 농사에서도 기껏해야 충수꾼* 노릇을 하고 있다. 이런 내가 과연 바른 길을 옳게 가고 있는 걸까.

=====

* 충수꾼 : 아무런 역할도 못하고 수효만 채우는 사람.

2022년 3월 2일 수요일

언품(言品)을 되새김

말(言)의 품격을 되새긴다. 사상이나 생각을 혀(舌)를 통해 소리로 나타내면 말이 되고, 손을 빌려 문자로 풀어내면 글이다. 따라서 말과 글은 그를 부리는 사람의 철학이나 인품의 진면목을 더덜이 없이 고스란히 드러낸다는 관점에서 가슴 깊이 숨겨져 드러나지 않는 내면세계의 또 다른 모습이며 적나라한 자화상이다. 이들은 자칫하면 돌이키기 어려운 치명적인 화(禍)를 초래할 위험천만한 공통성을 지니고 있다,

진솔함과 절제된 마음을 담은 미려(美麗)하고 정갈한 말이나 글은 개인을 변화시키거나 세상을 바꾸는 물길을 돌리기도 한다. 그러므로 대의나 숭고한 이상을 담은 한마디 말이나 심금을 울리는 절절한 글은 도도한 역사의 흐름을 바꾸고, 새로운 세상을 여는 위대한 변곡점이 되기도 한다. 하지만 이들은 극명하게

대비되는 명암의 두 얼굴을 가지고 있기 때문에 자칫 잘못하면 피하기 어려운 화의 단초가 된다는 평범한 사실을 간과하다가 파멸이나 패가망신에 이르기도 한다.

세 치 혀(舌) 때문에 발생한 치명적인 말실수가 설화(舌禍)이다. 한편 발표한 글이 법률적 혹은 사회적으로 문제를 야기시켜 제재(制裁) 받는 사건이 필화(筆禍)이다. 이들 둘은 말과 글로 표현되는 것이 다를 따름이다. 그 근원은 각자의 철학이나 가치관을 바탕으로 한다는 맥락에서 결국 뿌리는 같고 갈래와 외형만 다를 뿐이다. 예로부터 이들의 양면성을 꿰뚫고 조심하고 또 조심하라는 뜻에서 '사람의 입이 화의 근원이라는 뜻(입은 잘 놀리면 복문이 되지만, 잘못 놀리면 화의 문이 된다)'으로 구시화복문(口是禍福門)이라는 경구(警句)로 일갈했다. 선현들의 참뜻이 곧이곧대로 올곧게 전해지는 말이 '말 한마디에 천 냥 빚을 갚는다'라든가 '말은 마음의 소리'라는 뜻의 언위심성(言爲心聲)이 보편적인 상식으로 통용되며 공감을 불러일으킨 게 아닐까 싶다.

예로부터 말을 잘못한 설화나 함부로 내갈겨 쓴 되지 못한 글 때문에 발생한 필화 때문에 필설로 형용하기 어려운 고초를 겪거나 심지어는 멸문지화를 당했던 예는 허다했다. 조선의 개국공신인 정도전(鄭道傳)이 '제1차 왕자의 난'에 내뱉은 말실수로 태종인 이방원에게 당했던 죽임, 한편 세조 때 남이(南怡) 장군이 이시애(李施愛)의 난을 평정하고 지었던 북정가(北征歌) 내용 중에 '미평국(未平國)'을 반대파였던 유자광(柳子光)이 '미득국(未得國)'으로 변조해 밀고함으로써 역적으로 몰려 통한의 죽임을 당한 필화이다. 또한 암울했던 유신독재 시절 김지하 시인이 오적(五賊)을 사상계(思想界)에 발표했다가 투옥되었던 필화는 아직도 우리의 뇌리에 생생한 필화의 본보기 같은 예이다.

일찍이 설화를 경계하라고 일깨웠던 몇 가지이다. 먼저 전당서(全唐書) 설시편(舌詩篇)에서 '입(口)은 화를 부르는 문이다'라는 뜻의 구시화지문(口是禍之門)이라고 이르고 있다. 한편 불교 경전인 법구경(法句經)에서 "모든 재앙은 입에서 나온다. 함부로 입을 놀리거나 상대가 듣기 싫어하는 말을 하지말라……" 라고 조언하고 있다. 아울러 명심보감의 언어편(言語篇)에서 전한(前漢) 때 사람 엄준(嚴遵) 즉 군평(君平)이 이르기를 "입과 혀는 화와 근심의 근본이며, 몸을 망하게 하는 도끼와 같은 것이니 말을 삼가야 할지니라(口舌者 禍患之門 滅身之斧也)"라고 천명하고 있다.

자신의 인품이나 사상과 철학을 비롯한 가치관을 숨김없이 드러내는 진솔한 참모습이기 때문에 말과 글은 신중하게 여겨야 할 대상이 분명하다. 그럼에도 불구하고 최근 우리 사회의 지도자라고 거들먹거리는 인사나 정치꾼들이 배설하듯이 마구 내뱉은 말에 대한 말갈망이나 시궁창에 오물 쏟아내듯이 되는대로 갈겨썼던 글에 대한 글갈망을 제대로 못 해 허둥대는 추한 모습은 꼴불견으로 측은지심이 들어 안쓰러운 경우가 숱하게 많다. 그런 부류들을 상전처럼 모셔야 하는 현실이 떫고 싫어 다른 행성으로 떠날 수 있다면 좋겠다고 생각했던 적이 드물지 않다.

명백한 증거가 남지 않는 옛날 같으면 양심에 반할지라도 시빗거리가 된 말을 했거나 글을 썼던 적이 없다고 부정하면 구렁이 담 넘어가듯 위기를 모면할 수 있었다. 하기야 오늘날에도 그렇게 막무가내로 우기는 못된 버릇을 버리지 못한 이들이 허다하다. 그런 이들은 후안무치하게 잡아떼다가 각종 미디어나 SNS에 남겨진 빼도 박도 못할 동영상에 덜미가 잡히면 왜곡되었다거나 악마의 편집을 했다며 뻔뻔하게 허튼소리를 해댄다. 그렇게 표리부동한 민낯이 여지없이 드러남에도 기를 쓰면서 회피하려 드는 책상물림이나 엉터리 지도층 인사들과 같은 세상에 산다는 게 서글프고 참담하기도 하다. 이제는 내남없이 자기 행동이나 말과 글에 대해 품격이 넘쳐나는 사회로 승화를 위해 숙고하고 숙고하는 문화가 튼실하게 뿌리내렸으면 좋으련만 과연 바람처럼 변할까. 진정한 말의 품격인 언품이나 격조 높은 성품에서 우러난 글이 변죽만 울려도 고고한 빛을 발해 공명(共鳴)을 일으킨다는 견지에서 간원하는 바람이다. 그런 고결한 품격의 세상에 산다면 나의 격(格)도 덩달아 고매해질 것이라는 터무니없는 탐욕 또한 버려야 할 헛된 몽상일 터인데.

수필과 비평, 2022년 6월호(통권 248호), 2022년 6월 1일
(2022년 3월 7일 월요일)

100세 시대의 내 나이

100세 시대의 나이에 관련된 얘기다. 과학이나 의학을 비롯한 비약적인 문명의 발달에 힘입어 인간의 수명이 대폭 길어진 장수시대 운운하더니 드디어 백세시대가 활짝 열렸다. 이런 장수시대엔 단명하던 시절 나이의 셈법 잣대를 계속 들이대면 변화의 추이를 제대로 담아내지 못하기 때문에 새로운 셈법에 의거해서 산출해야 한다는 주장이다. 따라서 여태까지 익숙하게 호칭되던 약관, 이립, 불혹, 지천명, 이순, 고희, 희수, 미수, 백수, 상수 따위의 호칭은 사전이나 기억 속에 존재할 뿐 더 이상 무의미하다는 역설이 성립된다.

100세 시대를 맞이해 '기존의 나이에 따른 호칭'을 이렇게 나뉜다는 전언이다. 0~17세를 미성년자, 18~65세를 청년, 66~79세를 중년, 80~99세를 노년, 100세 이상을 장수 노인이라고 부른단다. 이런 관점에서 100세 시대 나이의 계산법은 두 가지가 있다고 알려져 있다. 첫째로 '현재 나이-15=100세 시대 나이', 둘째로 '현재 나이×0.7=100세 시대 나이" 등의 두 가지 방법이 있다. 이들 두 가지 '100시대 나이 산출법'에는 다음과 같은 신기한 공통점이 있다. 현재 나이를 기준으로 할 때 50세의 경우는 어느 방식으로 계산하더라도 35세로 환산된다. 그런데 50세 미만은 전자(前者)의 방법으로 계산하는 게 적은(낮은) 나이로 산출된다. 이에 비해서 50세 이상은 후자(後者)로 계산하는 게 적은(낮은) 나이가 된다. 한편 현재 78세라면 78－15=63세'이다. 그리고 '78×0.7=54.6세가 된다. 그러므로 같은 나이임에도 불구하고 후자(後者)가 8.4세 낮은 나이라는 얘기가 성립된다. 결국 현재 나이가 78세인 경우일지라도 100세 시대의 나이로 환산하면 54.6~63세 사이라는 얘기이다. 이를 기존의 개념으로 볼 때 지천명(知天命) 중반에서 이순(耳順)의 초중반 어디쯤 해당하는 것을 뜻하는 관계로 청년이라는 견해가 터무니없는 주장이 아니지 싶다.

기존의 나이보다 10세 이상 낮게 평가된다는 사실에 걸맞게 생각도 젊어짐에 따라 각오와 결기도 신선해져야 한다는 견지에서 이렇게 이르고 있다. 첫째로 60세는 인생의 '출발 선상'이고, 70세의 경우는 '절호의 기회'를 맞는 시기이고, 80세는 '꽉 막힌 혈을 뻥 뚫듯 승부수를 띄울 기회'이고, 90세는 살아온 세월과 경험을 모두 '통합을 확인'하는 지혜로운 시기이며, 100세는 살아온 세월에 대한 '감동으로 화룡점정을 찍어야 한다'라는 충고와 조언을 하고 있다.

단명한 시절에 환갑잔치는 장수를 축하하고 기리는 통상적인 축제 성격이 다분했다. 그런 관념에 맞춰 우리 사회의 일터에서 정년을 60 안팎으로 규정해 적용해 오고 있다. 한편 퇴임 이후 얼마 남지 않은 생을 여생(餘生)이라 하여 적당히 보내다 생을 마감하라는 분위기가 지배적인 통념이었다. 하지만 100세 시대가 도래하면서 정년퇴임 후에 적어도 30~40여 년 동안 삶을 꾸려야 하기에 무언가의 일자리와 수입에 뒤따르지 않으면 안 될 상황이 되었다. 그렇게 인간 존엄성을 지키며 꾸려나갈 환경 조성이 중차대한 새로운 화두로 등장했다.

젊은 시절 생의 모두를 걸었던 시절을 인생의 전반기라고 한다면 은퇴 이후인 후반기는 또 다른 삶을 위한 미답의 길이다. 그런 때문에 지난날 후회스러웠던 것, 하고 싶었던 것, 미뤄오던 것, 꿈꿔오던 일을 자유롭게 하면서 자아실현을 이룩해 갈 후반기의 삶이 어쩌면 가장 행복한 황금기가 될 수 있다. 장수 시대가 열리면서 전반기를 지나 후반기에 진입하는 은퇴자들의 경우 나름 삶의 수단과 방법에 따라 합당한 대처 방안이 필요한 계층을 신중년(new senior)이라고 한다. 원래 이 신중년은 '베이비붐 세대를 포함해 50~69세를 포함해서 70세 미만의 중년을 일컬었다.' 그러다가 100세 시대가 본격적으로 열리면서 '60

세 이상 현역으로 활동하는 전부'를 신중년이라는 개념으로 바꿔어 통용되고 있다. 따라서 100세 시대의 신중년은 '일, 재취업, 자기 계발, 여가 활동, 사회적 관계 맺기, 사회 활동 참여 따위에 주역이 되어 자존감을 가지며 즐기는 세대'라는 견해이다.

결국 은퇴하고 나이 든 세대로서 젊은 어른으로 활동하는 장년을 신중년이라고 한다. 하지만 축적된 경험과 전문지식, 생활요령(노하우)을 바탕으로 새로운 삶을 개척해야 하기에 젊은 시절과는 결과 격이 다른 관점에서 인생 황금기를 찾는 지혜와 자세가 필요하다. 아무리 최선을 다해도 익숙한 등산길에서도 젊은이를 제치고 앞설 수 없으며, 젊은이들과 똑같은 조건에서 일하며 경쟁하거나 맞설 수 없기 때문이다. 이런 이유에서 생의 전반기를 통해 쌓은 풍부한 경험, 재능, 지식, 요령을 기반으로 사회봉사, 재능 기부, 창직(創職)을 통해 경제적인 수입을 비롯해 정신적 만족을 통한 보람된 후반기를 꿈꿀 수 있어야 한다.

흔히들 꿈을 꾸는 일은 젊은이들의 몫으로 여긴다. 그런 때문에 나이 들면 꿈을 접어야 한다고 체념한다. 하지만 100세 시대에 90을 지나 100세를 넘겨서까지 꿈을 꾸고 희망을 노래해야 한다. 그렇게 나이 든 원로들이 계속 아름다운 도전을 할 때 젊은이들이 이상(理想)을 보고 결연한 의지를 불태우며 내일에 대한 비전을 갖게 될 것이다. 결국 100세 시대를 맞아 평생 현역인 신중년들은 생의 전반기 이후에 이어지는 후반기에 더 적극적이고 활동적으로 자아실현을 위해 결기를 다지는 자세가 요구된다. 왜냐하면 생각을 바꾸면 행동이 바뀌고, 행동이 변하면 습관이 바뀌며, 습관이 달라지면 인생도 바뀌기 때문에 생의 전반기 못지않게 중요한 후반기를 황금기로 승화시키기 위해선 신중년 모두가 열정적으로 삶을 다지고 과감하게 도전하는 사고의 전환이 전제되어야 하지 않을까.

2022년 3월 31일 목요일

끝이 보이지 않는 동일한 백신 접종

오늘 아내와 함께 코로나19 백신 4차 접종을 했다.* 아내보다 네 살 위인 때문에 네 차례 몽땅 화이자(pfizer)이었다. 그런데 아내는 1차와 2차는 아스트라제네카(astrazeneca), 3차인 부스터 샷(booster shot)은 모더나(moderna), 그리고 오늘 4차에서는 화이자로서 성능을 시험하는 생체인 마루타(まるた)로 전락한 것 같다며 왠지 찜찜하다고 투덜댔다. 여태까지 살면서 독감 백신이 보급된 이후 매년 가을마다 응하는데 길들었을 뿐이다.

지난 시절 백신에 대한 기억의 회상이다. 아마도 천연두 백신(smallpox vaccine) 접종이 최초였지 싶다. 언제였는지 기억이 없는 것으로 미뤄 생각할 때 6·25 전쟁 이전에 맞았을 게다. 내 나이 전후까지는 왼쪽 팔 윗부분에 도장을 찍듯이 불주사*를 맞았던 흔적인 흉터 네 개가 성인이 된 지금도 또렷하다. 나보다 네 살 아래인 아내는 어깨 위에 주사했기 때문에 보기 싫은 흉터가 없다.

초등학교 시절엔 결핵 백신인 비씨지(BCG), 성인이 된 이후 언제부터인가 매년 가을에 독감 백신을 비롯해 십여 년 전에 한 차례 폐렴백신을 접종한 게 전부였다. 그런데 최근 발현한 괴질인 코로나19의 패악에 견딜 재간이 없어 벌써 네 차례 백신을 접종하고 나니 어이가 없고 마냥 우롱당한 기분이다. 게다가 이런 추세라면 변종(變種)이 출현하거나 일정한 시간의 경과에 따라 면역력이 떨어지는 관계로 죽을 때까지 주기적으로 백신을 접종해야 하는 게 아닌지 걱정이 앞선다.

62살 아래인 손주 유진이가 접했던 백신은 어마어마하게 많아 놀랄 지경이다. 물론 조부모인 우리 내외가 어려서부터 길렀기 때문에 나중에 원망을 들을 소지를 아예 없앤다는 생각에서 병원에서 추천하는 모든 것을 깡그리 맞췄었다. 그 내역이 '소아건강수첩'에 소상하게 적바림되어 있어 요약했더니 이랬다. 11개 영역에 걸쳐 다양한 백신 32회(같은 백신 여러 번 되풀이된 경우도 더러 있음), 독감 17회, 코로나 백신 2회 등을 합하면 모두 13개 영역에서 41회에 걸쳐서 갖가지 백신을 경험했다. 앞으로 얼마나 더 필요할지 예측이 불가능한 상황이다. 이런 이유에서 의학이 발달한 시대를 산다는 게 결코 좋은 것은 아니라는 생각이 들기도 했다.

공식적으로 4차 접종 예약을 시작하는 날인 지난 월요일(4월

18일) 아침에 동(洞)의 행정복지센터에서 접수했다. 그때 정해진 날짜가 오늘(4월 26일)이었다. 다른 지역은 모르지만 우리 동네에서는 4차 접종을 하는 첫날인 오늘 아침 병원 문을 열면서 신청했다. 접종을 마치고 병원에서 20분 정도 반응을 살피려고 기다리던 중에 질병관리청으로부터 휴대전화로 코로나19 백신 추가(4차) 접종 증명 메시지가 날아왔다(am 09:13).

매년 가을 한 차례씩 접하는 독감 백신도 귀찮다고 툴툴거렸다. 그런데 어쩌면 이 찰거머리 같은 코로나19가 풍토병 비슷하게 토착화해서 매년 '코로나 백신'을 접종해야 하는 것은 아니길 간원한다. 그리 많은 세월을 살아오진 않았지만 이처럼 뒤끝이 질기고 고약한 역질(疫疾)의 재앙에 속절없이 휘둘렸던 기억은 아예 없다. 그래서 천지신명께 두 손 모아 간절하게 빌고 싶다. 제발 동일한 백신이 거듭해서 반복되는 끔찍한 징벌은 말끔하게 거두어 달라고 말이다.

=========

* 내 경우 신종 코로나바이러스 감염증(코로나19)의 백신 접종 일정을 정리하면 이렇다. 1차는 2021년 5월 10일, 2차는 8월 12일, 3차는 11월 11일이다. 그리고 오늘(2022년 4월 26일) 4차를 접종했다.

* 불주사 : 예전에 주사할 때 주삿바늘을 알코올 불에 소독하여 주사하던 것을 빗대어 이르던 말이다. 1970년대까지 주로 맞은 주사이며 당시는 어려운 시절이었기에 일회용 주사기 대신 주삿바늘을 소독해서 재사용했다.

2022년 4월 26일 화요일

싸가지가 없다

싸가지는 싹수*의 방언 즉 사투리이다(강원, 전라). 이는 '사람에 대한 예의나 배려를 속되게 이르는 말 또 그러한 예의나 배려가 없는 사람을 속되게 이르는 말'이다. 그러므로 싸가지가 없다는 말은 원래 '희망이 없다', '가망이 없다', '아마도 안 될 거야'라는 의미로 통용되었다.

그런데 세월이 흐르며 예의나 배려가 없는 사람을 속되게 이르는 개념으로 자리 잡으면서 자연스럽게 '말과 행동이 불친절하거나 적대적인 경우'를 지칭하는 뜻으로 사용하는 것으로 인식되어 있다. 일반적으로 정상적인 식물이라면 땅속에서 싹이 돋아나고 일정한 시간이 지나면 곧바로 파란 색채를 띠는 게 정상이다.

그럼에도 '새로 돋아난 새싹이 노랗다'라는 사실은 몹쓸 병에 걸린 게 분명하기 때문에 앞날에 대한 기대를 할 수 없으리라.

이처럼 희망을 가질 수 없이 싹수가 노란 상황인 '싸가지가 없다'에 대한 여러 관점의 생각이다.

우리 사회에서 어른이 아랫사람을 한마디 말로 휘어잡으려 하거나 매도하는 말이 '싸가지가 없다'라는 언사이지 싶다. 공자왈(公子曰) 맹자왈(孟子曰) 읊으며 삼강오륜(三綱五倫)을 따지던 유교(儒教)가 바탕이던 시절의 철학이나 가치관 때문이었을까. 우리는 어른 공경이라는 신성불가침한 '전가(傳家)의 보도(寶刀)(伝家の宝刀)'를 앞세워 어른에게 함부로 말대답하거나 과한 행동을 보일라치면 가차 없이 일갈하는 언사가 '싸가지 없다'는 질타였지 싶다.

그 대표적인 유형은 크게 두 가지일 법하다. 먼저 '예의나 개념이 없을 경우'에 대한 질타로 '싸가지가 없다'가 사용되는 예이다. 이런 갈래로는,

첫째로 공사를 구분하지 못하거나 남의 것을 자기 것인 양 멋대로 가져가거나 사용하는 등 무개념 행동을 자행하는 경우,

둘째로 자신은 고마움이나 사과의 표현을 꺼리면서 반대로 남에게는 집요할 정도로 집착하는 경우,

셋째로 대인관계에서 상하를 막론하고 자기 부하나 수하 대하듯 무례한 언행을 일삼는 경우,

넷째로 내키지 않거나 하찮다고 여기는 사람을 괴롭히는 공격적인 행위,

다섯째로 아무에게나 하대하며 하급자나 아랫사람에게 부당하게 군림하는 파렴치한 행위 따위를 들 수 있겠다.

한편 사회적 관계에서 '싸가지가 없다'는 말을 듣기 쉬운 경우이다. 즉 갑과 을의 처지에서 우월적 지위의 입장인 갑이 약자인 을에게 정당한 이유 없이 욕설, 폭언, 폭행 같은 행위를 자행할 경우 그 말을 들을 개연성이 상당히 높다.

물질적 가치를 지고지선의 목표로 했던 압축 성장 시절 교육의 폐해일까. 오늘날 재주는 뛰어남에도 불구하고 덕(德)이 부족한 재승덕박(才承德薄) 유형의 인재들이 넘쳐난다. 현실적으로 지식이나 언변을 비롯해 문장 등을 타고난 재주꾼들은 즐비한데 윤리적으로 행동하는 인격적 능력인 덕을 갖춘 인재는 찾아보기 어렵다는 푸념 섞인 하소연이 숱하다.

이 같은 재승박덕의 인재들은 재능은 뛰어날지 몰라도 덕의 부족으로 후덕한 인간미가 부족한 까닭에 툭하면 언행 불일치나 표리부동한 행위를 되풀이함으로써 '싸가지가 없다'고 손가락질당하는 경우가 허다하다.

지난날 정치인을 존경했다. 하지만 세월이 흐를수록 불신이 커져 지금은 그럴 마음이 눈곱만큼도 없다. 오늘날 그들이 피터지게 벌이는 싸움판에 횡행하는 언행은 저잣거리의 패륜 아들과 다를 바 없이 거칠고 가볍다.

이따금 방송에 보도되는 그들의 망발에 가까운 언행을 어린이들이 볼까 두렵기도 하다. 예로부터 남아일언중천금(男兒一言重千金)이라 했거늘 너무도 가볍고 천박한 막말이 난무하는 난장판을 연상시켜 어지럽다.

일개 국회의원이 자기 당 출신의 국회의장에게 'GSGG'라고 패륜적인 언사를 퍼부으며 욕이 아니고 "Governor Serves General Good(정부는 국민의 일반 의지에 봉사해야 한다)"는 뜻이라는 궤변으로 뻗대 하는가 하면, 왕사(王師)인 척 대통령 선거 때마다 등장하던 어른이 대통령 후보 측을 향해 "주접을 떨어 놨던데……"라는 망발을 서슴지 않는 작금이다.

한편 최근 정치 선배라며 젊은 당대표에 대해 충고랍시고 언론에 대고 나팔을 불더니, 쌈닭을 빼닮은 25살 아래의 당대표는 "내지른다"는 막말로 맞받아치는 추태를 연출하며 낯 뜨거운 이전투구에 눈을 감고 귀를 막고 싶다. 어느 모로 따져 봐도 소인배의 치킨게임(Game of Chicken)이라는 비난을 면하기 어렵다는 생각이다.

이 사태에 대해 양비론(兩非論)을 펼치지 않을 수 없다. 선배 정치인도 잘못했다. 그렇다고 해도 자기 부모가 유사한 행동을 했어도 과연 막말에 가까운 "내지른다"라고 거침없이 내뱉을 수 있을까. 여야를 막론하고 가볍고 천박하며 혈투를 방불케 하는 언행으로부터 품위를 지키려는 자정 노력을 보일 때 제대로 대접받는 풍토가 살아날 것이라는 사실을 되새겨보는 지혜로운 자성과 성찰이 필요하다.

세상이 변한 때문에 그 옛날처럼 권위나 어쭙잖게 나이를 앞세워 젊은이들을 옴짝달싹 못 하게 찍어 누르려는 '싸가지 없다'라는 표현이 점점 설자리를 잃어가고 있다. 아울러 지난 세월의 일그러진 언어문화와 결별해야 할 분위기가 무르익어가고 있다. 그런 세월이 도래했음에도 나나 내 가족이 듣지 않기를 바라는 말의 대표적인 하나가 그것이다.

그런 때문일까. '싸가지가 없다'라는 말이 풍기는 부정적인 어감(語感) 때문이리라. 결코 나쁜 의미가 아닌 '싸가지가 있다'라는 표현까지도 괜스레 듣기 거북살스럽다. 같은 의미인 '싹수가 있다'라는 표현은 그렇지 않은데 말이다.

=====

* 싹수 : 어떤 일이나 사람이 앞으로 잘 될 것 같은 낌새나 징조. 유의어로 가망, 싹, 희망이 쓰이고 있다.

경남문학, 2022년 겨울호, 제141호, 2022년 12월 5일
(2022년 6월 14일 화요일)

줏대가 없다

줏대는 '자기의 처지나 생각을 꿋꿋이 지키고 내세우는 기질이나 기품'을 뜻한다. 이 같은 기질이나 기품을 지니지 못한 사람을 일컬어 '줏대가 없다'고 한다. 다시 말하면 심지(心地)가 박약하거나 바르지 못해 처한 주변의 상황에 휘말려 대책 없이 이리저리 휘둘리는 경우를 이르는 말이다. 이런 견지에서 뚜렷한 자기주장과 철학을 바탕으로 매사에 강직함을 달리 표현하는 말이 줏대이지 싶다.

줏대는 귀천이나 배움을 비롯해서 지닌 권력 또는 재물과 하등의 관계가 없는 것 같다. 우리는 흔히 종이나 천민을 간도 쓸개도 없이 아첨을 일삼으며 필요에 따라 "간에 붙었다가 쓸개에 붙었다가 한다"라고 개탄하며 전체를 도매금으로 폄하하는 경우가 많다. 물론 때로는 그들이 절체절명의 모진 세상에 살아남기 위해 비루하게 아첨하며 위기를 모면하기도 했으리라. 그들과는 신분상으로 다른 처지가 분명한 귀족이나 고관대작들도 지나칠 정도로 더 많은 권력이나 재물을 거머쥐기 위해서 수단과 방법을 가리지 않고 탐욕의 화신처럼 날뛰던 경우를 물리도록 목격해왔다.

처세술 경구(警句)들을 골라서 엮어 펴낸 채근담(菜根譚)에 이런 구절이 있다. '비단옷을 입고 옥같이 흰쌀밥을 먹는 사람 중에 종처럼 굽신거리는 것을 달게 여기는 사람이 많다(袞衣玉食者 / 甘婢膝奴顏).' 이 글귀에서 어떤 의미를 유추할 수 있을까. 여기서 함축하는 바는 그 옛날 중국에서 양반이나 부자가 더 가지거나 얻을 탐욕에서 줏대 없이 행동하며 비루한 모습을 보였던 경우가 비일비재했음을 웅변한다. 그런가 하면 당(唐)나라의 시인 육구몽(陸龜蒙)은 강호산인가(江湖散人歌)에서 세태를 이렇게 장탄식하고 있다. '남자 종의 비굴한 얼굴과 여종의 무릎 꿇는 태도는 그야말로 거지 근성이거늘(奴顔婢膝眞乞丐), 도리어 정직한 사람을 미쳤다고 여긴다(反以正直爲狂癡).' 이 탄식 역시 그 당시 사회적 정의가 매우 비뚤어진 실상의 단면을 어림짐작해 볼 수 있는 증적이 분명하다.

많이 배우고 경제적으로도 안정된 이가 고위직을 꿰차 부러울 게 없음에도 언행엔 줏대가 없어 천박하고 비루해 보이는 용렬한 위인들이 흔하다. 그런 부류들은 자기 자리를 보전하기 위해 눈치 살피기 바쁘며 더 높은 곳을 향해 찬양 일색의 용비어천가(龍飛御天歌)를 읊어대는데 날이 새고 저물어 서글프고 측은지심에 우울하기만 하다. 보신과 사사로운 이권 챙기기에 모두걸기를 일삼는 정상배(政商輩)나 모리배를 그런 부류로 갈래지을 수 있지 싶다. 그런가 하면 어제오늘 사회 첫발을 내디딘 햇병아리 처지에 파리가 발을 비비는 재주를 뺨칠 정도로 손바닥을 잘 비벼대며 줏대 없이 살랑살랑 알랑거리는 경우엔 어이가 없고 말문이 막혀 아예 외면하기 마련이다.

줏대가 없는 이들은 거의가 이 눈치 저 눈치를 두루두루 보는 기회주의자가 많아 대체적으로 우유부단하고 부화뇌동하는 경향을 띤다. 게다가 확실한 자기 주관이나 철학의 부재로 인해 귀가 얇아 종국에는 대세라는 명분을 들먹이며 많은 사람에게 회복하기 어려울 정도로 쓰디쓴 폐해를 안겨주는 경우가 드물지 않다. 또한 그들은 자기보다 강한 상대에겐 한없이 약할 뿐 아니라 스스로 알아서 기는 천부적인 기질을 유감없이 발휘하기도 한다. 그들에 비해 변변하게 배운 것이 없는 데다가 가난하며 쥐꼬리만 한 권력도 거머쥐지 못한 채 애옥살이를 하는 필부(匹夫)가 이따금 우리 사회에 큰 울림을 준다. 뚜렷하게 내세운 바가 없음에도 자기가 옳다고 여기면 모든 걸 잃을 위험에 처해도 굴하지 않고 밀어붙이는 줏대 있는 강골(强骨)들이 우리에게 경종을 울리며 귀감이 되는 경우가 숱한 현실을 어떻게 설명해야 할까.

예로부터 전해오는 충고이다. 원래 양반이란 한겨울 밖을 전전하다가 추위를 견디지 못해 얼어 죽는 한이 있더라도 자기와 전혀 관련이 없는 사람이 피운 모닥불은 곁가지처럼 빌붙어서 쬐지 않는 법이라는 뜻에서 "양반은 얼어 죽어도 곁불은 쬐지 않는다"라고 기본적으로 갖춰야 할 덕목을 천명했다. 또한 봄의 전령사인 매화 예찬의 단면이다. '매화는 일생을 춥게 살아도 향을 팔지 않는다'라고 하여 매일생한불매향(梅一生寒不賣香)이라고 일렀다. 비록 살기 힘들고 팍팍한 세상일지라도 줏대 있는 삶을 저버리는 어리석음을 범하지 않아야겠다. 왜냐하면 줏대 없는 삶을 살아왔던 흠결을 매섭게 꼬집는 후세 사람들이 냉소를 퍼부으며 손가락질하면서 맘껏 조롱하는 민망한 치부(恥部)는 저승의 영혼도 결코 탐탁지 않아 기를 쓰고 내치려 안달할 테니까.

한국수필, 2022년 10월호, Vol. 332, 2022년 10월 1일
(2022년 7월 1일 금요일)

욕설에 대한 단견

지난봄 국해의원(國害議員)* K가 자기 당 출신의 국회의장에 대해 'GSGG'라고 표현했었다. 그게 시비의 대상이 되자 해박한 영어 실력(?)을 동원해 "Governor Serves General Good(정부는 국민의 일반 의지에 봉사해야 한다)"라는 의미라고 시원스레 설명했다. 이는 망발이 아닐까 싶다. 정부가 아닌 입법 수장(立法首長)에게 자다가 봉창 두드리는 것 같은 잠꼬대가 분명하다. 어찌 되었든 배움이 짧아 영어에 까막눈인 민초들을 깨우쳐 줌으로써 무명이던 그가 하루아침에 전 국민의 존숭(尊崇) 대상인 명사로 등극했다(?). 하지만 나는 아직도 여전히 께름칙한 그 말이 자꾸만 욕설인 것 같다는 의심을 거둘 수 없다. 우리는 예부터 잦은 외침과 대국의 그늘을 피할 수 없었다. 그럼에도 특정한 상황에 대한 다양한 표현을 하는 어휘가 풍부하게 발달했다. 이에 못지않게 비꼬거나 직간접으로 비난을 함축하는 욕설 또한 부지기수로 풍성하다.

잦은 침략과 외세의 지배를 받는 과정에서 우리 자신의 우위를 내세우고 상대를 비하하거나 깎아내려는 획책이었을까. 외국인 표현에 야박한 단면의 예이다. 일본인을 왜놈이나 쪽발이, 중국인을 되놈이나 짱꼴라, 러시아인을 로스케, 서양인을 양 코쟁이나 양키라고 불렀었다. 그렇다고 우리 자신에 대한 표현이 후했던 것도 아니다. 실제로 날선 표현을 서슴지 않았던 증적의 일부와 만남이다. 경상도 사람을 보리문둥이, 전라도 사람을 깽깽이, 충청도 사람을 핫바지, 강원도 사람을 감자바위, 서울 사람을 경아리, 서울내기 다마네기(たまねぎ), 뺀질이라고도 호칭했었다. 그 외에도 경찰을 짭새, 군인을 군바리, 친일 밀정을 왜놈의 개, 공무원을 정부미, 어수룩한 사람을 고문관, 혼혈아를 튀기, 미군을 상대했던 접대부를 양공주, 요즘 회자되는 말 중에 겉과 속이 다른 첩자인 세작(細作)을 지칭한다는 '수박' 등의 비딱한 시선과 멸시와 조롱의 뜻을 담은 표현이 상당히 폭넓게 뿌리내렸다.

이들 표현에 비하면 우리 선조들이 조선 8도 사람의 특징을 4글자로 나타낸 4자평(四字評)은 상당히 점잖게 절제된 게 아닐까?. 경기도 사람을 경중미인(鏡中美人), 충청도 사람을 청풍명월(清風明月), 전라도 사람을 풍전세류(風前細柳), 경상도 사람을 송죽대절(松竹大節), 강원도 사람을 암하노불(岩下老佛), 황해도 사람을 춘파투석(春波投石), 평안도 사람을 산림맹호(山林猛虎), 함경도 사람을 이전투구(泥田鬪狗)로 표현했다는 기록이 보인다.

질곡의 역사를 겪거나 형벌에 기인한 욕설이다. 조선 시대 병자호란을 겪으며 강제로 청나라에 끌려갔던 아녀자들이 천신만고 끝에 귀향했을 때 붙여진 이름이 환향녀(還鄕女)이다. 그녀들이 임신한 채 돌아와 출산했던 아이들을 '호로(胡虜)자식'이라고 하여 배척했다. 이에 기인해 생긴 '화냥(서방질하는 여자)을 비속하게 이르는 말'인 화냥년이라는 욕이 되었다. 한편 그녀들이 귀국해 낳은 자식인 호로자식은 훗날 '배운 데 없이 제풀로 막되게 자라 교양이나 버릇이 없는 사람을 낮잡아 이르는 말'인 후레자식*이라는 욕이 되었다. 한편 형벌이 욕으로 변한 경우이다. 예로부터 온갖 못된 짓을 하는 사람에게 하는 욕 중에 하나가 '경(黥)을 칠 놈'이라는 악담을 퍼부었다. 여기서 경(黥)은 '고대 중국의 오형(五刑) 중의 하나로 얼굴에 문신처럼 검은 먹물 글씨로 죄인이라는 표시를 하는 삽면형(鈒面刑) 또는 경면형(黥面刑)인 묵형(墨刑)'을 뜻하기 때문에 서양의 낙인(烙印)과 흡사하다.

나쁜 언행을 일삼아 지탄의 대상이 될 때 저주를 담아 쏟아붓는 욕설 몇 가지이다. 급살 맞을 놈, 빌어먹을 놈, 개 같은 놈, 죽일 놈, 나쁜 놈, 육시(戮屍)할 놈, 더러운 놈, 염병(染病)할 놈*,

때려죽일 놈, 개차반 같은 놈, 오사리잡놈*, 천벌을 받을 놈, 더러운 놈, 상종 못 할 놈, 벼락 맞을 놈, 오살 맞을 놈, 개 잡놈 등을 비롯해 끝이 없다. 물론 앞의 여러 예에서 대상이 여자라면 '놈' 대신에 '년'을 붙였을 게다.

결코 좋은 뜻이 아니라는 사실은 어렴풋이 눈치를 채고 있었다. 하지만 "엿 먹어라"라는 말이 극도로 심한 비속의 뜻이 담겨 있는지 몰랐다. 이는 그 옛날 남사당패들 사이에 매우 은밀하게 자행되었다고 풍문으로 전해지는 '비역질'을 뜻하는 은어란다. 여기서 '비역'이란 사내끼리 성교하듯이 하는 짓을 의미하며, '엿'은 남자의 그것을 지칭한다는 사실을 처음 들었을 때는 섬뜩한 내용에 충격을 받았었다.

세상이 어지러워 삶이 팍팍하고 여유가 없어 각박해질수록 표현은 한층 거칠고 험악하며 공격적으로 변하는 게 세상 이치인가보다. 욕설에 대해 곰곰이 생각을 거듭해 보니 태평성대로 대변되는 세월엔 긍정적인 사고가 지배하여 순화된 언어가 넓고 깊이 통용되었던 것 같다. 왜냐하면 같은 시대에서도 안정된 계층의 집단과 어렵고 힘든 계층의 집단 사이에 통상적으로 통용되는 언어에는 상당한 간극이 있다는 현실이 그를 웅변하지 싶다. 결코 꽃길만 펼쳐지는 사회가 아니기에 욕설로부터 완벽하게 자유로울 수 없다. 때문에 다양한 욕설에 맞닥뜨릴 때마다 그 어원을 비롯해서 생성 배경이나 문화적 근원을 따지며 참뜻을 되새겨보는 여유를 가졌으면 하는 바람이다. 그럴지라도 지나치게 과격하거나 냉소적이며 비하를 담은 욕설을 입에 담지 않을 수 있는 고매한 사회가 되어 고운 말과 바른말만을 사용하는 풍조가 보편화된다면 금상첨화일 터인데.

=====

* 국해의원(國害議員) : 원래 소임을 제대로 하는 국회의원을 욕되게 싸잡아 폄하하고 싶지 않아 편의상 별칭으로 붙인 호칭이다.

* 후레자식 : 비슷한 말로 개망나니, 돌놈, 호래자식 등이 있다.

* 염병(染病) : 전염성을 가진 병들을 통틀어 이르는 말. 혹은 장티푸스를 속되게 이르는 말.

* 오사리잡놈 : 6월에 잡은 새우로 담았다고 육젓이라고 부르는데, 막상 새우젓의 재료인 새우를 5월의 사리 때 잡은 관계로 이것저것 여러 가지가 마구 섞인 것처럼, 이런저런 근본이 뒤섞여 가름하기 어려운 잡된 사람을 이르는 말이다.

2022년 7월 2일 토요일

어느 봄날 얘기

내 곁 코앞까지 비집고 파고든 봄기운에 화들짝 놀란 마음
최근까지 웅크린 채 손을 맞잡고 비비며 오르내린 등산길
간단치 않은 세파에 마음까지 꽁꽁 얼어붙었던 곤고한 처지
아파트 외진 담벽엔 매화와 산수유가 활짝 핀 계절이었다

우듬지에 움트고 새싹이 돋아나는 꿈은 아직 때 이른 희망 고문
숨겨진 봄의 전령인 찔레 덩굴마저도 깊은 동면에 빠져 쿨쿨
오리나무 수꽃인 미상화서(尾狀花序)*의 자태는 아직 언감생심
스무 해 넘게 오간 등산로의 진달래 군락 역시 겨울잠에 취했다

희망과 축복이 넘쳐나는 생의 시원이며 고고한 탄생의 마중물
해마다 정확히 되풀이되는 축복은 삼라만상에 베푸는 은전
높고 낮음에 무관하게 누구나 새로운 세상이나 꿈과 만남

내일을 꿈꾸는 모든 젊은 청춘들의 세월이 봄이다

젊음을 봄이라면 노년은 겨울 언저리에 견주려니 왠지 궁싯궁싯
생기발랄함에 비해 젊음을 잃어 푸석푸석한 처연함과 울적함
장수 시대를 맞아 '나이는 숫자에 불과하다'는 덕담의 공허함
노인정이나 공원을 어슬렁거리는 초췌한 모습이 애달프고 섧다

봄기운이 완연해도 공원의 벤치나 그늘은 아직 으스스한 날씨
양지 녘에 삼삼오오 무리 지은 노년은 왠지 쓸쓸한 생의 단면
공원 벤치에서 홀로 점심을 먹던 할머니의 우울한 그림자
등산길 공원에서 조우했던 할머니의 모습은 또 다른 자화상이다

=====

* 미상화서(尾狀花序) : 수상(穗狀) 화서의 하나이다. 가늘고 긴 주축에 단성화(單性花)가 달리고, 밑으로 늘어진 모양을 하고 있다. 이는 버드나무, 호두나무, 너도밤나무, 오리나무 따위에서 볼 수 있다. 또한 미상꽃차례(尾狀꽃次例) 혹은 유이화서(葇荑花序)라고도 한다.

2022년 5월 13일 금요일

지난 흔적 조명

www.sangjosa.co.kr
컴퓨터개론
Introduction to Computer
한 판 암 저
WWW
상 조 사

개정증보판
System Analysis and Design
시스템 분석과 설계
한판암 저
전통적 기법
구조화 기법
객체지향 기법
System
상조사 홈페이지 http://www.sangjosa.co.kr
상조사

컴퓨터 개론
Introduction to
Computers
한판암 저
이한출판사

시스템
분석과 설계
한판암 저
System Analysis and Design
이한출판사

[全訂增補版]

電子計算學概論

韓 判 岩 著

1. 전자계산기의 개요
2. 데이타의 표현
3. 기억장치
4. 중앙연산처리장치
5. 입출력장치
6. 오퍼레이팅 시스템
7. 설계보조수단
8. 화일 편성과 데이타 베이스
9. 데이타 통신
10. 시스템 분석과 설계
11. 컴퓨터의 이용형태
12. 프로그래밍 언어
13. DOS
14. dBASE Ⅲ+
15. 호글 워드프로세서

圖書出版 尚潮社

構造的
COBOL
프로그래밍

韓判岩 著

STRUCTURED
COBOL
PROGRAMMING
STRUCTURED
COBOL
PROGRAMMING

尚潮社

COBOL 實習
PROGRAMS
FLOWCHART
作成技法

韓判岩 著

PROGRAMS
FLOWCHART
PROGRAMS
FLOWCHART
PROGRAMS

尚潮社

改訂增補版

COBOL
PROGRAMS
FLOWCHART
作成技法

韓判岩 著

PROGRAMS
FLOWCHART
PROGRAMS
FLOWCHART
PROGRAMS

尚潮社

電子計算學概論

韓判岩 著

Introduction to
Computer
Science
Introduction to
Computer
Science

尚潮社

FORTRAN 77
프로그래밍

韓判岩 編著

FORTRAN 77
프로그래밍

FORTRAN 77
+
FORTRAN Ⅳ
+
응용 프로그램

尙 潮 社

FORTRAN 77 프로그래밍

FORTRAN 77
+
FORTRAN Ⅳ
+
응용 프로그램

韓判岩 編著

圖書出版 尙 潮 社

PROGRAMS
FLOWCHART

—作成技法—

韓判岩 著

圖書出版 尙 潮 社

電子計算學叢書

詳解 PL/I

韓判岩 著

圖書出版 尙 潮 社

改訂增補版

FORTRAN PROGRAMS FLOWCHART

作成技法

韓判岩 著

PROGRAMS
FLOWCHART
PROGRAMS
FLOWCHART
PROGRAMS

尚潮社

電子計算學叢書

電子計算學槪論

韓判岩 著

圖書出版 尚潮社

最新傾向分析

情報處理技士問題集

-客觀式(多選肢), 主觀式 問題收錄-

安思明
韓判岩 編著

圖書出版 尚潮社

컴퓨터 用語實務辭典

李鍾哲
韓判岩 共編
朴鍾九

尚潮社

電子計算機言語

COBOL

李 鍾 哲
韓 判 岩 共著

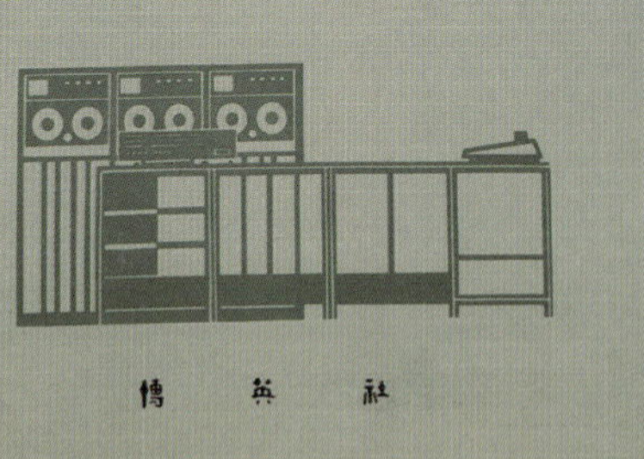

博 英 社

Computer Programming

FORTRAN IV

韓 判 岩 著

尚 潮 社

最新傾向과 徹底対策

情報處理技士問題集

—1·2級 資格試驗 1,000題—

李 鍾 哲
韓 判 岩 編著

產 學 社

COMPUTER PROGRAMMING

FORTRAN IV

韓 允 京
韓 判 岩 共著

產 學 社